普通高等教育"十二五"应用型本科规划教材

船舶电站

林洪贵 编著

西安交通大学出版社
XI'AN JIAOTONG UNIVERSITY PRESS

内容简介

本书主要介绍船舶交流电力系统及其自动化装置等，兼顾船舶电站技术发展趋势和新要求、新设备以及船舶电气管理的实际工作需求。主要内容有：船舶电力系统简介，应急电源系统，船舶同步发电机的并联，同步发电机组有功功率及频率的自动调节，同步发电机电压及无功功率的自动调整，轴带发电机，船舶高压电力系统，自动化电站，GAC—21型电力管理系统等实例介绍，船舶电站的管理与维修，船舶安全用电和安全管理等。

全书内容涵盖船舶电站方面的学历教育和船员培训考证。注重理论联系实际，注重内容的实用性。通过学习，为船舶电站运行管理和维护维修打下基础。

本书可作为高等院校船舶行业的轮机、电气及相关专业的教学、自学用书，也适用于从事船舶电力系统的工程技术参考用书。

图书在版编目(CIP)数据

船舶电站/林洪贵编著. —西安:西安交通大学出版社,2015.8(2020.4重印)
ISBN 978-7-5605-7853-8

Ⅰ.①船… Ⅱ.①林… Ⅲ.①船用电站 Ⅳ.①U665.12

中国版本图书馆 CIP 数据核字(2015)第 206118 号

书　名	船舶电站
编　著	林洪贵
责任编辑	李　文　毛　帆
出版发行	西安交通大学出版社
	(西安市兴庆南路1号　邮政编码710048)
网　址	http://www.xjtupress.com
电　话	(029)82668357　82667874(发行中心)
	(029)82668315(总编办)
传　真	(029)82668280
印　刷	西安日报社印务中心
开　本	787mm×1 092mm　1/16　印张 16.125　字数 396千字
版次印次	2015年11月第1版　2020年4月第3次印刷
书　号	ISBN 978-7-5605-7853-8
定　价	48.00元

读者购书、书店添货，如发现印装质量问题，请与本社发行中心联系、调换。
订购热线:(029)82665248　(029)82665249
投稿热线:(029)82668818　QQ:354528639
读者信箱:lg_book@163.com

版权所有　侵权必究

船舶电站 **前言**
FOREWORD

为进一步加强普通高等学校应用型本科教育教材建设，更好地适应教学与改革的需要，本书是按照普通高等教育"十二五"应用型本科规划教材编写工作会议精神编写的。

《船舶电站》较系统全面地阐述船舶电站的基本理论、基本知识、实际工作与工程应用，作者长期从事电机员和船舶电站教学科研工作，本书是在编者多年教学经验和船员实践基础上编写的。

随着船舶大型化、专业化和自动化程度的不断推进，船用设备用电量越来越大，高压和中频在一些特殊船舶上的应用，特别是电力推进在船舶上的使用，使得船舶电力系统日趋复杂庞大，对船舶电力系统的要求也越来越高。为了保证全船生产和生活用电需求，对船舶电力系统的基本要求：①安全；②可靠；③优质；④经济。本书内容以船舶交流电力系统为主线，围绕其基本原理、基本要求展开。

本书第1、2章由许顺隆负责编写，第4章由李寒林负责编写，第8章由俞万能负责编写，第9章由马昭胜负责编写，第12章由吴德烽负责编写，林洪贵负责第3、5、6、7、10、11章的编写并进行统稿；大连海事大学张春来教授负责主审。阮礽忠、林金表、陈坚、陈庆鹏、廖建彬、杜建宏、李斯钦、邹文俊、杨何伍参加部分章节的编写并进行了校对、审定和画图工作。在此，表示感谢！

本教材得到大连海事大学、海军工程大学、上海海事大学、公安海警学院、泉州师范学院等兄弟院校的大力支持，在此，一并表示感谢！

本书引用和参考了许多同行的专著、教材、文献，以及船舶行业规范和培训材料，在此向所有作者们深表感谢。

船舶电站

  由于船舶电气控制发展迅速，新技术不断涌现。因此，本书存在知识的陈旧与缺陷，加之作者水平、能力有限，书中难免存在不足、欠缺和错误，殷切希望广大读者、专家批评指正。

编者

2014 年 9 月于集美大学

第1章　船舶电力系统组成

1.1　船舶电力系统的组成与特点　/001
1.2　船舶电力系统应遵循的规范和标准　/005
1.3　船舶电力系统的基本参数　/006
1.4　船舶电网的组成与分类　/009
1.5　船舶主配电板的组成与功能　/014
1.6　发电机主开关　/018
【复习与思考】　/023

第2章　船舶应急电源系统

2.1　应急发电机及应急配电板　/025
2.2　船用蓄电池　/028
2.3　蓄电池的维护保养常识　/031
【复习与思考】　/034

第3章　同步发电机的并联运行

3.1　概述　/035
3.2　同步发电机并车的条件　/036
3.3　同步发电机的并车和解列　/039
3.4　同步发电机自动并车　/044
【复习与思考】　/045

第 4 章　同步发电机组有功功率及频率的自动调节

- 4.1　概述　/048
- 4.2　有功功率和频率调整的基础知识　/049
- 4.3　有功功率的分配与频率调整　/053
- 4.4　自动调频调载装置　/057
- 【复习与思考】　/064

第 5 章　同步发电机无功功率及电压的自动调整

- 5.1　电压调整的原因和基本原理　/065
- 5.2　同步发电机的励磁自动调整　/068
- 5.3　自励起压原理　/072
- 5.4　不可控相复励自励恒压装置　/074
- 5.5　可控相复励自励恒压装置　/079
- 5.6　晶闸管自励恒压装置　/083
- 5.7　无刷发电机励磁系统　/087
- 5.8　并联运行发电机组的无功功率分配　/089
- 【复习与思考】　/095

第 6 章　船舶电站的安全保护

- 6.1　船舶电力系统保护的任务和作用　/097
- 6.2　保护装置的基本要求　/098
- 6.3　船舶发电机的外部短路、过载、欠压和逆功率保护　/100
- 6.4　船舶电网的保护　/103
- 【复习与思考】　/108

第 7 章　轴带发电机

- 7.1　概述　/110
- 7.2　船舶轴带发电机的主要类型　/111
- 7.3　轴带发电机的运行操作　/114
- 7.4　轴带发电机运行操作注意事项　/116
- 7.5　AEG 型轴带发电机实例介绍　/117
- 【复习与思考】　/121

第8章 船舶高压电力系统

- 8.1 概述 /122
- 8.2 船舶高压电力系统基本知识 /123
- 8.3 船舶高压电力系统实例 /125
- 8.4 船舶高压电力系统接地技术 /128
- 8.5 船舶高压断路器与发电机保护 /130
- 8.6 船舶高压电力系统安全操作 /131
- 8.7 高压岸电连接 /134
- 【复习与思考】 /137

第9章 自动化电站

- 9.1 概述 /138
- 9.2 船舶自动化电站的组成及其基本功能 /139
- 9.3 船舶发电机的自动起动与停机 /141
- 9.4 电站监控及故障处理 /148
- 9.5 无人值守电站自动化系统 /154
- 9.6 船舶电站自动控制实例 /164
- 【复习与思考】 /174

第10章 GAC-21型电力管理系统

- 10.1 GAC-21系统的组成和特点 /176
- 10.2 GAC-21的系统结构 /177
- 10.3 GAC-21系统的主要功能 /180
- 10.4 设定器的数据显示和设置 /186
- 10.5 检查维护和自检 /188
- 【复习与思考】 /198

第11章 船舶电站的管理与维修

- 11.1 概述 /199
- 11.2 同步发电机维护及故障分析 /200
- 11.3 船舶电网故障分析与处理 /206
- 11.4 自动空气断路器常见故障的分析与检修 /209
- 11.5 轴带发电机装置的管理与维修 /213
- 【复习与思考】 /216

第 12 章　船舶安全用电和安全管理

12.1　船舶安全用电基本知识　/217
12.2　船舶电气火灾的预防　/222
12.3　船舶电气设备接地的意义和要求　/223
12.4　船舶电气设备绝缘　/227
12.5　高压系统的电气安全　/230
12.6　油船电气设备的安全管理　/232
【复习与思考】/236

附录

附录一　国家标准部分常见电气图形符号　/237
附录二　国家标准常见基本文字符号和辅助文字符号　/244
附录三　部分电气设备外壳防护等级的最低要求　/247
附录四　船舶常用电缆　/248

参考文献

第 1 章　船舶电力系统组成

电力系统包含发电装置、配电装置、输变电网和用电设备等四个部分。船舶电力系统是由船舶电源装置、配电装置、船舶电力网和电力负载等按一定方式连接的整体，是船舶电能产生、传输、分配和消耗等全部装置和网络的总称。

1.1　船舶电力系统的组成与特点

1.1.1　各组成部分的功能

如图1-1所示是船舶电力系统的单线图（又称为系统简图），主要由电源、配电装置、船舶电力网和电力负载组成。它们的功能作用分别介绍如下。

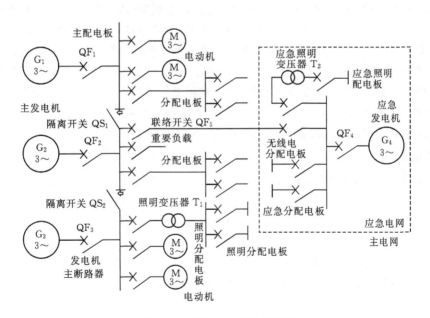

图 1-1　船舶电力系统单线图

1. 电源

电源是将其他形式的能源（如机械能、热能、化学能等）转变成电能的装置。船上的电源通常是发电机和蓄电池。发电机又分为主发电机和应急发电机，主发电机是船舶的主电源，应急发电机是应急电源。正常情况下，由主发电机向主配电板供电，主配电板通过主配电板上手动联络开关 QF_5 和应急配电板上的自动联络开关 QF_6 向应急配电板供电，应急发电机处于备用状态，应急电网作为主电网的一部分；当主配电板失电时，主、应急配电板脱开（通过自动联络开关 QF_6 来实现），由应急发电机通过应急发电机主开关 QF_4 单独向应急配电板供电。主、应急配电板的连接和脱开是通过图 1-1 中自动断路器 QF_6 来实现的，主配电板有电时，QF_6 自动闭合；主配电板失电时，QF_6 自动断开，且 QF_4 与 QF_6 是互锁的。除了主发电和应急发电机外，船上一般设有专门的蓄电池组作为小应急电源（临时应急电源），蓄电池组通过充放电板向外供电（图中未画出）。

船舶电站容量和发电机组台数是从满足全船用电的需求，并保证船舶安全性、经济性和维护便利性而确定的，船舶电站容量既不等于全船所有用电设备的额定功率的总和，也不等于船舶某一运行工况下所用全部用电设备额定功率的总和。因为船舶在不同运行工况下投入运行的用电设备不同，各用电设备的运行时间长短不同，负荷变化的情况也不同，而且每一用电设备实际所需功率一般小于其额定功率。因此，确定电站容量的基本原则：①电站容量应以实际用电量最大运行工况（一般为进出港或过狭窄水道的工况，又称为机动工况）为基础来确定，并有适当的裕量；②功率裕量不能太大，以保证经济性。

发电机组额定功率和数量的选择原则：①以各单机组的最高负荷率的 80% 来确定为宜，这样既能高效率的经济运行又有适当的功率裕量；②船舶电站必须有备用机组，船舶电站的总容量要能满足船舶各运行工况的用电需求，所以船舶最少要有两台发电机组；③确定单机组容量和机组数量时，要考虑各机组的使用寿命应与主机寿命相当；④为了方便维修管理和备件需求，一般设置 2~3 台（包括备用机组）同型号、同容量的主发电机组，最多为 4 台。

船舶电力系统中所采用的发电机与船舶电制有关，直流船舶电力系统采用直流积复励发电机，交流船舶电力系统采用交流同步发电机。民用船上多采用柴油机作为主发电机和应急发电机的原动机，有些船为达到节能，充分利用船舶主机 10%~15% 的功率储备裕量和主机排出废气热能的目的，在配置主、应急柴油发电机组的同时，也常采用轴带发电机组和主机废气透平发电机组作为船舶电源，以及现在不断开发的各种新能源。

2. 配电装置

配电装置是接收和分配电能的装置，通常包括各种断路器、电力开关、互感器、测量仪表、连接母线、保护电器、控制按钮和转换开关、自动化设备及各种附属设施等。根据供电范围和对象不同，配电装置可分为主（总）配电板、应急配电板、分配电板（箱）、充放电板和岸电箱等。

配电装置主要功能是根据需要对电能进行分配，为了保证供电的可靠和安全，配电装置还负责对电源、电力网和负载进行保护、监视、测量和控制等。

3. 船舶电力网

船舶电力网是联系发电机、主（应）配电板、区域配电板、分配电板和负载的中间环节，是将电源的电能输送到负载的网络。在图 1-1 所示的船舶电力系统单线图中，虚线框外的电网是主电网，虚线框内的电网是应急电网。

4. 电力负载

电力负载又称电力负荷，是指耗用电能的各种设备，即将电能转换成其他形式能量的用电设备。船上的用电设备形式很多,有动力设备、照明设备、加热制冷设备、通信导航设备等,军用舰艇还有特殊的武器装备平台等。动力负载是船舶电力系统的主要负载,其用电量最大,往往占总用电量的70%左右。根据用电设备的不同,船舶电力负载大体可分为如下几类:①各种机械设备的电力拖动负载;②船舶照明设备;③通信导航设备;④生活及其他用电负载。

电力拖动负载主要包括的机械设备有甲板机械和舱室机械,如舵机、锚机、绞缆机、起货机、舷梯绞车、吊艇机等都是常见的甲板机械,各类油泵、水泵、空压机、通风机、空调、冰机设备等则属于舱室机械。电力推进船或特种工程船的电力拖动负载还包括船舶主推进电动机及特种电力生产机械等。电力拖动负载的主要特点是额定容量大,一般为三相交流用电设备。

船舶照明设备主要指工作场所和生活舱室安装的各种电气照明灯具,其主要特点是单个设备的容量相对较小,使用单相交流电。

通信导航设备负载包括船舶通信和电航设备。船舶通信设备有无线电收发报机、卫星通信地面站等船舶与岸上进行通信联系的设备和电话、广播、声光报警装置和电车钟等船内通信设备;电航设备有陀螺电罗经、雷达、罗盘、卫星定位仪(GPS)、无线电测向仪、测深仪和计程仪等。通信导航设备负载都属于重要负载,其主要特点是单个设备的容量小,但重要等级高,一般使用单相交流电或蓄电池提供的24 V直流电。

生活及其他用电负载如电热器、空调、电风扇、洗衣机、PC机、电视机和影碟机等家用电器。生活及其他用电负载属于次要负载,设备的容量也较小,在船舶电站为保证船舶安全运行需要时可暂时停止这部分负载的工作。

1.1.2 船舶电力系统的特点

由于船舶是一个活动于水面上的独立体,其电力系统是孤岛微小电网。因此船舶电力系统与陆地电力系统相比有很大差异,主要包括:①容量小;②输电线路短;③工作环境恶劣等三个方面。

1. 船舶电站容量较小

陆地电网容量一般在几百万至几千万千瓦,单机容量大多在数十万千瓦以上,如三峡水电站总装机容量7700000 kW、单机容量为700000 kW,且各电厂联网运行,陆地电源对于单个用电器而言,可看成是无限电源系统,不管单个负载多大,对整个电网的影响都很小。而一般远洋船舶,主电站通常装设3台发电机组,单机容量仅为几百千瓦,可见船舶电源远远小于陆地电源。而且,最大的单个负载容量可达单台发电机容量的60%左右。因此,船舶电站容量较小,负载的变化对船舶电网的影响大,即为有限电源系统。

由于船舶电站容量较小,而某些设备的单机容量却很大,其负载容量可与发电机容量相比,所以当这些负载起动时,对船舶电网将造成很大的冲击,都会造成电网的电压和频率出现很大跌落。而且,在船舶电网日常工作时,局部故障或误操作都容易导致全船断电,威胁船舶安全。基于这些特点,对于船舶电力系统的稳定性和可靠性要求较高,如船用发电机调压器的动态特性指标比陆地发电机要高,还要有强行励磁能力及较强的过载能力等。此外,由于船舶工况变动频繁,对自动控制装置的性能也提出了较高的要求。

2. 电网输电线路短

陆地电网线路的长度很长,短则几十千米,长则上千千米,而且都采用高压输电。与之相比,船舶电网输电线路就显得很短,大型船舶总长度也不过三百来米,加上线路走向等因素,船舶电网线路的总长度最长也只有 1000 千米左右。短距离的供电,线路上的电能损耗小,往往不需要采用高压输电。因此,大多数船舶发电机端电压、电网电压、负荷电压是同一个电压等级(非电力推进船舶一般是 500 V 以下)。

船舶电网的电压等级低,电力系统的配电装置和继电保护装置相对陆地电力系统而言,比较简单,也相对容易实现。但由于电网线路的总长度短,输电时线路产生的电压降小,一旦发生短路故障,产生的短路电流将很大。所以对发电机组控制、配合和保护选择性等方面要求较高。

3. 船舶电网电气设备工作环境恶劣

船舶电气设备工作环境非常恶劣,主要体现在:船舶存在着冲击、振动、倾斜和摇摆的危害,船舶环境温度高(航行时机舱的温度一般都在 40℃ 以上,在赤道附近水面航行白天甲板温度也可高达 40℃ 以上),船舶环境的相对湿度高、空气中盐雾和油雾浓度高,甚至还会遇到有些热带昆虫咬食绝缘材料。

船舶的冲击、振动、倾斜和摇摆,容易造成电气设备损坏,接触不良或误动作。环境温度高,不仅会加速绝缘的老化,而且为了避免电气设备的温度过高而损坏绝缘,通常需要降低容量使用,这将造成电机出力不足。相对湿度高则会使电气设备绝缘材料受潮、膨胀、分层及变形等,导致绝缘性能降低,使金属部件加速腐蚀。空气中存在的盐雾、油雾、霉菌的生长及灰尘粘结都可能使电气设备绝缘下降,影响其工作性能。热带昆虫对绝缘材料的咬食,对船舶电气设备的绝缘起直接的破坏作用。由此可见,船舶电气设备的工作环境确实非常恶劣。

应该说明的是,绝缘材料是电气设备最薄弱的环节,可以说电气设备寿命在相当大的程度上取决于电气设备的绝缘寿命。因此,船用电气设备必须满足"船用条件"要求。通常,为了适应船上工作要求,船舶电气设备必须是专门制造的船用系列产品,在无专用系列产品而需陆用产品替代时,还必须经过专门的"三防"处理(防潮、防盐雾、防霉菌),并经船检部门认证后方可使用。其对环境温度、倾斜摇摆、振动摇摆要求如表 1-1 至 1-3 所示。

表 1-1 环境温度要求

介质	安装位置	温度/℃	
		无限航区	除热带海区以外的有限航区
空气	封闭处所内	0~45	0~45
	温度超过 45℃(或 40℃)和低于 0℃的所有处所内	按这些处所的温度	按这些处所的温度
	开敞甲板	-25~45	-25~45
冷却水		32	25

表 1-2 倾斜和摇摆要求

设备和组件	倾斜角			
	横向		纵向	
	横倾	横摇	纵倾	纵摇
应急电气设备、开关设备、电器和电子设备	22.5°	22.5°	10°	10°
上述设备以外的设备和组件	15°	22.5°	5°	7.5°

表 1-3 振动要求

安装位置	频率范围/Hz	峰值
一般场所	2.0~13.2 13.2~100.0	位移±1 mm 加速度±7 m/s²
往复机上和舵机舱内	2.0~24.0 24.0~100.0	位移±1.6 mm 加速度±40 m/s²

1.2 船舶电力系统应遵循的规范和标准

船舶电力系统必须遵循有关的规范和标准,以保证船舶电力系统满足使用要求,使船舶电力系统设计和建造符合标准化和规范化。我国船舶现行规范和标准分民用船舶规范和军用船舶标准两种。这些规范和标准每隔一定时间就需修改和更新,使用时应注意参照最新的版本。对规范和标准的熟悉有利于透彻理解船舶电力系统基本原理和要求。具体规范和标准有以下内容。

1.2.1 民用船舶规范

民用船舶规范是由中国船级社(CCS)制定和发布的。与船舶电力系统有关的现行规范有:

(1)钢质海船入级与建造规范;

(2)钢质内河船舶入级与建造规范;

(3)钢质海船入级规范 2009;

(4)铜质海船入级规范 2016。

这些规范是对民用船舶及其设备的基本技术要求,违反这些规范,船舶检验入级将不能通过。这些规范的适用领域不同,除了某些特殊和专门的要求外,这些规范的多数规定原则上是一致的,可以相互参考和借鉴。

1.2.2 军用舰船标准

军用舰船标准(GJB)是由国防科学技术工业委员会批准和发布的,与船舶电力系统有关的现行规范有:

(1)海军水面舰艇规范;

(2)舰船轮机规范·水面舰船;

(3)舰船自动控制规范·动力装置;
(4)舰用交流柴油发电机组通用技术条件;
(5)舰用三相同步发电机通用技术条件;
(6)舰用低压电器基本标准。

国家军用标准是对军用产品设备的基本要求,其中船舶建造规范是对军用船舶研究设计、建造的技术要求和规定,除经有关主管部门批准许可外,船舶电力系统的设计不应与规范规定的要求和指标相抵触。

1.2.3 国际标准

近年来,我国对外经济交往发展迅速,为适应船舶出口的需要,涉及船舶电力系统相关人员还必须了解与船舶电气有关的国际标准。国际标准是由国际标准化组织(ISO)、国际电工委员会(IEC)、国际海事组织(IMO)等国际组织制定的标准,例如国际海事组织制定的《国际海上人命安全条约》和《国际海上避碰规则》标准。

对军用舰船电力系统有参考价值的国外军用标准有:
(1)美国军用标准化文件(MIL),包括:①军用规格(specification);②军用标准(MIL-STD);③军用标准图纸(MS);④军用标准手册(MIL-HDBK);
(2)美国国防部标准化文件(DOD);
(3)英国军用标准(DEF);
(4)美、英、加、澳四国海军标准化大纲(ABCA-STD)。

对于涉外民用船舶及其设备及系统的入级检验,将会涉及到国外相关船级社的规范,世界上主要船级社的代号如下:
(1)英国劳氏船级社 LR;
(2)美国船级社 ABS;
(3)法国船级社 BV;
(4)德国劳氏船级社 GL;
(5)挪威船级社 NV(或 DNV);
(6)日本海事协会 NK。

1.3 船舶电力系统的基本参数

船舶电力系统的基本参数是指电流种类、额定电压、额定频率和线制。电站的基本参数决定了电气设备的生产和供应,制约着船舶电站工作的可靠性和电气设备的重量、尺寸、价格等。正确选择电站的基本参数,可以保证整个电站和电气装置的可靠性、稳定性和经济性。选择电站的基本参数应遵循的原则:①船舶电站基本参数原则上应与本国或船舶运行需经常停靠的码头的陆用电力系统参数一致;②必须保证船舶电站基本参数的统一,一条船上一般不采用两种不同的基本参数(专用的局部电网或变流设备的特殊供电环节不包括在内),以免引起系统管理和电气设备供电混乱;③船舶电站基本参数应与今后可能协同工作的其他船舶的基本参数一致,以保证船舶之间的相互配合以及在紧急情况下实施救援和相互应急供电的需要;④电站基本参数应保证船舶机械电力拖动需要的特性、电动机和电器工作的可靠性,还应注意比较电气设备的重量、尺寸和价格。

1.3.1 电流种类(电制)

船舶电力系统按电流种类的不同,可分为直流电力系统和交流电力系统,习惯上将其称为直流船舶和交流船舶。电力系统所采用的电流种类称为电制,即直流电制和交流电制。早期的船舶多采用直流电制,交流电制从20世纪30年代开始在军用船舶上应用,后来逐步推广到各种船舶。由于交流电制具有显著的优越性,20世纪50年代交流电制的更替达到高潮;我国造船业也在20世纪60~70年代完成了向交流电制的过渡。近年来,除极少数小型或特种工程船舶仍采用直流电或交直流电制外,油轮、客轮、货轮、旅游船、工程作业船、科考船和军用舰艇等几乎都采用交流电制。

与直流电制相比,交流电制具有以下优点:①电站电源装置采用交流同步发电机,配自励恒压装置,工作可靠。动力负荷选用三相交流异步电动机,结构简单,工作可靠,维护量少,可直接起动,起动控制设备简单等。②电站的动力网络与照明网络之间的连接可通过变压器,只有磁的连接、而没有电的直接连接,对于绝缘电阻较低的照明网络基本上不会影响动力网络。而直流电站的动力网络则直接受到照明网络的影响,使系统的绝缘降低、容易发生故障,影响系统的安全可靠性。③交流电气设备重量轻、尺寸小、价格便宜。由于大量的动力设备可采用三相交流异步电动机,电机结构简单,系统设备重量减轻、尺寸小,且价格也便宜,因此,目前商船广泛采用交流电力系统。

1.3.2 额定电压

额定电压是电力系统的重要参数之一。确定电力系统及其负载的电压等级是电力系统设计的一项基本内容,船舶电力系统的电压等级一般都尽可能与岸电相同。对于同一电压等级的额定电压针对电源设备和用电设备其数值有所不同,具体如下。

1. 用电设备的额定电压

当电力线路通过电流时会产生电压降,所以线路上各点的电压都略有不同。但成批生产的用电设备不可能按其设备在电网安装点处线路的实际电压来制造,而只能按线路首端与末端的平均电压,即电网的额定电压来制造,因此用电设备的额定电压规定与同级电网的额定电压相同。

2. 发电机的额定电压

由于电力线路允许的电压偏差一般为±5%,即整个线路允许有10%的电压损耗值,因此为了使线路的平均电压维持在额定值,线路首端(电源端)的电压宜较线路额定电压高5%,而线路末端的电压则较线路额定电压低5%,所以发电机额定电压规定高于同级电网额定电压5%。

例如,用电设备额定电压有110 V、220 V、380 V、1 kV、3 kV、6 kV、10 kV等。发电机额定电压一般应比相同电压等级的用电设备高5%,对应的发电机额定电压则为115 V、230 V、400 V、3.15 kV、6.3 kV、10.5 kV等。

目前船舶电力系统最常见的电压等级有：交流 60 Hz、440 V/220 V(110 V)。发电机的额定电压为 460 V；动力用电设备额定电压为 440 V；照明变压器的一次/二次侧的额定电压为 460/230 V(115 V)；照明用电设备额定电压为 220 V(110 V)。以及交流 50 Hz、380 V/220 V。发电机的额定电压为 400 V；动力用电设备额定电压为 380 V；照明变压器的一次/二次侧的额定电压为 400/230 V；照明用电设备额定电压为 220 V。

1.3.3 额定频率

目前，世界范围内工频有 50 Hz 和 60 Hz 两种，船舶交流电力系统采用与陆上相一致的频率；我国民用船舶普遍采用 50 Hz 的额定频率。表 1-4 为世界部分国家船舶和陆用电力系统的额定频率的情况。

表 1-4 世界部分国家船舶和陆用电力系统的额定频率

国家	船舶电力系统频率	陆地电力系统频率
中国	50 Hz	50 Hz
美国、加拿大	60 Hz	60 Hz
英国及欧洲大陆国家	50 Hz	50 Hz
日本	60 Hz	50 Hz(东京电力公司及以北的东部地区各公司) 60 Hz(中部电力公司及关西地区各公司)
德国	民用船 50 Hz，军用船 60 Hz	50 Hz

我国钢质海船入级规范对船用电源的频率规定：交流配电系统的标准频率为 50 Hz 或 60 Hz。

1.3.4 线制

所谓线制，是指电网输送电能时采用的输电线缆的数量和连接方式。对于交流电制的船舶电力系统，可选择的线制主要有三种：①三相绝缘系统；②中性点接地的四线系统；③以船体作为中性线回路的三线系统，如图 1-2 所示。

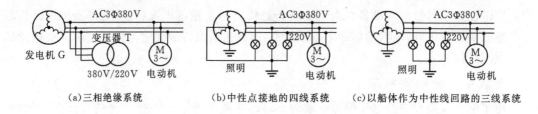

(a) 三相绝缘系统　　(b) 中性点接地的四线系统　　(c) 以船体作为中性线回路的三线系统

图 1-2　船舶电力系统的线制

图 1-2(a) 是三相绝缘系统，其全称为：三相三线制中性点对地绝缘供电系统。其特点是 AC220 V 照明电源由 AC380 V 电网经变压器获得，照明系统与动力系统是经过变压器相联系的，依靠变压器原副绕组的绝缘，照明与动力两系统之间具有电气隔离作用(只有磁通的联系、而没有电气直接联系)，因而相互间影响小，尤其是易出现绝缘故障的照明系统对

动力系统的影响大为减少。当系统中发生单相接地时,不会出现单相短路而产生短路电流使系统保护跳闸。这样,电力系统即使发生单相接地故障仍然能继续工作,可最大限度保持供电的连续性。另外,当系统中发生单相接地时,不会影响三相线间电压之间的对称关系,只是使接地相电压变为零,而非接地相的电压升到线电压值($\sqrt{3}$倍),这时系统仍可供电。但必须在短时间内寻找出接地点并排除之,以免长期使非接地相工作在线电压下,造成绝缘损坏。

图1-2(b)为中性点接地的四线系统,其全称为:三相四线制中性点接地供电系统。中性点接地的四线系统的特点是照明与动力系统由同一电源供电,不需要设置照明变压器,发生单相接地故障时,将造成短路,依靠保护元器件可使故障点立即从电网切除,故障点容易查找。但由于照明与动力系统共网,相互之间影响大。尤其是船舶照明系统容易发生单相接地故障,因而容易造成停电,供电的可靠性较低,安全性较差。

图1-2(c)为以船体作为中性线回路的三线系统,即三相三线制中性点直接接地系统。这种系统的特点是利用船体作为中线形成回路,具有中性点接地的四线系统的优点,而且节省电缆。但由于利用船体作为中线,根据三相负载知识,三相负载不平衡时中线将有电流流过,而以船体作为中线后,船体各点的电位因电流流过而不同。因此,三相三线制中性点直接接地系统不仅具有三相四线制中性点接地供电系统的缺点,而且容易造成触电的危险,因此一般不能应用于船舶电力系统。

应该说明的是,随着人们对安全的重视程度的提高,目前船舶电力系统的线制几乎都采用三相三线制中性点对地绝缘供电系统,其他两种线制已经在船上很难看到了。

1.4 船舶电网的组成与分类

船舶电网是由船用电缆、导线和配电装置以一定的连接方式组成的一个整体。对船舶电网的基本要求:①电网可靠性高、生命力强。即要求电网在发电机组和线路发生故障或局部破损时仍能保证在最大范围内对负载的连续供电,并能限制故障的发展,将故障的影响限制在最小范围内。当电网严重故障时,应能最大限度地保障重要设备的连续供电。②电网结构应保证系统操作的灵活性。即电网运行的机动性和维修保养的方便性,包括操作的机动性、运行方案多样性、电源接口标准化、减少电气设备的型号规格、增加零部件的通用性。此外,电网还应考虑船舶以后新增加用电设备的需要,在某些区域配电点设置一定数量的备用供电支路。③提高电网建设和运行的技术经济指标。合理调配负荷,保持电网高效率运行;提高功率因数,减少线路损耗,提高负荷设备的运行效率。④科学合理地设置电力网的保护,考虑好保护的选择性。衡量船舶电网的优劣,不仅要看它处于正常状态下的运行情况,更重要的是在故障状态下连续供电能力和供电范围,以及有没有切除故障、防止故障扩大的能力。

1.4.1 船舶电网的分类

船舶电网一般有两种分类方法:按电网的电压等级分类和按电网使用的电源分类。下面分别进行介绍。

1. 按电网的电压等级分类

按电网的电压等级，船舶电网可分为：①动力电网；②照明电网；③超低压电网。

动力电网是指为全船动力用电设备供电的电网。船上电力拖动的动力设备通常采用三相电动机，其额定电压为交流 440 V 或 380 V，因此动力电网的电压通常是交流 440 V 或 380 V，其所连接的负载大多是给机械提供动力的电动机设备。对于重要负载和容量较大的负载，应由主配电板直接供电；对一般性负载，可按负载性质组成用电设备组，由分配电板供电。电能从主配电板配送到用电设备之间可有 1~3 级分配环节，但一般不宜超过三级。

照明电网是指给全船照明负载及单相小功率负载供电的电网。在照明电网上主要接有大量的照明灯具，照明负载的额定电压是交流 220 V 或 110 V，因此照明电网的电压是交流 220 V 或 110 V。在照明电网上除了接有照明的灯具外，还接有 600 W 以下的电热器、小功率的单相电动机以及通过插座连接的其他单相电器，如电扇、冰箱、家用电器和机修设备等。由于船舶配电系统的线制多采用中性点不接地的三相绝缘系统，从动力电网中无法直接获取 220 V 或 110 V 电源，故需经变压器进行电压转换。即从照明变压器副边一直到其后面所连接负载的所有部分，即构成照明电网。

超低压电网是指额定电压在 50 V 以下的电网。在船舶电力网中，超低压电网特指船上的临时应急供配电网络。船舶超低压电网的电源一般由直流 24 V 蓄电池组提供，通常为重要设备的控制系统、无线电和通信导航等设备的临时应急用电。

2. 按电源性质分类

如前面介绍，船舶电力系统的电源有发电机和蓄电池等，按电源性质不同，船舶电网可分为：①主电网；②应急电网；③小应急电网。

主电网是指由主发电机通过主配电板供电到各正常用电负载的网络。它是正常情况下船舶动力电网和照明电网的总和，或者说是正常条件下从发电机出口到用电负载间的电能输送网络。用电设备可直接由主配电板供电，也可由主配电板供电至各分配电板再由各分配电板供电给用电设备。容量较大的设备及重要负载都由主配电板直接供电。

由主配电板直接供电的用电设备一般包括：①舵机空压机、冰机、空调；②锚绞机、起货机；③各分配电板；④主消防泵、压载泵；⑤为推进装置服务的各泵浦起动箱；⑥油船货油泵；⑦冷藏船的冷藏电动装置；⑧主照明变压器；⑨航行信号灯控制箱、舱室照明分配电箱；⑩集控台、驾控台。

应急电网是指当船舶主电站出现故障不能供电时，由应急发电机通过应急配电板向船上部分用电设备供电的网络。应急电网供电的对象是船舶最重要的设备和应急设备（如应急空压机、应急消防泵、救生艇的绞艇机等）。应急电网也可分为应急动力电网和应急照明电网两部分。值得注意的是为了保证供电的可靠性，有些设备（如驾控台、集控台、航行灯信号灯等）是由主电网和应急电网同时供电，主、应急电源互为备用；有些设备机组中的一台（如两台舵机中的一台、主发电机预润滑油泵中的一台）由应急配电板直接供电。

各种信号灯及通信助航设备主要包括：①信号灯、磁罗经；②机械传令钟；③灭火剂释放预警信号装置；④紧急集合报警装置、火警系统。

小应急电网是指由应急蓄电池供电的电网，通常是指由 24 V 蓄电池供电的电网，小应急电网又称为临时应急电网。小应急电网应能在全船电网失效时自动供电,即当主电源失电时,小应急电网应立即自动投入向小应急负载供电;直至应急发电机组投入供电或主发电机恢复供电后,小应急电网自动退出。小应急电网的蓄电池的容量一般要求应至少能满足连续供电 30 min。

小应急电网供电的负载或用电设备:①小应急照明;②主机操纵台、锅炉仪表及助航仪;③大型 CO_2 释放控制报警板;④机电设备故障检测报警系统;⑤船内通信系统及扩音设备;⑥操舵控制系统;⑦航行灯、信号灯报警板;⑧应急信号灯等。

有些船舶把微小负载使用的电源网络单独划分为弱电电网,弱电电网通常是指用电量小的电网,即设备使用电流小(但电压不一定低)的电网,主要是向船舶无线电收发报机、卫星通信,各种导航、助航设备(如电子海图、GPS、北斗导航系统、ARPA 雷达、测向仪、测深仪等),船内通信设备(如电话、广播、对讲机等)以及信号报警系统供电的网络。

1.4.2 船舶电网的主接线方式

所谓船舶电网的接线方式又称为配电方式,是指船舶电源、配电板与负载的连接方式。船舶电网的接线方式通常有三种:枝状接线、干线接线和环状接线,下面分别介绍其特点与使用场合。

1. 枝状接线方式

枝状接线方式也称为树干式接线,图 1-3(a)所示为枝状接线的船舶电网,该船舶电网有两台主发电机 G_1、G_2 和一块主配电板 MCB 及两块分配电板 DSB_1、DSB_2。所有用电负荷都从主配电板 MCB 引出的馈电线路供电,由于 MCB 引出的馈电线路可以直接向电动机等负荷供电,也可经过分配电板后再向用电负荷供电,整个电网的供电线路就像树的树枝,在"枝干"线路的上面还可再分为更小的分支线路。

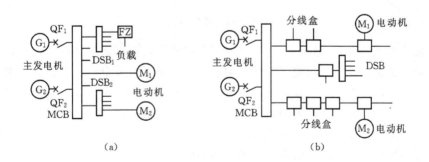

图 1-3 枝状结线和干线接线

枝状接线方式的特点:馈电线路总长度相对较短,主配电板上的配电开关较少。但当馈电线路发生故障时,故障点以后的所有末端用电负荷将失电,因此故障的影响范围较大,可靠性相对较差。例如,分配电板 DSB_2 与主配电板 MCB 之间的馈电线路发生断路故障时,由 DSB_2 供电的所有用电负荷(包括电动机 M_2)都将因为停电而不能工作。因此,枝状接线方式主要用于可靠性要求相对较低的普通货轮的船舶电网。

2. 干线接线方式

干线式是由主配电板引出几根干线电缆，所有用电设备是由串联在干线上的分线盒供电，图1-3(b)所示为干线接线的船舶电网。优点是主配电板尺寸较小，电缆用量少，造价低。缺点是当干线馈电电缆发生故障时，这条干线供电的所有用电设备均要停电，因此供电可靠性差。这种方式只有在小型船舶配电网中才有应用。

3. 环状接线方式

图1-4所示为环状接线的船舶电网，该船舶电网有四台主发电机 $G_1 \sim G_4$ 和两块主配电板 MCB_1、MCB_2。G_1、G_2 分别通过主断路器(主开关)QF_1、QF_2 与 MCB_1 连接，G_3、G_4 分别通过主断路器(主开关)QF_3、QF_4 与 MCB_2 连接。MCB_1、MCB_2 之间分别有两路馈电母线进行连接，QF_5、QF_6 分别为两路馈电母线上的分断断路器。所有负载则通过分线盒与馈电母线进行连接，构成一个环状的馈电网。

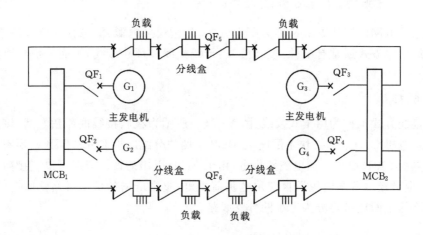

图1-4 环状接线

环状接线方式特点：供电可靠性高，电压损失和功率损耗都相对较小；造价高，维护保养相对较复杂。环状接线方式供电可靠性高主要体现在船舶主发电机、主断路器、馈电电缆等出现故障时还能保证船舶电网向负载可靠供电。例如，在图1-4上面一路馈电母线中最右边的两个分线盒之间的母线出现断路故障，通过下面一路馈电母线和 MCB_1、MCB_2 及 QF_5、QF_6，都可保证任何一台主发电机对任何一路用电负荷进行连续供电。因此，环状接线方式主要用于可靠性要求较高的军舰和客船等船舶的电网。

4. 枝状接线方式下重要设备的供电方式

普通货轮供电并不是不需要可靠性，尤其是保证船舶安全航行和人身安全的重要负荷，对供电的可靠性要求很高。但采用枝状接线方式后，电网的可靠性不如环状接线方式。为了保证船舶电网对重要负载供电的可靠性，就需要在枝状接线的基础上额外增加其他措施。

(1)重要设备由主配电板直接供电，而不经过分配电板，这样才能提高主发电机正常工作时供电的可靠性。由主配电板直接供电的设备：舵机、锚机、锅炉、消防泵、服务于主机的滑油泵、燃油泵、海水泵、淡水泵等。

(2)特别重要的负载由两路馈电线路供电或同一设备的1#、2#机组分别由不同的配电板供电。对某些特别重要的负载,如航行灯控制箱等,采取由两条互相独立的馈电线路进行两路供电,以保证在一条馈电线路发生故障时不致断电;如舵机,从主、应急配电板引两条互相独立的馈电线路分别对1#舵机和2#舵机供电。这是一种双重或多重供电措施,它可以保证重要设备能够从两个或两个以上完全独立的电源得到电能,从而提高了供电可靠性。对两路电源的供电线路的敷设路径上应尽量远离,以提高供电线路的可靠性,通常船舶的电缆是分两舷敷设的。

(3)采用自动卸载装置。船舶电源有时会由于某些原因出现暂时过载现象,为了保证重要负载的安全和连续供电,可采用自动卸载装置。当发电机出现过载时,自动卸载装置可自动分级将次要负载从电网切除,消除主发电机的过载现象,使其恢复正常工作状态,确保主发电机向重要负载的可靠供电。没有设置自动卸载装置时,则可按用电设备的重要性实行分级供电。这是区别对待的供电措施,其目的在于优先保证重要设备供电可靠性。当负荷高峰引起发电机过载时,将次要用电设备从电网上切除,以使发电机恢复到正常运行状态。如图1-5所示为一种分级供电方式。通常离发电机最近的配电板(如主配电板)作为Ⅰ级配电板,向最重要负荷供电,其余依次编级。

(4)采用分段汇流排供电。船上许多重要负载常常是两台或两台以上,如果将其分成两组并分别由配电板上两段独立的汇流排供电(两段汇流排之间用开关连接),则可提高供电的可靠性。这样,当某段汇流排上的线路发生故障而未能迅速排除时,汇流排的开关断开(可采用自动空气断路器自动断开,也可采用隔离开关手动断开),对故障线路进行隔离,以确保这些重要负载中的一半尚能连续工作。如图1-6所示。

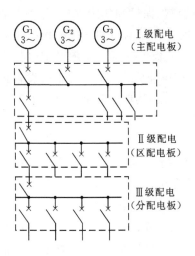

图1-5 分级供电方式

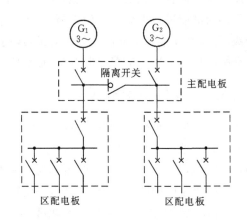

图1-6 分段汇流排供电

1.5 船舶主配电板的组成与功能

1.5.1 船舶配电板概述

船舶配电板是根据船舶电力系统的要求,把各种开关设备、保护测量电器、母线和必要的辅助设备组合在一起,构成对船舶电源提供的电能进行监视、保护和集中控制,并分配给全船各用电设备的一种装置。为了便于观察和操作,船舶配电装置所包含的各种主要显示仪表、控制元件、配电器件等都安装在其面板上,因而称之为配电板。

虽然与陆地电力系统的配电装置比较,船舶电力系统很小,但船舶配电板是船舶电力系统的重要组成部分和保证船舶各种用电设备正常安全运行必不可少的重要装置,船舶配电板的种类较多。按用途(等级)不同,可分为主配电板、应急配电板、充放电板、区域配电板(简称为区配电板)、分配电板和岸电箱等;按安装形式(外形)不同可分为立式、箱式、桌式和控制台式四种;按外壳结构不同,还可分为防护式、防滴式和防水式等。

船舶配电板的主要功能:①正常运行时,以手动或自动方式对相关电路进行接通或切断,实现接收电源提供的电能,并对所控制的用电设备进行供电或停止供电;②测量和监视动力系统的各种参数,如电压、频率、电流、功率、功率因数、绝缘电阻等;③当电力系统出现故障或不能正常运行时,自动切断故障电路和发出报警,实现继电保护功能;④通过指示灯或其他显示元件对需要显示的状态进行显示;⑤调整发电机的电压、频率等供电参数(主配电板或应急配电板才具有此项功能)。

船舶主配电板是用来对主发电机提供的电能进行监视、保护和集中控制,并将电能分配给全船各用电设备的配电板,是船舶最主要的配电装置。区配电板和分配电板则是对主配电板提供的电能进行再分配的配电板,区配电板比主配电板低一级。船舶区配电板可分设若干级,可控制其他区配电板和分配电板,或向正常工作电流大于 16 A 的用电设备提供电能。分配电板通常属于末端配电装置,是最低一级的配电板,其单路输出电流小于 16 A。

1.5.2 船舶主配电板

向船舶主配电板提供电能的是船舶主发电机,为了避免主发电机向主配电板输送电能的电缆受到机械损害和油水的侵蚀,通常主配电板都装在机舱平台上,且位于距离发电机较近的控制室内,自动化程度较高的船舶则与主机操纵台一起安装在带空调的集控室中。

主配电板是船舶电力系统的中枢,是船舶电能的监控装置,全船电力系统的发电和配电的操作、控制、保护、测量及监视等功能都集中在其面板(也称盘面)上。主配电板通常由发电机控制屏、并车屏、负载屏及连接汇流排(母线)四部分构成。控制屏、并车屏和负载屏都通过汇流排进行电气连接,从而形成一个整体的配电装置。

主配电板的屏柜数量取决于电力系统形式和规模,组成主配电板的每一屏,其盘面上都装有各种测量、指示仪表,各种开关、断路器等配电与控制电器,以实现供配电功能。如图1-7所示为某船主配电板的结构示意图,下面分别介绍。

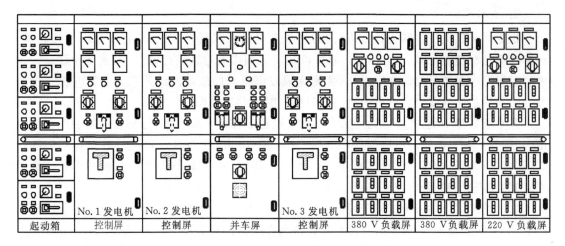

图1-7 船舶主配电板

1. 发电机控制屏

发电机控制屏是用来控制、调节、监视和保护发电机组的,每台发电机都配有单独的控制屏。发电机控制屏一般包含有转速手动调节部分、发电机主开关及其指示操纵部分、发电机保护部分、仪用互感器及测量仪表等。

如图1-7所示的电力系统有三台主发电机,主配电板上有三块完全相同的发电机控制屏。每块屏的上部有五个电工仪表,分别是电压表、电流表、频率表、功率表和功率因数表(或无功功率表),有的船的主配电板上还有发电机的励磁电流表。五个电工仪表下面是指示灯,一般至少有三个指示灯,用来指示发电机的运行状态。三个指示灯的颜色分别为:红、绿、黄三色,每个指示灯上面都有小标示牌,标示指示灯亮时的含义:红色指示灯在发电机组起动成功但未合闸时亮,绿色指示灯在发电机主开关合闸供电时亮,黄色指示灯在发电机组起动建压成功主开关已储能时亮,在主开关合闸时熄灭。

指示灯的下面是两个选择开关,其上面同样有小标示牌,标示选择开关的用途,一般用来选择电压表和电流表显示的是哪一相的电压与电流。选择开关的下面则是两个按钮与一个调速开关。两个按钮分别用于发电机组的起动和发电机充磁,调速开关则用来对发电机组的转速进行调节(控制调速器马达的转向,用于调整柴油发电机组油门的增减),按钮的作用和转速方向也都有小标示牌或文字进行标示。

发电机控制屏的中下部是发电机的主开关,船舶发电机的主开关采用的都是框架式空气断路器。发电机的主开关一般都有两种合闸和分闸的操作方式,实际使用时多采用自动合闸和分闸,也可选择手动合闸和分闸。根据断路器的不同,有的断路器可直接扳动操作手柄进行合闸和分闸操作,图中所示断路器则采用两个按钮进行合闸和分闸操作。发电机的主开关主要用于接通与断开发电机与汇流排的连接,并可对发电机进行过载、短路、失欠压和逆功率等保护。

发电机运行时一般要求其端电压和无功功率能够自动调节,完成这一功能的自动装置是发电机的自动调压器。通过对发电机励磁电流进行调节可调节其端电压和无功功率。因此,自动调压器实际就是发电机励磁自动调节的装置。

2. 并车屏

根据同步发电机并联运行分析可知,同步发电机并联运行条件是相序一致、电压相等、频率相等和相位差为零。因此,发电机并联运行之前需要对其进行调节,在满足并联运行条件时进行发电机主开关的合闸操作,才能完成发电机与船舶电网的并联。主配电板上设置的并车屏就是完成多台发电机向电网同时供电时的并车操作的。

并车屏只需一块,并车屏的上部设有两个电压表和两个频率表,分别显示船舶电网的电压、频率与待并发电机的电压、频率。待并发电机的电压、频率显示可通过并车屏中部的选择开关进行选择。选择开关打到具体的待并发电机时,并车屏上部中央(判断并车条件是否满足)的同步表和其下面(呈三角形分布的三个)的同步指示灯开始工作。

有的并车屏上还有汇流排分段开关,在船舶主发电机不能并联运行时用于将各段汇流排断开,实现如图 1-6 所示的分段汇流排供电方式。在图 1-7 所示的并车屏上,分段开关有两个,分别在待并发电机选择开关的左右两边,分段开关上面是分段开关状态指示灯和自动操作按钮。

并车屏中下部设有备用发电机选择开关,用于自动化电站在需要时自动起动备用发电机组并网的选择。备用发电机选择开关下面是电站故障报警蜂鸣器,用于电站出现故障时的声音报警。备用发电机选择开关上面有四个按钮,用于故障报警的试灯、消声、消闪与短路复位。

同步发电机的并车也可采用粗同步并车,粗同步并车装置一般安装在并车屏里面的下部空间。目前船舶电站一般设有并联运行发电机组有功功率自动调节和自动分配功能,由自动调频调载装置实现,该装置也安装在并车屏里面的下部空间。

3. 负载屏

负载屏通常安装有装置式自动空气断路器、电压表、电流表及转换开关、绝缘监视表(兆欧表 MΩ)、绝缘指示灯。负载屏主要是用于对各馈电回路进行控制、监视和保护,并通过装在负载线路上的馈电开关将电能供给船上各用电设备或分电箱。有的负载屏上还可能装有与应急配电板连接的联络开关和与岸电箱相连的岸电开关。

负载屏一般包括动力负载屏和照明负载屏,供电给动力负载各分路的屏称为动力负载屏,根据动力负载的多少一般可设二至四屏[1];供电给照明负载的屏称为照明负载屏,一般只需一至二屏。如图 1-7 所示的动力负载屏,由紧靠 No.3 发电机控制屏的两个 380 V 负载屏和最左端的起动箱组成。紧靠 No.3 发电机控制屏的动力负载屏,其上部有三个电工仪表,左右两个分别为电压表和电流表,电压表和电流表的下面为选择开关,可分别选择某一相的电压或电流进行测量显示。中间的仪表为动力电网的绝缘监视表[2],绝缘监视表下面有三个绝缘指示灯(又称为"地气灯"),其接线如图 1-8 所示。绝缘指示灯和选择开关的下面以及右边的另外一块动力负载屏,安装有对动力负载供电控制和保护的装置式自动空气

---

[1] 动力负载屏一般是以并车屏为中轴对称布置,配合分段汇流排,有利分区供电。

[2] 绝缘监视表又称为装置式的兆欧表或配电板式兆欧表,简称兆欧表,与一般便携式兆欧表不同,便携式兆欧表不能带电测量绝缘,装置式兆欧表可带电测量电网绝缘,还可设定绝缘低的报警值。

断路器(又称为塑料外壳式自动空气断路器)。

图1-7中最左边的起动箱也属于动力负载屏,又称为组合起动屏,主要是为主机服务的各泵浦起控制功能的主要辅机遥控起动箱,主要是由配电开关、熔断器、负载启停控制环节(接触器、热继电器、起动与停止按钮、指示灯、控制电器)等部件组成。可在机控室内遥控起动、停止,出现故障时能够自动切换使备用泵浦能立即自动起动投入工作。

如图1-7所示的主配电板的照明负载屏只有一块屏,在主配电板的最右边。照明负载屏的组成与动力负载屏相似,也装有装置式自动空气断路器、电压表、电流表、选择开关、绝缘监视表和绝缘指示灯等。通过自动空气断路器,照明负载屏对照明负载进行供电控制和保护。

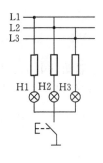

图1-8 地气灯

4. 汇流排(母线)

汇流排一般设置在主配电板各屏内部的中部,是发电机与负载(或分配电板)的联系桥梁。各发电机发出的电能先送到共用母线即汇流排上,再由汇流排配送到负载屏进行供电分配。有的船舶汇流排由两段或多段组成,各汇流排之间根据需要通过隔离开关接通或断开。如图1-7所示的主配电板,虽然没画出汇流排,但由并车屏上用于汇流排分段的两个隔离开关可以推断,该主配电板的汇流排由三段组成。两个隔离开关都断开,汇流排分成各自独立的三段;两个隔离开关都闭合,三段汇流排连接成一个整体。

配电板的主汇流排及连接部件是铜质的,连接处作了防腐或防氧化处理。汇流排能承受短路时的机械冲击力,其最大允许温升为45℃。汇流排的排列有一定的顺序要求,交流汇流排按从上到下(垂直排列),从左到右,从前到后(水平布置)的顺序依次为第一相、第二相和第三相(第一相超前第二相120°,第二相超前第三相120°)。汇流排的颜色依次为绿色、黄色、褐色或紫色(暗红色),中线为浅蓝色(若有接地线则接地线为黄绿相间)。直流汇流排按从上到下(垂直排列),从左到右,从前到后(水平布置)的顺序依次为正极、中线、负极。其正极颜色为红色,负极为蓝色,中线为绿色和黄色相间。

1.5.3 其他配电装置

除了主配电板、应急配电板、充放电板、区域配电板和分配电板外,常见的其他配电板一般还有岸电箱和电工试验板。

岸电箱用于将岸上或其他外来电源引入到船舶电网,一般在船舶停泊在码头或厂修时使用。由岸电箱将岸上来的电能,先送到主配电板或应急配电板,再通过配电板上的负载屏进行分配。岸电箱应能满足接岸电时的各项要求:①岸电箱内应设有岸电接线柱、自动断路器或开关加熔断器。在岸电箱与主配电板上应有岸电指示灯,以指示岸电是否有电;②对岸电和中点接地的交流三相系统,应设有接地用的接线柱,以便将船体接至岸上的接地装置或岸上电网的零点;③应有检测岸电极性(直流船)和相序(交流船)的措施。三相交流岸电箱上指示相序可以有相序指示器、相序指示灯来指示相序。

电工试验板安装在电工工作室,作为试验船上电机、电器、自动装置等电器设备的电源板,板上设有船上使用的各类电源,并装有各种类型的插座、灯座及电源接线柱、仪表等。

1.6 发电机主开关

船舶发电机主开关一般采用框架式自动空气断路器。它是连接发电机和配电板的桥梁,它起到开关电器和保护电器的作用。所以,它是船舶电站中一个十分重要的电器。

1.6.1 发电机主开关的基本功能和结构

万能式自动空气断路器,正常运行时作为接通和断开主电路的开关电器,在不正常运行时对主电路进行过载、短路和欠压保护,自动断开电路。所以,它既是一种开关电器,又是一种保护电器。这种自动开关既可用手柄操作,又可用按钮遥控操作。它能切断很大的短路电流,所以,它具有相当完善的触头系统和灭弧系统。万能式自动断路器的组成一般包括:触头系统(包括主触头与辅助触头)、灭弧装置、过流脱扣器、失压脱扣器、分励脱扣器、自由脱扣机构、电动操作机构和手动操作机构。其结构框图如图1-9所示。

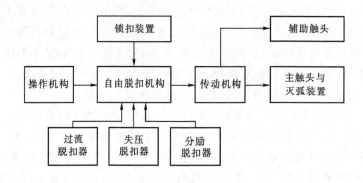

图 1-9 万能式自动空气断路器框图

触头系统由传动机构带动,正常运行时由操作机构控制自由脱扣机构的状态,并经过锁扣机构的保持,然后由传动机构改变触头系统的通断状态。不正常运行时由过流脱扣器、失压脱扣器和分励脱扣器等改变自由脱扣机构的状态,同时解除锁扣机构的保持作用,通过传动机构断开主触头并使辅助触头状态相应改变。主触头断开时将产生电弧,灭弧装置的作用是保护主触头不受电弧的灼伤。下面分别介绍它们的作用原理。

1. 触头系统

万能式自动空气断路器触头系统可分为主触头系统和辅助触头,一般辅助触头有5~6组,既有常开触头也有常闭触头,可用于改变指示灯和其他控制电路的状态。主触头系统一般由三组常开触头组成,用来通断三相交流主电路。主触头系统不仅要担负通断主发电机正常供电电流,而且在故障状态下要断开故障大电流。为了减小故障大电流产生的电弧对主触头系统的灼伤以及合闸时机械冲击造成的损坏,每组常开触头都由三对触头组成[①],分

---

① 主触头、副触头、弧触头实质是同一个触头的三个不同部位。

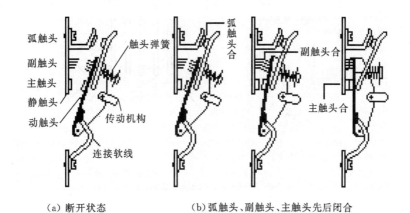

(a) 断开状态　　　　　(b) 弧触头、副触头、主触头先后闭合

图1-10　主触头系统结构与通断过程

别为：主触头、副触头和弧触头，如图1-10所示。

图1-10(a)为主触头系统断开时的状态，左边为三个静触头安装在固定的触头架上，右边的三个动触头安装在可移动的触头架上，并由传动机构带动，可移动的触头架通过连接软线引到接线柱。三对触头最上面的是弧触头，中间为副触头，最下面为主触头。图1-10(b)为主触头系统闭合过程，三对触头在闭合时首先是弧触头闭合，然后是副触头闭合，最后才是主触头闭合。断开时的顺序正好相反，主触头先断开，然后副触头断开，最后才是弧触头断开。容量较小的自动空气断路器，可以只采用两对触头组成主触头系统，即主触头和弧触头，省去副触头。

主触头的作用是导通大的工作电流，为了减小触头的接触损耗，一般采用银或银质合金制作，但银或银质合金质地软，承受不了触头闭合时的机械冲击。而且银质触头熔点低，易受触头分断时产生的电弧的损伤。因此，采用质地较硬的铜或铜钨合金制作弧触头，在闭合时由弧触头首先承受机械冲击，而断开时则承受可能产生的电弧的烧灼。副触头一般采用紫铜制作成刷状，起一个过渡作用，闭合时能承受一定的机械冲击，进一步减小主触头的机械冲击；由于弧触头的接触电阻较大，主触头断开时可能出现一定的电弧，有了弧触头的过渡，就可进一步保护主触头不受电弧的烧灼。

2. 灭弧装置

自动空气断路器大多采用灭弧栅进行灭弧，灭弧装置由许多长短不同的铁质栅片和绝缘材料构成的灭弧罩组成。为减小电弧进入栅片的阻力，灭弧栅片做成"人"字形缺口，相邻栅片的缺口互相错开，按一定的间隔距离交叉排列。当断开电路产生电弧时，由于电磁力的作用，将电弧吸入栅片内，分割成许多较短的小段，从而实现迅速灭弧，如图1-11所示。

当断路器触头分断时，在触头之间产生的电弧周围存在磁通，磁通穿过铁质栅片产生对电弧的吸力，将电弧吸入"人"字形缺口，并被拖长扩散，如图1-11(a)所示。吸入栅片的电弧与栅片接触迅速冷却，并被分割为若干小段，如图1-11(b)所示。每小段的电弧的电压很低，不足以维持电弧的燃烧，将迅速熄灭，这就是灭弧栅的灭弧原理。

实际船用自动空气断路器的灭弧栅片一般都安装在陶瓷底座上，为了确保灭弧效果，灭

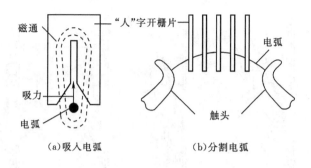

(a) 吸入电弧　　　　　(b) 分割电弧

图 1-11　灭弧栅灭弧原理

弧装置应保持清洁干燥。灭弧装置长时间未使用或受潮时，应将陶瓷底座烘干后才能使用。铁质栅片表面也应注意保持清洁干燥，防止栅片生锈影响对电弧的吸力。

3. 自由脱扣机构

自由脱扣机构是自动空气断路器中的重要部件，是触头系统和操作传动装置之间的联系机构。其作用主要是使触头保持闭合或迅速断开，具体功能有三个：①将手柄或电动合闸部分的操作传递给触头系统；②当合闸操作完成后，维持触头系统处于接通位置；③保护部分动作时能够使它自由脱扣。

如图 1-12 所示为自由脱扣机构三种状态的示意图，它是一个四连杆机构。图 1-12(a)是正常触头闭合状态，四连杆保持刚性连接状态。图 1-12(b)则为故障保护时，顶杆向上逆动，撞击连杆接点，四连杆刚性连接被破坏，脱扣机构动作，使主触头处于断开状态。图 1-12(c)是准备合闸位置。当自由脱扣机构脱扣后，若要再次合闸，应先将手柄向下拉，使四连杆机构恢复刚性连接状态，做好合闸准备。合闸时只需将手柄往上推即可。图 1-12 所示自由脱扣机构只是为了说明原理的示意图，实际自由脱扣机构具体结构与操作机构等有关，图中线圈是图 1-9 中各种脱扣器的笼统表示，在断路器故障时将使顶杆向上动作，实际检测故障的装置可以是各种脱扣器，如过流、失压和分励脱扣器等，也可以是综合保护装置输出的故障信号。

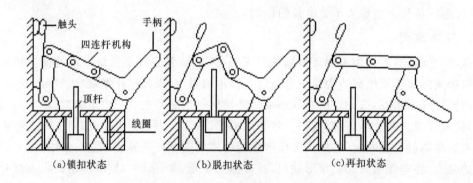

(a) 锁扣状态　　　　(b) 脱扣状态　　　　(c) 再扣状态

图 1-12　自由脱扣机构的三种状态

4. 操作机构

操作机构用于控制自由脱扣机构的动作，实现触头闭合或断开。船舶发电机主开关的合闸与分闸操作有手动操作和自动操作两种方法，且都是通过操作机构控制自由脱扣机构的动作，从而实现触头闭合或断开的。作为发电机主开关的自动空气断路器，其操作机构常见的有手柄式、连杆式、电磁式、电动式等。不管何种形式的操作机构，合闸前都应先将储能弹簧储能，使自由脱扣机构处于"再扣"位置，然后利用储能弹簧释放能量实现合闸。使用弹簧加载以闭合和断开断路器可由在现场的操作装置来执行；通过安装有关的附件，也可以用电气遥控操作开关的闭合和断开。

1.6.2 发电机主开关的动作原理

作为船舶发电机主开关的自动空气断路器主要有 DW—94、DW—95、DW—98 和 AH(DW—914)型船用自动空气断路器。自动空气断路器型号"DW"中，D 表示自动空气断路器，W 表示框架式，9 表示船用系列，后面的数字则表示系列号。AH 型船用自动空气断路器是 20 世纪 80 年代初引进日本寺崎公司的制造技术，国产型号为 DW—914 型。下面分别介绍其手动和自动操作原理。

1. 常见主开关的手动操作

船用自动空气断路器的手动操作大多通过手动合闸操作手柄进行，可分为转动和上下扳动两种形式。DW—94 型船用自动空气断路器是早期国产的船用自动空气断路器，手动合闸为转动操作的型式，合闸时先将手柄摇 38 圈左右，通过涡轮、蜗杆传动将储能弹簧拉长储能，自由脱扣机构"再扣"，然后再摇 2~4 圈，使储能弹簧释放，以实现合闸。

DW—95 型和 DW—98 型船用自动空气断路器手动合闸也是转动操作的型式，合闸时需先将手柄逆时针转 110°(DW—95)或 90°(DW—98)，然后再顺时针转动一定角度，使储能弹簧储能，自由脱扣机构"再扣"，再继续顺时针转动一定角度即实现合闸。

AH 型(DW—914 型)船用自动空气断路器的手动合闸属于上下扳动操作的型式，合闸时首先将手柄向下扳动，使储能弹簧储能，自由脱扣机构处于"再扣"位置，然后再将手柄向上方扳动，即可实现合闸。

此外，还有一些断路器可利用扳动手柄储能，再通过手动机械合闸按钮合闸。一般船用自动空气断路器都有手动机械脱扣按钮，分闸时，只要按下"分闸"按钮即可实现分闸操作。

2. 常见主开关的自动操作

船用自动空气断路器自动操作主要是电磁合闸和电动合闸两种型式，DW—94 型船用自动空气断路器为电动合闸型式，电动操作时，其合闸操作线路原理如图 1-13 所示。当发电机建立电压后，红色指示灯 HL_3 点亮，失压脱扣线圈获电，操作电动机 M 通电转动，使弹簧储能，直至凸轮将储能开关中的常开触点闭合，常闭触点断开，此时黄色指示灯亮，表明储能弹簧已储能，自由脱扣机构已处于"再扣"位置。合闸时，按下合闸按钮 SB_1，电动机再次转动，使储能弹簧释放，主开关合闸，此时绿色指示灯亮，表示合闸完毕。

DW—95、DW—98 型电动合闸采用电磁操作，其合闸操作线路原理如图 1-14 所示。发电机建立电压后，交流电压经二极管 D 整流向电容 C 充电。合闸时，按下按钮 SB，电容 C

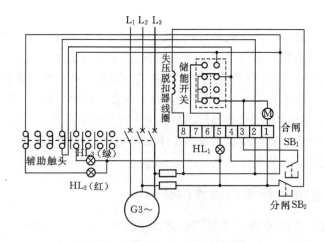

图 1-13 DW—94 电动合闸原理图

就会对继电器 KA 放电,使 KA 的常开触点 KA_4 和 KA_5 闭合,接通合闸电磁铁 YB 线圈,在电磁吸力的作用下储能弹簧拉长储能,自由脱扣机构已处于"再扣"位置。由于电容两端的电压很快下降,因此当下降到继电器 KA 的释放电压时,KA 的常开触点 KA_4 和 KA_5 断开,合闸电磁铁 YB 线圈断电,储能弹簧释放,自由脱扣机构动作实现合闸。合闸后,由于 DW 触点断开,此时再按下按钮 SB,不会再有合闸动作。

AH 型采用电磁铁直推式合闸,线路原理如图 1-15 所示。发电机建立电压后,按下电磁控制开关,继电器 KA_1 线圈通电,其常开触点 KA_1 闭合后继电器 KA_2 有电,其常开触点 KA_2 闭合,合闸电磁铁 YB 线圈通电,快速将动衔铁吸上,利用动衔铁的质量和速度,通过电磁合闸柱销,对四连杆机构产生一较大的冲击,推动合闸机构合闸。合闸后,断路器 DW 的辅助常开触点闭合,继电器 KA_3 线圈通电,其常闭触点 KA_3 断开,继电器 KA_1 线圈断电,其常开触点 KA_1 断开,继电器 KA_2 线圈失电,其常开触点 KA_2 断开,从而使合闸电磁铁 YB 线圈断电,电磁吸力消失,合闸动衔铁恢复原样,为下次合闸做好准备。

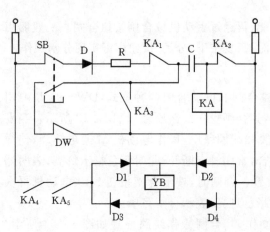

图 1-14 DW—98 电磁合闸线路

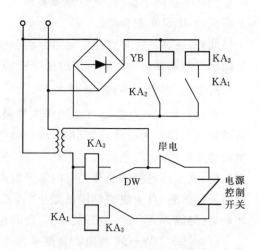

图 1-15 AH 型电磁合闸线路

3. 保护元件

框架式自动空气断路器通常设有过流脱扣器、欠压脱扣器及分励脱扣器，通过它们对自由脱扣机构的作用可实现对主电路的短路、过载、失压、欠压等保护及遥控分励操作，其原理如图 1-16 所示。

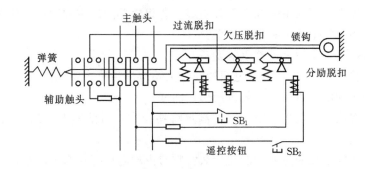

图 1-16 自动空气断路器原理示意图

过流脱扣器一般有电磁式和半导体式，它被用作发电机的短路和过载保护，一般具有反时限延时动作、定时限动作和瞬时动作三种动作特性。当短路故障和过载现象发生时，瞬时或经短路延时或经长延时后接通电磁铁使过流脱扣器瞬时动作，开关自动跳闸。延时元件通常采用钟表机构或利用 RC 充放电路等实现。如 DW—94 型延时采用时间继电器完成，DW—95、DW—98 型则采用电容充放电延时。

欠压脱扣器一般由一个瞬时动作的电压继电器组成，当线路电压低于规定的整定值时，由于电磁吸力的不足引起继电器释放，通过自由脱扣机构使开关自动跳闸。为避免电网电压瞬时波动产生误动作，可采用延时，延时时间一般为 1～3 s。

分励脱扣器主要用于远距离控制自动开关的断开，当按下分励脱扣按钮时，继电器吸合，通过自由脱扣机构将自动开关断开。

 复习与思考

1. 什么是船舶电力系统？它的组成、特点和主要作用各是什么？
2. 什么是船舶电力网？与岸上电力网相比较，船舶电力网有什么特点？
3. 有关船舶电气设备的规范及船级社标准主要都有哪些？
4. 船舶配电系统是如何分类的？
5. 船舶电力系统的基本参数有哪些？电源设备、用电设备的额定电压如何确定，常用的数值是多少？
6. 船舶电力系统的基本参数是哪几个？典型值是多少？
7. 为什么船舶电力系统能够在 20 世纪 50 年代迅速实现交流化？
8. 船舶电网有哪些分类方法？各分为哪些类型？
9. 船舶电力系统采用的线制有哪些？试说明不同线制的特点。
10. 船舶配电系统都有哪些线制？船舶电力系统为什么通常采用中性点不接地的三线

绝缘系统？
11. 船舶电站的主接线都有哪些？
12. 试列举船舶电力系统的类型。并简述其特点和应用场合。
13. 船舶电网有哪些接线方式？它们的特点各是什么？
14. 什么是船舶配电板？船舶配电板有哪些类型？其主要功能是什么？
15. 船舶主配电板一般由哪几个部分组成？各组成部分的主要功能是什么？
16. 主配电板结构形式都有哪些类型？
17. 在船舶电气设备中有哪些重要设备？
18. 主发电机、应急发电机及岸电间的联锁关系应满足哪些要求？
19. 典型的主配电板盘面上一般包括哪些功能？
20. 配电装置的主配电板平面布置应满足哪些要求？目前船舶电站主配电板的布置有哪几种类型？
21. 船舶应急配电板的主要功能是什么？它与主配电板有什么不同？
22. 船舶应急电站与主电站有什么关系？它们是如何连接的？
23. 岸电箱的主要功能是什么？船舶接用岸电的基本要求都有哪些？
24. 框架式自动空气断路器一般由哪几部分组成？各部分的主要作用是什么？
25. 断路器的触头系统由哪些触头组成？它们的作用是什么？如何动作？
26. 船舶岸电箱的作用是什么？什么是相序指示灯？常用的有几种接线方式？

第2章 船舶应急电源系统

我国相关规范规定,客船及 500 总吨以上的海船均应设有应急电源。应急电源必须独立于主电源。如果应急电源是发电机组,则必须有蓄电池作为临时应急电源。

2.1 应急发电机及应急配电板

作为应急电源使用的发电机称为应急发电机,考虑到一旦应急发电机组不能供电,或当主电网失电而应急发电机组还没来得及供电的时间内,应由蓄电池向应急照明和无线电通信等重要设备供电。应急发电机组称为大应急电源,应急蓄电池组称为小应急电源。大应急电源的容量应能保证对应急供电设备连续供电的时间如表 2-1 所示,小应急电源的容量则至少应能保证连续供电 30 min,下面分别进行介绍。

表 2-1 规定中应急发电机可连续供电的时间

航区	客船	货船	
		≥5000 总吨	1000～5000 总吨
无限航区	36 h	6 h	3 h
国内沿海航区	3～12 h	2 h	2 h

2.1.1 应急发电机组

应急发电机组和应急配电板构成了船舶应急电站,按照我国规范要求,应急发电机应位于防撞舱壁以后、舱壁甲板以上和机舱以外的艇甲板上。实际通常和应急配电板安装在艇甲板的同一舱室内,其功率应根据应急供电设备的总装置功率来确定。为确保应急发电机组在应急状态时能迅速投入工作,要求带动应急发电机的原动机具有较好的独立性和机动性。由于柴油机或汽油机起动迅速、方便,机动性较好,因此一般应急发电机组都采用柴(汽)油发电机组。

应急发电机必须设有自动起动装置,以保证在主电源不能供电的情况下能自动起动,并自动合闸向应急电网供电,一旦主电网恢复供电,应急发电机的主开关则应立即自动脱开。应急柴油发电机组的起动方式一般采用电动起动,起动用的电动机一般为直流串励或以串励为主的积复励电动机,电动机的电源由应急蓄电池组提供。

2.1.2 应急配电板

应急配电板用来控制和监视应急发电机组的工作情况,并向船舶应急用电设备供电。

如前所述,应急电网在正常时是主电网的一部分,可由主配电板供电,只有在主电网不供电的应急情况下才由应急发电机组供电。因此,应急配电板的应急发电机主开关与主/应急配电板的联络开关之间设有电气联锁,以保证当主发电机工作并向电网供电时,应急发电机组不工作,一旦主发电机开关跳闸使主电网失电,应急发电机组的自动起动装置确认电网失电后,立即起动并自动合闸向应急供电设备供电。

应急配电板通常由应急发电机控制屏和应急负载屏组成,其上面安装的仪器仪表与主配电板基本相同,如图2-1所示。由于应急发电机总是单机运行,所以应急配电板不需要并车屏、同步表、同步指示灯、并车电抗器等元器件。应急配电板的负载屏仅向全船应急负载和特别重要的负载供电,因此负载屏明显比主配电板上的少。负载屏一般也分为动力屏和照明屏,负载较少时也可将动力负载和照明负载合为一屏。

图2-1所示的应急配电板由一块应急发电机控制屏和两块应急负载配电屏组成。应急发电机控制屏的顶部有四个电工仪

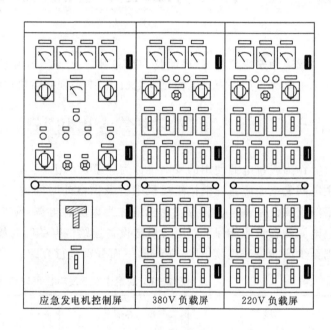

图2-1 船舶应急配电板

表,左右两边分别为电压表和电流表,它们的下面分别是选择开关,用于选择某一相的电压或电流进行显示。顶部中间的两个电工仪表分别是功率表和功率因数表,功率表和功率因数表的下面还有一块电工仪表,为频率表。

频率表下面是指示灯,用于指示应急发电机及其主开关的状态等。指示灯下面有两个选择开关和两个按钮,左边的选择开关为发动机组控制方式(手动/自动)选择开关。选择自动控制方式时,一旦主电网失电,应急发电机组经延时确认后自动起动,建立起稳定的电压后,应急发电机主开关自动合闸,向应急电网供电。主发电机一旦恢复供电,应急发电机的主开关应自动立即脱开,切断应急电源供电。应急发电机延时起动的目的是避免自动装置受短时干扰而误动作。选择手动控制方式时可通过中间的两个按钮分别控制应急发电机主开关的手动合闸和分闸。右边的选择开关为应急电源投入控制方式(自动/试验)选择开关,正常时该开关处于"自动"位置,只有对应急电源进行投入试验时才扳到"试验"位置。

应急发电机控制屏的中下部为万能式自动空气断路器,作为应急发电机主开关,应急发电机主开关下面设有自动联络开关,采用具有电动操作机构的自动空气断路器,实现应急电网与主电网的联络。应急配电板的负载屏面板布置与主配电板的负载屏的布置相同,向应急照明负载供电的应急照明变压器原边由动力负载屏供电,其副边则接到应急照明负载屏

的汇流排。

2.1.3 充放电电板

应急蓄电池充放电电板是蓄电池组充电放电及其控制、监视和保护的装置,并具有对负载的配电功能。

应急蓄电池充放电电板上主要设有电源开关、保护熔断器、指示灯、电压表、电流表以及充、放电转换开关等。作为船舶小应急电源,充放电板上还设有能在主电网失电情况下自动接通应急负载的控制电路。通常应急蓄电池充放电电板由两部分组成。

1. 充电部分

船上蓄电池组的交流充电电源一般由交流电网经半导体整流后供给,整流器多为桥式二极管或晶闸管整流装置。电路中设有交流电源开关及熔断器和向蓄电池组充电的总开关,以及监视充放电的直流电压表和电流表。对非整流充电电源必须设逆电流保护,以防止蓄电池向充电的直流电源放电。

2. 放电部分

主要是由小应急电源供电所形成的用电回路。有应急照明放电回路、操纵仪器和无线电通信设备放电回路等。小应急照明每一分路设有短路保护熔断器,但不设分路开关,所有回路均由一接触器进行总控制,当主电源、应急电源均失电时,该接触器接通小应急电网。其他设备则分别用控制开关送电。船舶应急蓄电池充放电板如图2-2所示。

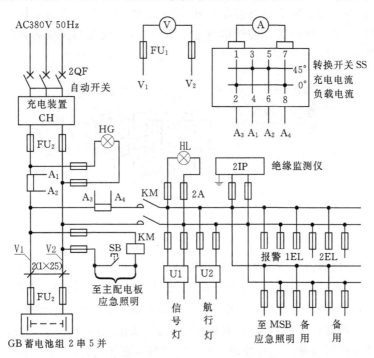

图2-2 应急蓄电池充放电板原理图

如前所述,向应急照明和无线电通信等重要设备供电的电源是蓄电池。所谓蓄电池,是指可以反复充放电使用的电池,也称为二次电池。为了保证蓄电池可以反复使用,就必须经常对蓄电池进行充电。蓄电池的充放电由充放电板进行充放电控制,实现向用电设备供电。

蓄电池充放电的转换都在充放电板上进行。充放电板的作用:①对船上安装的蓄电池组进行充电和放电;②控制和监视充电电源的工作情况;③将蓄电池组的电能分配给船上的低压用电设备;④当主电网、应急电网都失电的情况下,能立即自动接通蓄电池的放电回路直接向小应急用户供电。

2.2 船用蓄电池

蓄电池是电能和化学能相互转换的一种储能装置。根据电极和电解液物质的不同,蓄电池可分为酸性蓄电池和碱性蓄电池两大类。船上使用的应急蓄电池主要为酸性蓄电池,这主要是因为酸性蓄电池具有体积小、价格便宜、维护方便等特点。而碱性蓄电池则主要用于军舰,尤其是水下舰艇(如潜水艇等)。因为酸性蓄电池使用时会产生腐蚀性很强的酸性气体,在军舰上使用将对人体和设备产生强烈的腐蚀作用。

蓄电池的工作原理是利用电池极板上活性物质的电化学反应实现电能与化学能之间的相互转换。蓄电池放电时消耗活性物质,将化学能转换为电能;充电时活性物质得以恢复,将电能转换为化学能,它具有储能特性。

酸性蓄电池按用途可分为起动用、牵引车辆用、固定型和其他用四个系列,船用酸性应急蓄电池主要是固定型。除了应急蓄电池外,船上还使用起动用蓄电池作为应急发电机的起动及超低压设备的工作电源。酸性蓄电池主要由容器、极板和隔板等几部分组成。其结构如图2-3所示。

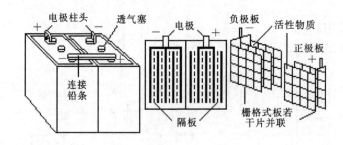

图2-3 酸性蓄电池结构

容器用来盛装电解液和支撑极板,采用能够防止酸液泄漏、耐腐蚀、坚固等特性材料制成。极板通常是用铅-锑合金制成的栅格式板,板格中压入活性物质。为增加容量,蓄电池的正极板和负极板均制成许多片,分别并联在一起接成两组,构成蓄电池的正、负极。隔板用橡胶、塑料或木板等绝缘材料制成,其作用是使正、负极板相互绝缘。为保证电解液的畅通,同时又不致使极板脱落的活性物质经隔板与相邻隔板相通,隔板上开有大小适中的孔。

酸性蓄电池顶部盖板上有透气塞,保证充电时蓄电池内部产生的气体可以顺畅排出,同时避免船舶摇晃时电解液的外溢。每个酸性蓄电池单体的额定电压为2V,可用连接铅条连接成蓄电池组,船用应急蓄电池一般为 24 V 的蓄电池组。

酸性蓄电池负极活性物质为海绵状铅(Pb),电解液是浓度在 27%～37% 的稀硫酸溶液(H_2SO_4),比重为 1.28～1.31。正极的活性物质为二氧化铅(PbO_2)。放电时两极活性物质逐渐变成硫酸铅,而电解液的硫酸减少、水增多,因此电解液浓度下降。蓄电池的充电和放电是可逆的,充电时极板恢复原来的 PbO_2 和 Pb,电解液浓度增加。电极反应可用下式表示:

$$PbO_2 + 2H_2SO_4 + Pb \underset{充电}{\overset{放电}{\rightleftharpoons}} 2PbSO_4 + 2H_2O$$

由上面的化学反应方程式看,蓄电池放电时会产生水,电解液比重降低,而充电时生成硫酸,比重增加。蓄电池的电动势 E 与电解液的比重 d 之间的关系可由经验公式来表示:

$$E = 0.84 + d \tag{2-1}$$

因此,对酸性蓄电池充放电情况的判断方法有两个:①通过测量蓄电池两端电动势大小进行判断;②通过测量蓄电池电解液的比重间接判断。额定电压为 2 V 的酸性蓄电池单体,充电时电压变化在 2.05～2.8 V 范围内,充电终期电压每个小电池为 2.5～2.8 V。充满电后的电压为 2.12～2.15 V,对应的电解液比重为 1.28～1.31。酸性蓄电池放电时电压逐渐下降,当电压下降到某一电压时,若继续放电则其电压急剧下降,到达某一电压(称放电终止电压)时,则不再放电。放电终了的电压约为 1.75 V,对应的电解液比重约为 0.91。酸性蓄电池的 10 h 放电率的每个小电池放电终止电压为 1.8 V。而对应不同放电率其放电终止电压不同,酸性电池的充放电曲线见图 2-4 所示。

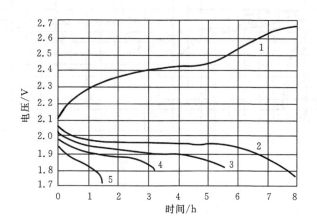

图 2-4 酸性电池的充放电曲线
1—充电曲线;2—8 h 放电曲线;3—5 h 放电曲线;
4—3 h 放电曲线;5—1 h 放电曲线

所谓放电终了电压就是指即将出现急剧下降时的电压,又称放电终止电压。酸性蓄电池放电达到终了电压,应停止继续放电并及时充电,否则不但不能正常向负载继续供电,而且对蓄电池的寿命也是不利的。

碱性蓄电池可分为镉-镍(Cd-Ni)、铁-镍(Fe-Ni)、锌-银(Zn-Ag)、镉-银(Cd-Ag)等

系列。船用碱性蓄电池主要是镉-镍、铁-镍蓄电池。

镉-镍碱性蓄电池主要由容器、极板和活性物质构成,其容器一般用镀镍钢板制成,它直接与电解液或正极板接触,所以碱性蓄电池的外壳带电;正极由氧化镍粉、石墨粉组成,石墨不参与化学反应但具有增强导电性的作用,负极由氧化镉和氧化铁粉组成,氧化铁粉具有较强的扩散性,可防止氧化镉结块,增加极板的容量。正、负极上的这些活性物质分别包在穿孔的钢带中,加压成型后构成电池的正、负极,两极之间用耐碱的硬橡胶隔开。

碱性蓄电池的电解液为20%氢氧化钾(KOH)水溶液或纯氢氧化钠(NaOH)溶液,比重为1.2～1.27。蓄电池在充放电过程中总的化学反应方程式为:

$$Cd+2KOH+2Ni(OH)_3 \underset{充电}{\overset{放电}{\rightleftharpoons}} Cd(OH)_2+2KOH+2Ni(OH)_2$$

由化学反应方程式可见,充放电前后,作为电解液的氢氧化钾不变,充放电前后电解液的比重不变。

碱性蓄电池中每个电池的电动势为1.25 V左右,在额定放电率时平均放电电压为1.2 V。根据不同结构型式,充放电特性是不同的。放电时,电压变化在1.2～1 V范围内,电流增大时可达到0.7 V,低于0.7 V就不应再放电。充电时,电压变化在1.4～1.8 V。图2-5所示为碱性电池的充放电曲线。

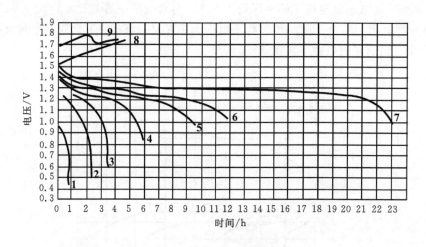

图2-5 碱性电池的充放电曲线

1—1 h放电曲线;2—2 h放电曲线;3—3 h放电曲线;4—5 h放电曲线;
5—8 h放电曲线;6—10 h放电曲线;7—20 h放电曲线;8—标准充电曲线;
9—快速充电曲线

氢氧化钾水溶液仅仅起导电的作用,不参与化学反应。因此,对碱性蓄电池充放电情况的判断只能采用测量蓄电池两端电动势大小进行判断,不能通过测量蓄电池电解液的比重间接判断,这与酸性蓄电池是不同的。

2.3 蓄电池的维护保养常识

2.3.1 蓄电池的容量

蓄电池是用来储存电能的,衡量蓄电池储存电能的能力用蓄电池的容量表示。蓄电池的容量和发电机的容量不同,发电机采用功率表示其容量,蓄电池的容量则用其放电能力表示。一般规定充足电的蓄电池以标准放电电流(额定电流)进行放电,当放电电压达到终了电压(约为额定电压的90%)时,蓄电池所释放的能量为蓄电池的容量。也就是说,蓄电池容量是其标准放电电流与放电时间的乘积,用字母 Q 表示,其单位为 A·h(安培·小时,简称安时):

$$Q = I \times t \tag{2-2}$$

式中的 I 为蓄电池的标准放电电流,对于酸性蓄电池,一般规定电解液的温度为25℃时,充足电的蓄电池经过10 h 的放电,正好达到终了电压的电流为蓄电池的额定电流。对于碱性蓄电池,额定电流则为经过8 h 的放电,正好达到终了电压的电流。

应该说明,蓄电池可持续放电的时间与放电电流的大小与电解液的温度有关。放电电流超过标准放电电流,电解液温度将升高,不仅放电时间大大缩短,而且将严重影响蓄电池的寿命,因此一般要求蓄电池放电电流不能超过其标准放电电流。

2.3.2 蓄电池的充电

蓄电池的充放电分为初充电、经常充电和过充电三种。

1. 初充电

新的或长期库存的蓄电池,必须经过初充电后,才能投入使用。

(1)酸性蓄电池:检查电解液高度为极板以上 5~12 mm 正常位置,充电要分阶段进行,先按正常充电电流的 70%~80% 进行第一阶段充电,使得每个单元电池的端电压上升至 2.4 V,然后改用正常充电电流的 30%~40% 进行第二阶段充电,直到电压和电解液相对密度在 3 h 内基本不变为止。在充电终了,要校正电解液的相对密度为 1.285。然后再用第二阶段电流继续充电 1 h,这样初充电过程结束。

(2)碱性蓄电池:将配制好的相对密度为 1.25 的氢氧化钾电解液注入蓄电池中,使得液面高于极板 5~12 mm,静置 2 h 后,再调整一次液面高度,即可进行初充电。

初充电第一阶段按标准充电制的电流充电 6~7 h,第二阶段用标准充电制的电流一半进行充电 6 h,然后用标准充电制的电流放电 4 h。这样经过 2~3 次充放电循环,最后用标准充电制的方法再次进行充电,静置 2 h 后,调整电解液的相对密度和液面高度,注入凡士林使得电解液与空气隔离,即可使用。

2. 经常充电(补充充电)

蓄电池放电后,其储存的电能有所下降,需要及时进行充电。蓄电池充电方式有两种:充放电方式和浮充电方式。采用充放电方式时,蓄电池分成两组轮换使用,一组处于放电状态,一组充满电后备用。只有一组蓄电池时则需要采用浮充电方式,此时充电电源、蓄电池、负载三者保持接通,电源一方面为负载供电,一方面为蓄电池充电,以补充放电和自放电所消耗的电能。

对于工作在充放电方式的蓄电池,具体的充电方法有三种:①恒流充电:整个充电过程的充电电流始终保持不变;②恒压充电:整个充电过程的充电电压始终保持不变;③分段恒流充电:充电初期充电电流较大,当极板上有气泡冒出,单体电池电压升至 2.4 V 时,改用小电流充电。在船上酸性蓄电池多采用分段恒流充电方法,具体是分两段进行充电,第一阶段按标准充电制的电流充电 6 至 7 小时,第二阶段用第一阶段充电电流的一半充电 2 至 3 小时。

船用碱性蓄电池多采用恒流充电,一般采用标准充电电流或比标准充电电流略大的电流充电 7~8 h。碱性蓄电也可大电流快速充电,而不影响碱性电池的充放电寿命。

3. 过充电

多个小电池组合使用的蓄电池在长时间使用后,各小电池往往产生相对密度、容量不均衡现象,为此需要定时进行过充电(也称为均衡充电)。所谓过充电,对于酸性蓄电池,是指在正常充电后,再用 10 h 放电率 1/2 或 3/4 的小电流进行反复充电,充电与停止充电的时间都为 1 h,直到刚一接通充电电源,蓄电池极板就产生强烈气泡为止。对于碱性蓄电池,则是以正常充电电流充电 6 h 后,再以正常充电电流一半继续充电 6 h。

2.3.3 酸性蓄电池的维护

酸性蓄电池日常维护保养工作较为简单,主要的维护工作有三个方面:①充放电监视与切换;②检查电解液和外观维护;③其他维护工作。

作为船用小应急电源的酸性蓄电池,一般采用充电方式工作,日常充放电监视的主要工作就是通过充放电板,监视其电压,发现放电电压接近放电终了电压时应及时进行切换,将已经充满电的蓄电池投入工作,而对放完电的蓄电池进行充电。充足电后则断开充电电源备用。对于经常不带负荷的蓄电池,为了防止极板的硫化,每月也需进行一次充放电,并按说明书规定的时间,定期进行过充电。

除了前面介绍的定期进行过充电外,酸性蓄电池在下列情况下也必须进行过充电:①蓄电池放电到极限电压以下;②蓄电池放电后,停放 1~2 昼夜未能及时充电;③蓄电池极板抽出检查后;④以最大电流超过限度放电;⑤电解液内混有杂质;⑥个别电池极板硫化,充电时电解液的比重不易上升。

酸性蓄电池的日常保养主要是检查电解液和外观维护,一般要求每 15~20 天应检查电解液的高度,发现电解液高度不足,应及时补充蒸馏水。酸性蓄电池在充放电过程中,电解液液面的降低主要是因产生气体或蒸发使电解液中的水分减少所致,因此只能加蒸馏水不能加酸。只有在充完电后,电解液的比重低于原来的值时,才可采用比重为 1.35~1.40 的稀硫酸进行调整。加酸后的蓄电池,应该用正常充电电流的一半,进行 30 min 的充电,以使电解液均匀。

酸性蓄电池的外观维护主要是保持蓄电池表面的清洁,保证注液孔的旋紧,保持电极极柱良好的导电性。蓄电池表面的灰尘和污物应及时清除;注液孔应旋紧且保持透气,保证气体的畅通和防止电解液的溅出;为了防止电极极柱氧化,可在连接好的极柱表面涂上一层凡士林油膜。此外,充电时还应注意蓄电池电解液的温度不能超过规定值。

对酸性蓄电池的其他维护工作:蓄电池测量仪表仪器的定期检查,保证比重计、温度计和电压表处于良好与精确状态;蓄电池室应保持通风,严禁烟火;对蓄电池的电解液进行每年的化验检查。

2.3.4 碱性蓄电池的维护

碱性蓄电池日常维护保养主要要求为:①每半个月检查一次电压,电压不足应及时充电,每次充电前应补充蒸馏水,以保持液面的高度,充放电10~15个循环后应检查电解液的比重,并作适当调整;②由于电解液可与空气中的二氧化碳反应,生成碳酸盐,影响蓄电池的容量。因此使用50~100次后应更换电解液,以保证电解液的性能。更换电解液应在放电状态下进行;③为增加蓄电池容量并延长使用寿命,可在电解液中适当加入氢氧化锂,尤其在35℃以上的环境温度下使用时,应采用氢氧化钠与氢氧化锂混合电解液;④保持气塞透气,定时打开气塞放气;⑤注意外壳带正电,避免造成短路;⑥10~12次充放电循环进行一次过充电,不常带负荷的碱性蓄电池每月进行一次过充电。

2.3.5 蓄电池常见故障与处理方法

蓄电池维护、使用不当会降低其使用寿命和容量,甚至受到损坏不能使用。使用中可通过观察充放电情况,检查极板外观和观察容器底部是否有沉淀物来判断蓄电池是否正常。下面简单介绍蓄电池常见故障现象、原因与处理方法。

1. 极板硫化

当发现蓄电池充电时冒气泡过早,或刚开始充电就有气泡,充电时电压上升很快,放电时电压下降很快,而且电解液的相对密度低于正常值,正极板呈褐色或带有白色,说明极板已经硫化。产生极板硫化的原因:

(1)经常充电不足;

(2)放电电流过大;

(3)放电后没有及时充电;

(4)电解液不纯、含有杂质;

(5)电解液相对密度太高;

(6)电解液液面太低,导致极板上部硫化。

出现上述现象,应根据具体情况,采取措施进行修复:

(1)如果是充电不足,可采用过充电方法恢复活性物质;

(2)如果电解液相对密度过高,则调整相对密度至合适数值;

(3)如果电解液含有杂质,则清除杂质或更换电解液。

2. 极板短路

如果充电时发现蓄电池电压很低(甚至为零),充电过程中电解液相对密度不能上升,充电时冒气泡少,且气泡发生很晚,说明电池极板有短路。极板内部发生短路的原因:

(1)极板上活性物质脱落卡在极板之间形成短路;
(2)沉淀物过多,或有其他杂质进入,致使极板短路;
(3)极板过度弯曲变形,极板之间形成接触。
处理方法:更换极板;清除沉淀物或杂质。

3. 极板弯曲

蓄电池使用维护不当,会引起极板弯曲变形,原因有:
(1)充电电流过大;
(2)长期过放电;
(3)长期过充电;
(4)充电温度过高;
(5)电解液不纯。

出现上述现象时,首先要更换合适的电解液,然后在极板之间插入木板校正极板。若弯曲太厉害,无法校正,则需要更换极板。

4. 沉淀物过多

当充电的电流过大、电解液温度过高或电解液不纯时会产生沉淀物。若蓄电池下部沉淀物过多将使蓄电池容量下降,放电电压过低,严重时将使极板发生短路。因此,充放电时要注意控制电流不要过大。处理方法:先用硝酸银对电解液定性检查,观察是否有氯根,如果有则应消除或更换电解液。

5. 容器损坏

当发现电解液漏出,绝缘电阻和电压下降时,应注意检查蓄电池容器是否破损。引起容器破损的原因主要是碰撞、安装不当,或者容器本身质量不好、老化等,这时必须马上更换新容器。

 复习与思考

1. 船舶应急电源系统的组成及功能都有哪些?典型的船舶应急配电板都有哪些?
2. 小应急电源主要是向哪些负载供电?
3. 船用蓄电池都有哪些类型?其工作原理是什么?
4. 应急电力系统的作用是什么?应急电力系统的种类有哪些?主电源和大、小应急电源之间有怎样的关系?
5. 什么是蓄电池?船用蓄电池如何分类?有什么用途?
6. 判断酸性蓄电池充放电状况的依据是什么?为什么?
7. 酸性蓄电池日常维护工作有哪些?
8. 什么是过充电?酸性蓄电池如何过充电?哪些情况需要过充电?
9. 在船舶电气设备中有哪些重要设备?
10. 试简单说明什么叫船舶电力系统的可靠性。
11. 酸性蓄电池的主要故障有哪些?原因是什么?如何处理?

第3章 同步发电机的并联运行

3.1 概述

为了满足船舶供电的可靠性和经济性,一般的船舶电站均装设有两台以上的同步发电机组作为主电源。两台以上的发电机同时向电网供电叫做发电机组的并联运行,把发电机组投入并联运行的过程称为并车。如果发电机需并联运行,必须首先进行并车操作,而并车操作要严格按次序、步骤进行,而且各操作步骤中都有一定的条件要求,否则将造成严重的不良后果。

船舶发电机组应至少设置2台,最多不超过4台。至少设置2台是为了备用,保证供电的安全,同时也考虑发电机组的运行效率。从发电机运行效率看,不管是什么发电机,一般最高效率都在2/3额定负载左右。小于2/3额定负载,效率随负载的减小,下降很快。也就是说,轻、空载发电机效率低。而2/3额定负载到满载之间,虽然效率有所下降,但都还能保持在较高的效率运行。同步发电机组也不例外,一般在重载到满载(2/3~1.0PN)之间,具有较高的效率,实际至少在半载以上才有较好的经济效益。

然而,船舶用电设备的实际用电量随船舶的工况不同而不同,最大用电工况与最小用电工况的用电量相差可达3倍之多。在这样的用电差距下,必须设置2~3台发电机,才能保证船舶电网的高效运行:用电少时,采用一台发电机组向船舶电网供电;用电多时,采用两台发电机组并联运行向船舶电网供电。这样的运行方式,能够保证运行的发电机组处于较高的负荷状态,从而提高发电机组的工作效率。因此,采用多台发电机并联运行方式的作用主要是根据实际用电量的要求,调节在网运行的发电机组数,提高发电机组的工作效率。

同步发电机组的并车方式有准确同步方式、粗同步方式和自同步方式。

1. 准确同步并车

准确同步并车方式是目前船舶上普遍采用的一种并车方式,要求待并机组和运行机组两者的电压、频率和相位都调整到十分接近的时候,才允许合上待并发电机主开关。采用这一方式进行并车引起的冲击电流、冲击转矩和母线电压的下降都很小,对电力系统不会产生什么不利的影响,但是如果由于某种原因造成非同步并车时,则冲击电流很大。最严重时可与机端三相短路电流相同,所以它要求严格而细心地操作,这是准确同步并车方式的缺点。

2. 粗同步并车

利用并车电抗器,即使并车条件相差很大,也不会形成较大的冲击电流,使得并车操作简单,但相应地增加了设备。

3. 自同步并车

自同步并车较准确同步并车简单,它的操作过程是这样的:原动机将未经励磁的发电机的转速带到接近同步转速,即将发电机主开关合闸,并立即给发电机加上励磁,依靠机组间自整步作用而拉入同步,使发电机与电力系统并联运行。由于船舶电站容量的限制,船舶电力系统不采用自同步并车方式,这种方式仅在陆电中使用。

3.2 同步发电机并车的条件

3.2.1 同步发电机并联运行的条件

交流三相同步发电机的并联运行,是三相电源对应相连。为了保证正常工作,并联运行发电机要满足的理想条件:①相序一致;②三相对称交流电压的幅值分别相等;③三相对称交流电压的频率相等;④三相对称交流电压的相位相等(相位差为零)。

但是,实际的船舶发电机,在安装时已经对其相序进行严格的测定。因此,只要实际没有对同步发电机的相序进行过变更,每次并车操作时,可以不要求对发电机的相序重新进行检测。也就是说,同步发电机并车的理想条件为:①三相对称交流电压的幅值分别相等;②三相对称交流电压的频率相等;③三相对称交流电压的相位相等(相位差为零)。

3.2.2 并联运行条件分析

上面介绍的是同步发电机并联运行的理想条件和并车的理想条件,在满足并车的理想条件下进行并车,不论原来已在网运行的发电机还是刚并网运行的发电机,都不会产生任何冲击,因此称为理想条件。但实际并车操作时,并不一定要求要完全满足上述的理想并车条件,因此有必要分析这些条件对并车的具体影响。

1. 相序条件

不管其他条件如何,只要两台同步发电机的相序不一致,两台发电机输出端的三对对应连接端之间,至少有两对输出连接端存在较大的电压差。在如图 3-1 所示的相量图中,两台并联运行的三相同步发电机,其相电压的幅值一样,频率相同,U 相电压的相位相等(相位差为零)。但 V 相和 W 相的电压的相位都相差 120°电角度。

如果将图 3-1 所示的两台不同相序的同步发电机并联起来运行,则 U 相因为电压相位相等 U_1-U_2 为等电位点,符合并联运行的条件。而 V 相和 W 相,因为电压相位相差 120°电角度,不符合并联运行的条件,若并联则会产生很大的短路电流。

因此说,并联运行条件中,相序一致的条件是必须要保证的,是不能有偏差的。

2. 电压幅值条件

如果相序条件满足,但电压幅值条件不满足,则两台发电机之间将有环流流过。所谓环流,是指只在发电机绕组间流动而不经过负载的电流。可以证明,电压幅值不等时产生环流为无功环流。无功环流作用结果是使电压偏高的发电机去磁,同时使电压偏低的发电机增磁,最终两台发电机的端电压相等,共同向负载供电,其相量关系如图3-2所示。图3-2(a)为1、2号发电机及电网U相电压的相量关系,1号发电机电压幅值U_{U1}偏高,2号发电机电压幅值U_{U2}偏低,两机未并联之前U相电压差幅值为ΔU,并联后两机(即电网)电压幅值为U_U。由于存在电压差ΔU,并联瞬间$\Delta \dot{U}$将在两机绕组之间产生环流,环流方向是从电压高的1号机流向电压低的2号机。由于两机电枢绕组阻值较小,主要是绕组的电抗,因此环流$\Delta \dot{I}$滞后$\Delta \dot{U}$电压差90°电角度,其性质为无功电流。

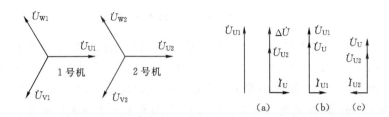

图3-1 两台发电机的相量图　　图3-2 两台机电压不等

图3-2(b)为1号发电机U相绕组电压与环流的相量关系,环流$\Delta \dot{I}_{U1} = \Delta \dot{I}_U$从1号发电机U相绕组流出。滞后U相电压90°电角度,为去磁性质的感性负载电流,使1号机的电压下降到与电网电压相等的值。图3-2(c)为2号发电机U相绕组电压与环流的相量关系,环流仍然是同一个电流,但从1号机流出,却流进2号机。对于2号机绕组而言,环流是输入电流,是与输出电流相差180°电角度的电流,因此$\dot{I}_{U2} = -\dot{I}_U$,与2号机的端电压的关系为$\dot{I}_{U2}$超前$\dot{U}_{U2}$的电角度为90°,为增磁性质的负载电流,使2号机的电压增加到与电网电压相等的值。

由上面的分析可知,只要电压相差不太大,并联时产生的无功环流就不会太大,通过环流的作用最终将使两台发电机的端电压相等。因此并车条件中的电压幅值相等条件实际上是允许有一定偏差的。不过,由于原来电压不等,并联运行后虽然电压相等了,但在两台机之间却一直存在无功环流,这将降低发电机的负载能力,也就是说受发电机额定电流的限制,向负载输出的电流将相对减小,所以实际对于电压偏差还是需要进行限制的,一般规定,并车操作时电压差不得超过额定电压的$\pm 10\%$。

3. 相位条件

与电压幅值条件相似,若并车瞬间两台发电机电压相位不相等,两台发电机绕组之间也将产生环流,但环流性质不是无功环流而是有功环流,具体情况可由图3-3所示相量图进行说明。图3-3(a)为1、2号发电机及电网U相电压的相量关系,1号发电机电压$\dot{U}_{U1}$相位超前,2号发电机电压$\dot{U}_{U2}$滞后,两机未并联之前,由于相位差$\Delta \delta$的存在,U相电压差为$\Delta \dot{U}$,并联后两机(即电网)电压幅值为U_U。由于存在电压差$\Delta \dot{U}$,并联瞬间$\Delta \dot{U}$将在两机绕组之间产生环流$\dot{I}_U$,环流P_{RCU}滞后ΔP_A电压差90°电角度。可以证明,这个环流主要性质是有功环流,尤其是相位差$\Delta \delta$较小时,可近似认为只有有功的作用。有功环流$\dot{I}_U$将从1号发电机电枢绕组流出,流进2号发电机电枢绕组(因为电枢电阻很小,而同步电抗较大,所以$\dot{I}_U$滞后$\Delta \dot{U}$ 90°电角度)。

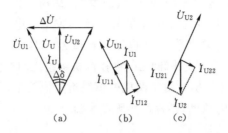

图 3-3 两台电动机相位不等

图 3-3(b)为 1 号发电机相量之间的关系,从 1 号发电机电枢绕组流出的环流,是 1 号机的输出电流,$\dot{I}_{U1} = \dot{I}_U$,可分解为两个分量:$\dot{I}_{U11}$ 和 $\dot{I}_{U12}$。其中,$\dot{I}_{U11}$ 为有功分量,是环流的主要分量,产生一个阻力矩作用在 1 号发电机的电枢转子,使其转速降低,U 相电压相量后移;$\dot{I}_{U12}$ 为无功分量,是环流的次要分量,使 1 号发电机端电压幅值略有下降。图 3-3(c)为 2 号发电机相量之间的关系,由于环流流进 2 号发电机电枢绕组,是 2 号机的输入电流,$\dot{I}_{U2} = -\dot{I}_U$,也可分解为两个分量:$\dot{I}_{U21}$ 和 $\dot{I}_{U22}$。其中,$\dot{I}_{U21}$ 为有功分量,是环流的主要分量,产生一个驱动力矩作用在 2 号发电机的电枢转子,使其转速升高,U 相电压相量前移;$\dot{I}_{U22}$ 为无功分量,是环流的次要分量,也使 2 号发电机端电压幅值略有下降。1 号机电压相量后移,2 号机电压相量前移,且同时因无功电流分量的去磁略有下降,结果两机电压相量移到相同的相位上且相等,以相同的电压幅值 U_U 向负载共同供电。也就是说,并车前,若两机电压存在相位差,并车后,在两机的电枢绕组之间将出现环流。环流主要为有功环流,将两机拉入同步,同时环流还将具有一定的去磁作用使发电机端电压有所下降。

拉入同步后,如果不改变发电机的输入功率(增加原动机的油门),两机电枢绕组感应电动势实际上还有微小的相位差,环流仍可存在,但环流的无功分量已非常小,此时的环流可看成纯有功的环流,这将造成两台发电机输出有功功率不均衡。因此,只要相位差不太大,相位不等的两台同步发电机是允许并车的,但若相位差太大,合闸瞬间将造成较大的电流冲击和机械冲击,因此通常应限制合闸瞬间的相位差在 ±15° 以内。

4. 频率条件

如果两台同步发电机相序一致、电压幅值相等,且在相位差为零时合闸,但两机的电压频率不等。在合闸瞬间虽然不会造成环流,但合闸后频率快的发电机电动势相量将前移,频率慢的发电机电动势相量将后移,两机电枢绕组之间也将出现有功环流。有功环流将使频率快的发电机电枢转子受到阻力矩,从而降低其频率;同时使频率慢的发电机电枢转子受到驱动力矩,从而增大其频率,最终使两机的频率一致。频率不相等与相位不一致时相似,频差 Δf 越大,有功环流越大,两机所受的力矩也越大。为了避免并车后造成的电流和机械冲击,通常应限制频差 Δf 在 ±0.5 Hz 以内,即 $\Delta f = |f_1 - f_2| \leqslant \pm 0.5$ Hz。

3.2.3 实际并车条件

从上面分析可知,当并车的任一条件不能满足要求时,发电机间必将产生冲击电流。当冲击电流在许可的范围内,它能帮助同步发电机在并车过程中拉入同步;但当并车条件超过允许的范围,过大的冲击电流可能导致并车失败或者使系统电压下降,甚至出现断电、损坏机组等事故,这些都是要避免的。

实际并车操作遇到的条件,则是上述三种情况的综合。即电压幅值、频率和相位均存在偏差,必须限制偏差才能保证投入并联的成功。否则会破坏电网的正常运行,造成电网设备和发电机组(包括原动机)损坏。因此,实际的并车条件应是既可以成功实现并车,又不至于造成发电机组损坏。经理论和实践证明,实用的并车条件为:

$$\Delta U = |U_1 - U_2| \leqslant \pm 10\% U_N$$
$$\Delta f = |f_1 - f_2| \leqslant \pm 0.5 \text{ Hz} \tag{3-1}$$
$$\Delta \delta = |\delta_1 - \delta_2| \leqslant \pm 15°$$

或:电压有效值偏差在±10%以内;频率偏差在±1% f_N 以内(或频差周期大于2秒);相位差在±15°电角度以内。

3.3 同步发电机的并车和解列

同步发电机的并车就是使两台或以上同步发电机并联运行的操作,其操作的方法通常可分为两类:准确同步并车和粗同步并车。所谓准确同步并车,是指在完全满足式(3-1)的并车条件下实现的并车的操作方法,又称为准确同步并车。粗同步并车则是基本满足并车条件,但具体要求比准确同步并车宽得多的并车操作方法,也称粗同期并车。具体并车操作过程既可由操作人员通过观察、判断并完成并车操作(又称为手动并车),也可由自动化设备自动完成(称为自动并车)。同步发电机的解列,就是解除同步发电机的并联运行。

3.3.1 需要并车与解列的场合

发电机并联运行可提高运行效率,并提高船舶电站运行的可靠性。要进行发电机的并联运行,就得进行发电机的并车操作。一般而言,需要两台或以上发电机并联运行的并车操作情况有三种:①满足电网负荷的需求,当单机负荷达到80%额定容量时,且负荷仍有可能增加,这时就要考虑并联另一台发电机;②进出港靠离码头或进出狭水道等的机动航行状态时,为了船舶航行的安全,需要两台发电机并联运行;③当需要用备用机组替换下运行供电的机组时,为了保证不中断供电,需要通过并车进行替换。

当船舶用电负荷减小,不需要维持多台发电机同时工作时,就应该减少运行的发电机组,停止部分多余的发电机组的运行,要停止并联运行的某台发电机,首先应该解除并联运行状态,使其脱离电网,然后再停止其工作。一般而言,需要解列发电机的情况:①正常停机解列,即船舶用电负荷太少,电站运行功率已经超过最大裕量时,减少正常运行的发电机组数的解列;②正在运行的发电机组发生运行不正常的情况,需要使并联运行的故障机组解列停车。

并车和解列都需进行一定的操作,尤其是并车操作,需要对待并发电机进行调节,在满足并车条件时进行合闸操作,完成并车操作后还要进行负荷转移,才能使并上的发电机承担电负荷,向负载供电。下面介绍的是具体并车操作方法。

3.3.2 手动并车方法

并车操作是起动一台发电机与在网运行的发电机并联的操作,新起动的发电机称为待并机,起动后通过其自动调压装置,一般可自行建立电压并自动调节其端电压到接近额定电压,即可自动满足与电网之间的电压差在±10%U_N以内。因此,实际手动并车操作时,只要通过主配电板上的"调速开关"调整待并机组的油门,使待并机的频率接近电网的频率,然后观察待并机与电网之间的相位差,在相位差满足并车条件时进行合闸操作,就可实现手动并车。手动并车后再通过"调速开关",调节发电机组的油门,使并联运行的发电机承担的有功功率按其容量比例进行分配,最终完成手动并车操作。

根据对并车操作条件中频差和相位差的检测方法的不同,手动并车操作可分为同步指示灯法和同步表法。其中,同步指示灯法还可根据同步指示灯的连接方式不同,分为灯光明暗法和灯光旋转法两种,下面分别介绍这些方法的手动并车操作。

1. 灯光明暗法

图 3-4 所示为灯光明暗法的电路图,三个同步指示灯都接成同名相灯(灯的两端连接的相的名称一样),即 H_1、H_2 和 H_3 分别接在电网与待并机的对应相上:H_1 接电网的 L_1 和待并机的 U 相,H_2 接电网的 L_2 和待并机的 V 相,H_3 接电网的 L_3 和待并机的 W 相。当待并机 G 的频率与电网频率不同时,H_1、H_2 和 H_3 等三个指示灯两端的电压幅值 U_{H1}、U_{H2} 和 U_{H3} 分别发生周期性的变化,三个指示灯则出现相应的周期性明暗变化。三个指示灯明暗变化的快慢反映了待并机与电网之间频差的大小,频差大则指示灯明暗变化快;反之频差小指示灯明暗变化慢。虽然频率不相等,但 H_1、H_2 和 H_3 三个指示灯同时熄灭时,说明待并机电压与电网电压之间的相位差为零。图 3-4 所示右边的相量图,下标为 1 者表示电网的三相电压相量,下标为 2 者表示待并机的三相电压相量,U_{H1}、U_{H2} 和 U_{H3} 分别为三个同步指示灯 H_1、H_2 和 H_3 两端的电压有效值。

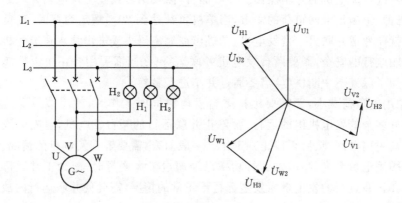

图 3-4 灯光明暗法

通过上述分析可知,采用灯光明暗法进行并车,只能判断相位差为零的时刻和粗略判断频差的大小,不能判断频差的方向。不能判断频差方向对并车的成功是不利的,一般要求,并车时待并机的频率应略高于电网频率,这样并车后待并机就可立即承担部分电网的有功负荷,避免由于电网负载波动引起逆功率保护动作而出现并车失败。

因此,不能判断频差方向将给缺乏经验的操作者带来一定的麻烦。但是对于有经验的操作者,采用灯光明暗法并车时,还是可以通过实际操作和仔细观察,对频差方向进行估计的。具体方法是起动待并机,在并车屏上将并车选择开关选中待并机,观察三个同步指示灯的明暗变化情况。由于刚起动时待并机的转速较低,指示灯明暗变化较快。将待并机的"调速开关"向"快"的方向逐渐微调(慢慢调节),使待并机逐渐增速,此时可以观察到同步指示灯明暗变化逐渐变慢。继续向加速方向微调"调速开关",直到指示灯明暗变化开始由慢变快,且明暗变化的一个周期略大于 2 s,说明待并机的频率比电网的频率高,且频差小于 0.5 Hz,也就是满足并车操作的频差条件。接着继续观察三个指示灯明暗变化,当指示灯由亮变暗时,在灯将灭未灭瞬间按下合闸按钮或操作合闸手柄,即可实现灯光明暗法的并车操作。并车成功后应注意及时进行负荷转移操作,使电网的有功负荷让并联运行的发电机按容量比例分担。

之所以要在三个指示灯将灭未灭瞬间按下合闸按钮或操作合闸手柄,是因为作为发电机主开关的空气断路器的合闸动作有一定的时间滞后。指示灯将灭未灭时,虽然待并机与电网的电压相位差仍较大,但断路器合闸经过机械动作的延时后,主触头闭合瞬间将保证待并机与电网的电压相位差在并车操作的相位条件要求的范围内。

2. 灯光旋转法

虽然有经验的操作者能够通过仔细操作和观察估计灯光明暗法并车时的频差方向,但不同的设备调节性能有差别,实际操作时由于不能直接指示频差方向,灯光明暗法的应用还是存在不尽人意的地方。为了使三个同步指示灯可以指示频差方向,可以采用灯光旋转法。

图 3-5 所示为灯光旋转法的电路图,三个同步指示灯只有一个接成同名相灯,其他两个都接成异名相灯。通常 H_1 为同名相灯,安装在并车屏上作为三角形的顶角,H_2 和 H_3 为异名相灯,作为三角形的两个底角。H_1 的两端分别与电网的 L_1 和待并机的 U 相连接,H_2 与电网的 L_3 和待并机的 V 相连接,H_3 与电网的 L_2 和待并机的 W 相连接。由图 3-5 右边的相量图可见,当待并机的三相电压 $\dot{U}_{U2}$、$\dot{U}_{V2}$ 和 $\dot{U}_{W2}$ 频率比电网三相电压 $\dot{U}_{U1}$、$\dot{U}_{V1}$ 和 $\dot{U}_{W1}$ 频率高时,三个同步指示灯熄灭(两端电压为零)的顺序是 $H_1 \rightarrow H_3 \rightarrow H_2$。而当待并机的三相

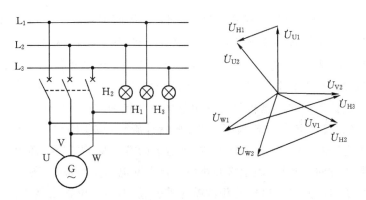

图 3-5 灯光旋转法

电压 $\dot{U}_{U2}$、$\dot{U}_{V2}$ 和 $\dot{U}_{W2}$ 频率比电网三相电压 $\dot{U}_{U1}$、$\dot{U}_{V1}$ 和 $\dot{U}_{W1}$ 频率低时,三个同步指示灯熄灭的顺序是 $H_1 \rightarrow H_2 \rightarrow H_3$。同时,当 H_1 熄灭时,待并机与电网三相电压的相位差为零。因此,灯光旋转法既能指示频差大小,又能指示频差方向,还可指示相位差。

利用灯光旋转法并车的操作步骤为:起动待并发电机组,开启同步指示灯,调节"调速开关"使待并机频率略快于电网频率(指示灯轮流熄灭为顺时针方向),且使指示灯轮流熄灭的周期略大于 2 s。当同名相灯(顶部指示灯)将灭未灭时合闸,并车成功后及时按要求转移负荷。

应该说明,采用同步指示灯检测同步状态时,若指示灯的接线错误,灯光明暗法与灯光旋转法可相互转换,而且相位差为零时熄灭的指示灯不一定位于三角形的顶部。甚至还可能出现三个同步指示灯光根本不熄灭的情况。

3. 同步表法

不论是灯光明暗法还是灯光旋转法,对同步状态的指示都比较粗略,尤其是相位差为零的时刻的判断,需要根据经验进行摸索和总结,很难在合闸操作时做到主触头闭合瞬间正好是相位差为零的时刻。为了更为精确指示同步状态,尤其是精确指示相位差为零的时刻,从而减小合闸瞬间产生的电流冲击和提高并车的成功率,人们发明了专门用来指示同步状态的仪表,称为同步表。所谓同步表,就是用来指示待并发电机与电网三相电压的频差大小和方向及相位的专业仪表。有指针式和发光二极管(LED)式两种,如图 3-6 所示。

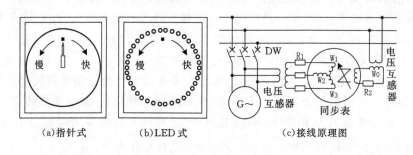

(a)指针式　　(b)LED 式　　(c)接线原理图

图 3-6　同步表及其接线原理图

图 3-6(a)和(b)分别为指针式和 LED 式同步表的面板示意图,图 3-6(c)是指针式同步表的接线原理图。指针式同步表有四个绕组(五个接线端子),单相绕组 W_0 接电网 L_1、L_2 相,三相绕组 W_1、W_2 和 W_3 接成 Y 形连接,三个接线端子分别接待并发电机的 U、V 和 W 相。为了限制流过同步表的电压与电流,采用两个电压互感器和四个电阻将各电压降低限流后再引入同步表。当待并发电机与电网电压频率相同时,同步表指针指向某一位置不动(或只有某个发光二极管点亮);若频率不等,则指针旋转(或 LED 轮流点亮),指针的转动(或 LED 轮流点亮)的方向与频差方向有关,表盘上的箭头及"快""慢"标识为待并机电压相对电网电压的频差方向(即"快"表示待并机电压比电网电压频率快)。图 3-6(a)和(b)中的黑点位置为待并机与电网三相电压的相位差为零位置(即同步位置或整步位置)。由于该位置与时钟的 12 点位置相对应,因此又常称为"12 点"位置。

实际操作过程为:起动待并发电机组,接通同步表,调整待并机油门,使同步表的指针朝

"快"的方向旋转(或 LED 轮流点亮),旋转(或轮流点亮)速度为每 2～3 s 转一周。当同步表的指针指向"11 点"位置(或"11 点"位置对应的 LED 点亮)时,即可合闸,然后进行负荷转移。并车后,同步表指针指在"12 点"位置(或"12 点"位置对应的 LED 点亮)。

应该注意,同步表一般为 15 分钟短时工作制,负荷转移后应该及时断开同步表,否则同步表将可能被烧毁。

3.3.3 粗同步并车

上述利用同步指示灯或同步表进行的手动并车方法都属于手动准确同步并车的方法,手动准确同步并车的优点是设备简单,并车电流与机械冲击都较小。但操作过程较为复杂,并车的成功与否与操作者的经验有关,对于经验不足的操作者,容易出现并车失败和并车时间过长的现象。为此可以利用并车电抗器及专门的控制线路进行粗同步并车,粗同步并车一般属于半自动并车。粗同步并车控制线路原理图如图 3-7 所示。

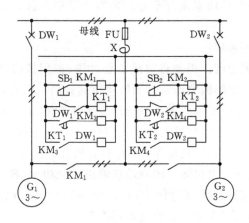

图 3-7 粗同步并车原理图

图 3-7 是两台同步发电机 G_1 和 G_2 实现粗同步并车的单线原理图,图中三相主电路都采用单线表示。若设 G_2 原来已在电网上运行,现在要将 G_1 与 G_2 并联运行,其操作过程如下:

起动 G_1,调节调速开关使其频率略超过或接近额定频率,按下按钮 SB_1,接触器 KM_1 线圈通电自锁,其主触头将 G_1 的三相电路通过三相粗同步电抗器 X 与三相母线连接。虽然此时 G_1 和 G_2 的三相电压之间存在较大相位差,但由于有三相粗同步电抗器 X 的限流作用,G_1 和 G_2 电枢绕组之间出现的有功环流不会太大。依靠有功环流的作用,两台发电机 G_1 和 G_2 将被拉入同步。KM_1 动作的同时,时间继电器 KT_1 线圈也通电延时。延时时间到,其常开辅触头 KT_1 闭合,接触器 KM_3 线圈通电,接通 1 号发电机 G_1 主开关的合闸线圈 DW_1。DW_1 的主触头闭合,操作者可通过并车屏上的指示灯观察,并车成功后即可进行负荷转移,完成并车操作。DW_1 合闸后,其常闭辅触头断开,接触器 KM_1、KM_3 及时间继电器 KT_1 线圈全部断电,粗同步并车电抗器 X 被切除。

应该说明,虽然理论上讲,粗同步并车时,可以完全不考虑并车的所有条件,直接进行并车。如果条件不满足合闸后待并机与电网之间将出现环流,通过环流的调节作用会将待并机拉入同步。但实际为了减小冲击,粗同步并车时一般仍然尽量按合闸条件进行调节,这样不仅可以提高并车的成功率,还能延长设备的使用寿命。此外,应该注意三相粗同步并车电抗器 X 也是根据 15 分钟短时工作制选定的,如果粗同步并车电抗器 X 采用纯手动接入(不是采用类似图 3-7 的自动并车控制电路),并车完毕后应及时切除,避免三相粗同步并车电抗器 X 超过工作时间而损坏。

3.3.4　并联运行同步发电机的解列

发电机组退出并联运行的过程称为解列,当电网总负荷小于一台机组的 70% 额定容量时,或机动航行状态结束时,或替换机组时,都要将并联发电机组之一退出并联运行。解列操作程序一般为:①首先将全部负荷(大约保留 5%Pe)转移到留用的运行机组。即同时向相反方向操作两发电机组的调速开关,解列机"减速",留用机"加速",保持电网频率基本不变;②当待解列机承担的有功功率接近于零之前按下其脱扣按钮,使发电机跳闸;③然后停掉解列的机组。

解列时需注意的主要事项:

①不能直接带载解列拉闸。否则将造成负载冲击;留用机组会受到突加负载的猛烈冲击,使电网频率下降;解列机则因突卸负载而转速突然升高。而且带载拉闸对自动空气断路器也不利,负载电流将使断路器的主触头系统产生额外负担,影响断路器的使用寿命。

②要避免逆功率。不要等解列机的功率表指针为 0 时,才按下脱扣按钮;否则由于机组的惯性易发生逆功率,可在达到额定功率 5% 左右时脱扣。出现逆功率时,解列机变成一台同步电动机,将向原来拖动发电机运行的原动机输出机械功率,容易造成机械损坏。

③防止过载。在解列转移负载过程中,有可能使留用机出现过载,这时要根据具体情况,或暂停解列,恢复并联;或先卸掉次要负载再解列。

3.4　同步发电机自动并车

船舶同步发电机的自动并车是由同步发电机自动并车装置实现的,它能模拟人工并车操作,自动检测和调整并车的三个条件参数,使之满足要求,并考虑到主开关合闸动作时间,在整步点提前一个时间或相位角发出合闸指令,然后进行均功(或按比例分配功率)操作。

早期采用分立元件或部分集成电路构成的自动并车装置,形式上是一个独立单元,只有调节频差、监视电压差和相位差功能,实质上仍属于半自动化范畴,称为模拟式自动并车装置。随着微电子技术和微机控制技术不断成熟,大部分船舶电站都装有功率管理系统(Power Management System,PMS)。在 PMS 中自动并车不作为一个独立装置,而是 PMS 中的一个单元或一部分。

如图 3-8 所示为同步发电机自动并车装置的原理框图。由图可见,自动并车装置主要由合闸条件检测环节、电压与频率调节环节两大部分组成。

起动待并机后,自动并车装置首先通过电压差检测电路检测待并机与电网的电压差,并根据检测结果发出"升压"或"降压"信号,对待并机的励磁电流进行调节,当电压差满足并车操作条件时,自动解除并车装置的"电压闭锁"信号,送到合闸条件检测电路综合判断。在电压调节的同时,自动并车装置通过频率调节电路判断待并机电压与电网电压的频率差的方向,并根据频差方向自动发出"频率上升"或"频率下降"信号,对待并机的油门进行调节。

合闸条件检测环节的主要信号是频差信号,它能反映待并机电压与电网电压的频率差和相位差的大小。频差电压信号(常用 u_s 表示)是通过将待并机电压与电网同名相电压相减,并经过整流、滤波得到的。频差电压是一个按正弦规律脉动的直流电压信号,如图3-9所示。为了减小非线性造成的误差,可通过波形变换电路将正弦波频差电压信号变换成三角波脉动电压信号 u_{sd}。

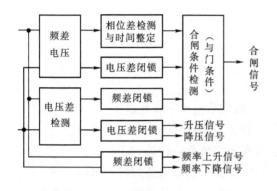

图3-8　自动并车装置框图

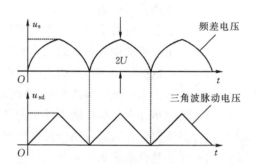

图3-9　频差电压信号

三角波脉动电压信号 u_{sd} 的周期反映待并机电压与电网电压的频率差的大小,三角波脉动电压信号 u_{sd} 的瞬时值反映待并机电压与电网电压的瞬时相位差,三角波脉动电压信号 $u_{sd}=0$ 时,待并机电压与电网电压的瞬时相位差正好为零。

自动并车装置的频差闭锁电路检测频差电压信号的周期,当频差电压信号的周期足够长,即满足并车合闸条件的要求时,频差闭锁电路自动解除频差闭锁信号,并送到合闸条件检测电路,与其他信号进行综合判断。

相位差检测与时间调整电路的主要功能:①设置合闸信号提前发出的时间,一般根据发电机主开关的机械动作时间等因素综合考虑进行设置;②在待并机电压与电网电压的相位差满足并车合闸条件时发出相位差满足信号到合闸条件检测电路。

合闸条件检测电路又称为合闸与门条件鉴别电路,其输入信号有三个:①相位差条件信号;②频差闭锁解除信号(即频差条件满足信号);③电压差闭锁解除信号(即电压差条件满足信号)。当这三个输入信号同时满足时,合闸条件检测电路发出合闸信号控制待并机的主开关合闸,实现自动准确同步并车操作。自动并车装置是自动化电站的内容,具体在第8章介绍。

复习与思考

1. 什么叫并车?
2. 并车方法有几种?

3. 准确同步并车时需满足哪几个条件？为什么？
4. 试述手动准确同步并车的方法及步骤。
5. 什么叫粗同步并车？它有什么特点？
6. 船舶同步发电机为什么要并联运行？并联运行的条件是什么？
7. 为什么在单发电机供电能满足用电需要的情况下，还会遇到发电机投入并联操作？
8. 什么是同步发电机的并车？并车合闸的条件是什么？
9. 同步发电机组的并联操作可分为几类？
10. 三相同步发电机准确同步时，待并机组与运行机组（或电网）之间必须同时满足什么条件？如果不满足这些条件会出现什么后果？
11. 试简述并车时的注意事项。
12. 同步发电机的手动并车方法有哪些？各种并车方法如何具体操作？
13. 叙述准确同步并车法的工作原理。
14. 叙述电抗同步并车法的工作原理。
15. 为什么采用粗同步并车后，未切断并车电抗器电路会留下事故隐患？
16. 粗同步并车与准确同步并车的具体条件有什么不同？
17. 怎样实现并联运行同步发电机的有功负荷和无功负荷的转移？
18. 什么是自动准确同步并车？什么是自动粗同步并车？分别是如何并车的？
19. 手动准确同步并车操作应满足什么条件？自动准确同步并车的条件为什么要转换，转换后的条件是什么？
20. 为什么同步发电机在并车时，不是在整步点合闸，而是要提前一个小角度合闸。
21. 为什么同步发电机在并车时，通常要求待并发电机的频率要稍高于电网的频率。
22. 解列时需注意的事项主要有哪些？
23. 如题图3-10所示为按灯光旋转法要求进行接线的同步指示灯线路，试判断能否正常工作。若不能正常工作，试说明指示灯实际会出现什么情况。

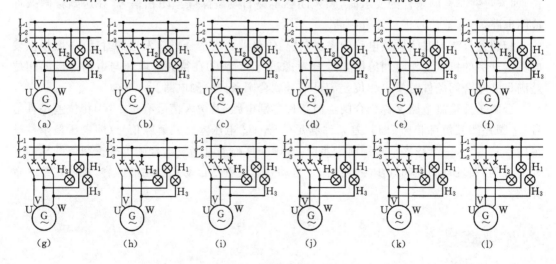

图3-10 同步指示灯线路

24. 为什么合闸信号要含提前量，如何实现？
25. 自动并车有哪些环节？各环节的作用是什么？
26. 频差（脉动）电压的性质与并车条件之间有怎样的关系？
27. 自动并车的两种类型有什么区别？为什么大多采用恒定越前时间型的并车装置。
28. 试简述自动并车装置中的频差电压获得环节。
29. 试简述自动并车装置中的频差正负的鉴别与频率预调环节。
30. 试简述自动并车装置中的恒定越前时间获得环节。
31. 试简述自动并车装置中的恒定越前相位角获得环节。
32. 试简述自动并车装置中最大允许合闸频差检测环节。
33. 试简述自动并车装置中的电压差闭锁环节。

第4章 同步发电机组有功功率及频率的自动调节

根据船舶电力系统及其用电设备的要求,交流发电机投入正常运行时,要求拖动交流发电机的原动机保持几乎不变的转速,电网频率的波动范围不超过额定频率的±1%。由于船舶负载不断变化等原因,造成了电网频率变化和多台发电机间的有功功率分配关系(比例关系)发生改变。为了保证船舶电站供电可靠、电网稳定、参数稳定、运行经济、使用安全,必须对单机或多台并联运行的船舶同步发电机组的频率、有功功率进行实时调节。本章主要介绍同步发电机有功功率与频率的关系、调速器与调速特性和有功功率的分配与转移等概念。

4.1 概述

4.1.1 电网频率的变化

由于负载发生变化会引起发电机组转速的变化,相应地会使电网频率发生变化。船舶电站负载发生变化,如电动机起动、停止等,而发电机原动机(如柴油机)油门尚未来得及变化,使原动机的驱动功率与发电机组负载功率的平衡关系被破坏,引起发电机组转速的变化,进而使电网频率发生变化。

频率偏离的主要危害:

(1) 当电网频率降低时,由于异步电动机的转速下降,轴上输出功率和效率降低。在电动机电压不变的情况下,磁化电流增加会引起铁芯和绕组发热;当频率高于额定值时,电动机转速升高,其输出功率增加,也会使电动机过载。

(2) 由于原动机是按额定转速发出最大功率和最高效率设计的,当转速变化时,就会使原动机效率降低并使其零件磨损加剧。

(3) 几台发电机并联运行时,频率波动会引起各机组间有功负载分配不均匀,各机组稳定运行的均衡状态受到破坏使运行不经济,严重时还会造成部分机组过载,或部分机组逆功,直至整个系统崩溃。

为了保证船舶电力系统运行的可靠性和经济性,对运行中的原动机转速即发电机频率进行实时调整是十分必要的。

4.1.2 《钢质海船入级规范》的规定

电网频率变化,会引起电动机转速、输出转矩及输出功率发生变化。因此要求船舶电网频率的变化,单机运行时最好保持在±0.1 Hz以内,并联运行时保持在±0.2 Hz以内。船级社大多规定船用电气设备在电源频率波动稳态值达±5%(对额定频率为 50 Hz 的电网即为±2.5 Hz)时应能正常运行。

《钢质海船入级规范》规定，带动发电机的原动机(包括柴油机和汽轮机)须装有调速器，其调速特性应符合下列规定：当突然卸去额定负载时，其瞬时调速率不大于额定转速的10%，稳定调速率不大于额定转速的 5%，稳定时间(即转速恢复到波动率为±1%范围的时间)不超过 5 s。

4.1.3 并联运行发电机运行有功功率的分配

多台发电机同时向电网或负载供电时，有功功率应由各发电机按其额定功率的大小按比例或按设定进行分配。有功功率的合理分配与无功功率的合理分配一样，当功率分配极不合理时，可能会发生并联运行中有的发电机因过载而主开关跳闸，最终导致电网失电的事故。同步发电机并联运行时，不但要求各机组之间的无功功率合理分配，而且要求有功功率也要按发电机各自的容量比例分配。

我国《钢质海船入级规范》中规定：并联运行的交流发电机组，当负载在总额定功率的20%～100%范围内变化时，应能稳定运行，其有功功率分配的误差应符合下列要求：各发电机实际承担的有功功率与按发电机额定功率分配比例的计算值之差，在发电机额定功率相同时应不超过发电机额定功率的±15%，在发电机额定功率不同时应不超过最大发电机额定功率的±15%和最小发电机额定功率的±25%(取其较小者)。

4.2 有功功率和频率调整的基础知识

同步发电机输出的有功功率是由原动机的机械功率通过轴传递过来的，船舶同步发电机输出的有功功率完全取决于用电负载。用电负载的有功功率变化(电动机起动、停止等)时，发电机的原动机油门尚未来得及调整，原动机的驱动功率与负载功率的平衡关系被破坏，因此将引起发电机组转速的变化，从而使电网频率发生变化。

4.2.1 基础知识

发电机输出的有功功率是由原动机的机械功率转化来的，随着负荷的变化需要经常调整原动机的转速，以保持电网频率的恒定。

1. 能量关系

柴油机将柴油经燃烧和机械传动转换为机械能，发电机将机械能经磁电转换为电能供应给负载；发电机功率、转矩和角速度三者间的关系：$P = M \cdot \Omega$。当负载发生变化时，原动机的转速会相应地发生变化。

2. 转速与频率之间的关系

发电机转速与频率之间存在一一对应的关系：$f = \dfrac{P \cdot n}{60}$。

3. 转速与原动机(柴油机)喷油量之间的关系

原动机(柴油机)喷油量与转速之间成线性的比例关系，或者说原动机的油门大小与发电机的转速成对应关系。

4.2.2 频率及有功功率调整

1. 频率(即转速)的调整

改变各台发电机原动机的油门的大小(对柴油发电机组),即单位时间内进入气缸的燃油量,可以改变特定负载下发电机组的转速;也就是改变发电机的频率。

2. 并联运行同步发电机的有功分配(调载)

对并联运行的发电机,改变发电机间的有功功率分配,也就是通过改变各台发电机原动机的油门的大小(对柴油发电机组),即单位时间内进入气缸的燃油量来实现的。柴油机喷油量的大小,关系到柴油机在一定转速下的输出功率。换句话说,单机运行时,发电机的某一转速(频率)对应输出某一有功功率;对并联运行的发电机,某一频率对应着各发电机输出的功率。所以,并联机组有功功率分配与电力系统频率调整密切联系。

同容量、同型号发电机并联运行时,应将系统的总负载(包括有功功率和无功功率)平均分配给参与运行的各台机组;当不同容量的发电机并联运行时,则应将系统的总负载按各台发电机容量成比例地分配给运行的发电机,以增强并联运行的稳定性和经济性。

在船舶电力系统中,频率的调整及有功功率分配依赖于原动机调速器的调节。在各原动机调速特性相差较大或者不稳定时,为了减轻船员的劳动强度,提高供电的质量,可增加自动调频调载装置(简称频载调节器)。当柴油发电机组输出功率变化时,依靠柴油机调速器的固有特性自动改变油门的开度,实现频率与机组间功率的分配及平衡的过程称为频率的一次调节,通过手动或自动频载调节器,控制伺服电动机的正反转,改变调速器弹簧的压力,使调速特性上下平移,实现频率和机组功率的分配的调节过程,称为二次调节。

4.2.3 调速器的基本原理

调速器是能反映实际转速与给定值之间的偏差,从而对转速实行自动调整的保持转速恒定的自动装置,在柴油机上广泛使用的有机械式、液压式、电子式等。由于电力系统要求频率必须维持在一定范围之内,因此柴油发电机组的调速器是一种"定速调速器"。它能自动调整柴油机的喷油量,当负载从零到额定值范围内变化时,维持转速在某一定允许的范围内。调速的种类很多,先后出现了机械式、电液式、电子调速器等多种型式,但无论哪种型式,都包括测量比较、执行等环节,其工作原理都是测出转速偏差后,根据偏差的大小和符号去调节原动机。离心式调速器是基于飞铁的离心力与弹簧反力相平衡的原理制成的。

带动船舶同步发电机工作的原动机,大多数是柴油机,柴油机的调速器工作示意图如图4-1所示。通过调速器电机 DC、套筒,可以调整调速弹簧的预紧力,改变柴油机工作转速的设定值。柴油机运行时,通过齿轮将转速信号传送给输入轴,带动飞重(也称飞铁)旋转。假设正常运行时,柴油机的转速下降,而油门仍未改变。由于飞重旋转的速度降低,在调速弹簧的作用下,杠杆连接器 A 点向下移动。由于油门仍未改变,B 点位置不变,在杠杆的作用下 C 点上移。油压缸 a 路进油口打开,进入油压缸的压力油推动活塞下移,使高压油泵的进油量增大,柴油机的转速上升,杠杆 A 点上移,C 点下移,封住油压缸的进油通路,油门相比

第4章 同步发电机组有功功率及频率的自动调节

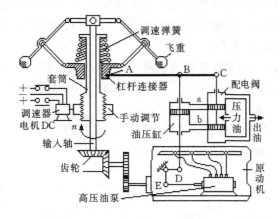

图 4-1 柴油机调速器示意图

转速未改变之前增加后保持不变。如果柴油机的转速升高,其调节方向则相反。

4.2.4 调速器的调速特性

由此可见,柴油机调速器可以根据转速变化情况自动调节油门,以保持转速不变或基本不变。经过调速器的调节,柴油机转速 n(或发电机频率 f)随其输出机械功率 P(即发电机输出的有功功率)变化的关系曲线称为柴油机的调速特性,如图 4-2 所示。

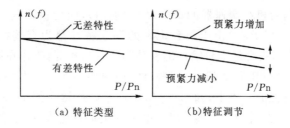

图 4-2 柴油机的调速特性

柴油机稳定运行时,其调速特性可近似看成是一条直线,根据调速器调节规律的不同,调速特性可分为无差特性和有差特性两种,如图 4-2(a)所示。改变图 4-1 中杠杆 AB 和 BC 的比值,可以改变调速特性的斜率。通过图 4-1 中调速器电机 DC,可以改变调速弹簧的预紧力,从而改变柴油机的运行转速 n 或发电机的频率 f。柴油机转速 n 或发电机频率 f 改变时,调速特性上下平移,如图 4-2(b)所示。

4.2.5 不同调速特性对并联运行机组的影响

柴油发电机组单机运行时,若发电机的负载功率变化时,由于调速器的作用,能自动地调节油门的大小,从而维持发电机的转速(频率)在一定范围内,但如果调速器特性为有差特性,发电机的频率并不是恒定的。要想维持额定频率,可通过主配电板中发电机控制屏上的"调速开关"和图 4-1 中的调速器电机 DC,适当地手动调节调速器弹簧的预紧力,改变油门的大小。因此,单机运行时调速特性最好是无差特性,由图 4-2(a)可见,无差特性时,不管发电机的负荷功率如何变化,通过调速器的调节,都能保证柴油发电机组的转速恒定不变,从而保证发电机及电网的频率不变。

当发电机并联运行时,由于电网的频率只有一个,因此并联运行的发电机组的转速应该相同,否则就不能满足并联运行条件。要使两台发电机组具有相同的转速,并稳定并联运行,它们的调速特性必须是有差的特性,这样才能保证电网负荷不变时,并联运行发电机组输出的有功功率为恒定不变的确定值。理想的情况是两台发电机的特性都为有差特性,都有较小的差,且特性的斜率一致,如图 4-3 所示。

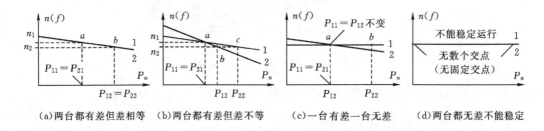

(a)两台都有差但差相等　(b)两台都有差但差不等　(c)一台有差一台无差　(d)两台都无差不能稳定

图 4-3　并联运行时的调速特性

在图 4-3(a)中,两台发电机的特性 1 和 2 都为有差特性,且斜率一样,某一负荷时两台机组都以转速 n_1 运行在特性的 a 点上。此时两台发电机输出的总有功功率为 $P_1=P_{11}+P_{12}$,且有 $P_{11}=P_{12}$。若电网的负荷发生变化,假设为增加,两台发电机输出的总有功功率为 $P_2=P_{12}+P_{22}$,经过两台机组调速器的调节(增加油门),两台机组的转速略有下降,但输出功率则分别增大到 P_{12} 和 P_{22}。由于两台机组的调速特性都为有差特性且斜率一样,由图 4-3(a)可见,$P_{12}=P_{22}$,两台发电机输出的有功功率保持相等,工作在调速特性的 b 点上。

如果两台发电机特性 1 和 2 都为有差特性,但斜率不等。设某一时刻两台发电机都以转速 n_1 工作在调速特性的 a 点上,如图 4-3(b)所示。虽然在图 4-3(b)所示的 a 点,两台发电机输出的有功功率相等:$P_{11}=P_{21}$,但当电网的负荷发生变化,仍假设为增加,两台发电机输出的总有功功率为 P_2,经过两台机组调速器的调节(增加油门),两台机组的转速都将下降到 n_2 运行,且输出功率则分别增大到 P_{12} 和 P_{22},根据同步发电机输出有功功率等于负载消耗的总有功功率,此时 $P_2=P_{12}+P_{22}$。但由于两台机组的调速特性不等,对应于转速 n_2 时,两台发电机输出的有功功率不再相等,有差调速特性差小的 1 号发电机组输出的有功功率 P_{22} 大于有差调速特性差大的 2 号发电机组输出的有功功率 $P_{12}:P_{22}>P_{12}$。这样的发电机组并联运行,虽然可以稳定运行,但电网负荷变化后,两台机组输出的有功功率不再相等,两台并联运行的发电机输出的最大有功功率受差小的发电机组限制,两台发电机组输出的有功功率不能得到充分发挥:差小的发电机组达到额定负载时,差大的发电机组输出的有功功率仍未到达额定功率。

如果两台发电机组的调速特性为一台无差一台有差(设 1 号机组无差 2 号机组有差),如图 4-3(c)所示。当电网负荷发生变化时,经过具有无差特性的 1 号机组的调速器的调节,两台机组的转速可保持不变(两台发电机的频率必须相等才能并联运行,而无差特性的机组调节结果是转速或频率保持不变)。因此,2 号发电机输出的有功功率保持不变:$P_{11}=$

P_{12},但1号发电机组输出的有功功率却从P_{21}增加到P_{22}。也就是说,电网负荷变化量都被无差特性的发电机组承担,有差特性的发电机组输出的有功功率没有发生变化。这样的发电机组并联运行,虽然在一定的范围内仍能够稳定运行,但与两台机组特性斜率不等的情况相似,两台并联运行的发电机输出的最大有功功率受无差特性的发电机组限制,而有差特性的发电机功率不能得到发挥。

如果两台发电机组的调速器都具有无差调速特性,对应于某个转速,两条调速特性有无穷多个交点,如图4-3(d)所示。在这样的情况下,并联运行的同步发电机组将不能稳定运行,因为:电网负荷变化时,由于两个调速器调节的速度很难完全一样以及两台机组的惯性存在着差别,调节油门时将造成两台机组振荡调节,严重时将出现过载或逆功率保护,并导致整个电网停电的事故。若设原来两台无差特性的发电机组以额定转速稳定运行在某一点上,电网负载增加后,两台机组调速器都将使各自机组增大油门。当两台机组油门增加且输出的有功功率达到电网负荷消耗的总有功功率时,两台调速器将停止增加油门。但由于机组转动部分存在惯性,两台机组仍将继续加速,直到两台调速器检测到转速超过设定转速后开始减小油门停止加速。若两台机组调速器反应时间不一样(实际很难一样),反应快的调速器开始减速时,反应慢的调速器仍可能处于加速状态,反应快的机组承担的负荷将转移到反应慢的机组上。等到反应慢的调速器开始减速时,两台机组输出的总有功功率又可能小于电网消耗的总有功功率。接着反应快的机组迅速增加油门,而反应慢的机组则继续减小油门,反应慢的机组承担的负荷重新转移到反应快的机组上。并联运行的发电机组输出的有功功率很难稳定在某一固定的数值上,即出现负荷的振荡转移,严重时振荡将不断扩大,直到某台机组过载而另一台机组逆功率,某台发电机的主开关因过载或逆功率而保护动作,所有负荷全部加在另一台发电机组上,造成另外一台发电机组过载保护,最终使整个电网崩溃,停止供电。因此两台发电机组的调速器都具有无差调速特性时将不能稳定工作。

综上所述,得到结论:①两台并联运行同步发电机,理想调速特性是两条特性都为有差特性,且特性的斜率一致;②具有斜率不同斜率有差特性的两台同步发电机可稳定并联运行,特性差小的发电机在电网负荷变化时,承担有功功率变化量比特性差大的发电机承担变化量大;③调速特性一台有差另一台无差的两台并联运行同步发电机也可稳定并联运行,负载有功功率变化时,有差特性发电机承担的有功功率保持不变,所有负载有功功率的变化量都由无差特性的发电机承担;④两台同步发电机都具有无差调速特性,将不能稳定并联运行。

4.3 有功功率的分配与频率调整

4.3.1 频率的调整

为了简单起见,而又不影响频率调整的理解,可仅研究发电机组单机运行时频率的调整过程。

当柴油机输出功率变化时,依靠调速器的固有调速特性自动改变油门的开度,实现转速与功率平衡的调节过程通常称为转速(频率)的一次调节。

对有差调速特性的调速器来说,功率变化时仅靠调速器的一次调节不能维持频率不变,为此必须进行二次调节。

所谓调速器二次调节是通过手动或自动频载调节器,控制伺服电动机的正反转,改变调速器弹簧的压力,使调速特性上下平移,实现频率和机组功率的分配的调节过程,称为二次调节。在图4-1中套筒是通过蜗轮蜗杆由伺服电动机进行控制的。接通电源,使伺服电动机转动,便可以改变套筒的上下位置,亦即改变弹簧对连接器压力的大小,就可实现调速特性上下平移,如图4-4所示的①、②、③曲线。如柴油机负载P_1不变,对应转速n_1通过正向或反向转动伺服电动机,调速器特性上移或下移,可使柴油机的转速上升到n_2或下降到n_3。

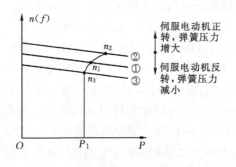 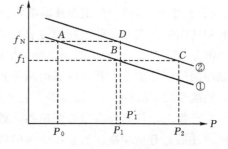

图4-4 弹簧压力改变使调速特性平移　　　　图4-5 单机运行频率的调整

下面讨论单机运行时,手动调频的情况。如图4-4所示,假设当发电机运行于特性曲线①时,负载功率为P_0,此时频率为额定值f_N,如图4-5中的A点。若负载增加到P_1,此时,因发电机组的输出功率小于负载功率($P_0 < P_1$),机组要减速,同时在调速器作用下,柴油机的油门开大,机组输出功率增大,满足功率平衡。动态过程为机组将沿特性曲线①中的A点变化到B点,这时,对应的频率将为f_N。为了保持频率额定,必须要通过二次调节,增加调速器弹簧的预紧力,加大油门,将特性平移抬高到特性曲线②;由于惯性当机组频率还没有来得及改变时,其频率仍为f_1,但这时机组已运行于特性曲线②上的C点,此时,对应于机组输出功率为P_2,而$P_2 > P_1$,剩余的功率使机组加速,沿曲线②上行,即频率由f_1上升,剩余功率逐渐减小,最后将达到功率平衡点D进入稳定。其对应于频率f_N和P_1'(因频率上升使负载从电网吸收的总功率也增加,$P_1' > P_1$)。

4.3.2 并联发电机组间的有功功率分配与转移

并联运行发电机组间的有功分配调节,以及在并车和解列时的负载转移,其实质就是相对地平移机组调速特性曲线的过程,从而达到有功功率的合理分配和负载转移的要求。下面以并车为例加以说明,如图4-6所示。并车前1号机承担电网的全部功率P,电网频率为f_N,稳定运行工作点在1号机特性曲线上的A点。按同步条件并车合闸后的2号机,运行在特性曲线②上、功率为零;既没有有功功率的输出也没有输入,仅是浮接在电网上。转移负载的过程,就是使2号机"加速",特性曲线②平行上移,功率增加;与此同时,1号"减速",特性曲线①平行下移,功率减少;并保持频率f_N不变;直到两机功率相等(同容量,各为

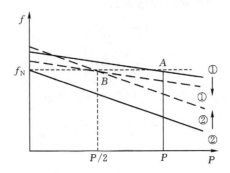

图 4-6 有功功率转移的过程

$P/2$)。这时两曲线的交点 B,即为新的稳定并联运行工作点。而解列时与上述过程正好相反。

4.3.3 调差系数与功率分配间的关系

并联运行发电机组之间有功功率能否自动地、稳定地按容量比例合理分配,与并联机组的调速器的调速特性(或发电机的频率-功率特性)有关。要保证并联运行的稳定必须是功率分配稳定。要使功率分配稳定,两并联机组的调速特性必须是有差特性。要使并联机组在任意负载下都能稳定地按容量比例自动分配功率,则不仅是有差特性而且特性曲线的下降斜率(调差系数 K_n)要一致。

当 n 台发电机组并联运行时,各机组具有相同的频率。有功功率的分配取决于各机组的调速特性。如图 4-7 所示,假如两台发电机并联运行的频率为 f_1,1 号机和 2 号机分别承担的功率为 P_1 和 P_2,当系统总功率增加 ΔP 时,系统频率下降至 f_2,1 号机和 2 号机分别承担的功率为 P'_1 和 P'_2。根据有斜线的两三角形可以得到

$$\left.\begin{array}{l}\Delta f = \Delta P_1 \tan\alpha_1 = \Delta P_1 K_{n1} \\ \Delta f = \Delta P_2 \tan\alpha_1 = \Delta P_2 K_{n2}\end{array}\right\} \tag{4-1}$$

式中:K_{n1}、K_{n2}——1 号发电机和 2 号发电机调速特性的调差系数;

Δf——频率的变化量。

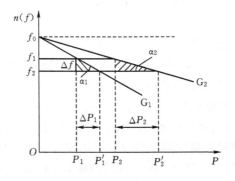

图 4-7 有差调速特性与并联机组的功率分配关系

由式(4-1)得1号、2号机组的功率增量为

$$\left.\begin{aligned}\Delta P_1 &= \frac{\Delta f}{K_{n1}} \\ \Delta P_2 &= \frac{\Delta f}{K_{n2}}\end{aligned}\right\} \qquad (4-2)$$

将式(4-2)的左边和右边分别相加后得总功率增量为

$$\Delta P = \Delta P_1 + \Delta P_2 = \Delta f\left(\frac{1}{K_{n1}} + \frac{1}{K_{n2}}\right)$$

或

$$\Delta f = \frac{\Delta P_1 + \Delta P_2}{\left(\frac{1}{K_{n1}} + \frac{1}{K_{n2}}\right)} = \frac{\Delta P}{\left(\frac{1}{K_{n1}} + \frac{1}{K_{n2}}\right)} \qquad (4-3)$$

将式(4-3)代入式(4-2)后得

$$\left.\begin{aligned}\Delta P_1 &= \frac{\Delta P}{K_{n1}\left(\frac{1}{K_{n1}} + \frac{1}{K_{n2}}\right)} \\ \Delta P_2 &= \frac{\Delta P}{K_{n2}\left(\frac{1}{K_{n1}} + \frac{1}{K_{n2}}\right)} \\ \frac{\Delta P_1}{\Delta P_2} &= \frac{K_{n1}}{K_{n2}}\end{aligned}\right\} \qquad (4-4)$$

根据上述分析,可得出以下结论:发电机之间的有功负载分配与调速特性的斜率K_n呈反比关系。同时,原动机的转速或发电机的频率随系统负载的变化而变化。

下面的情形在船舶上应用最多。由于船上多采用同型号、同容量的机组并联运行,而且调速器的型号亦相同,即调速特性的斜率相同,$K_{n1} = K_{n2} = K_n$,则由式(4-4)可得

$$\left.\begin{aligned}\Delta P_1 &= \frac{\Delta P}{K_{n1}\left(\frac{1}{K_{n1}} + \frac{1}{K_{n2}}\right)} = \frac{\Delta P}{2} \\ \Delta P_2 &= \frac{\Delta P}{K_{n2}\left(\frac{1}{K_{n1}} + \frac{1}{K_{n2}}\right)} = \frac{\Delta P}{2}\end{aligned}\right\} \qquad (4-5)$$

可见,同型号、同容量的机组并联运行,在相同斜率的调速特性下,两机组能均分系统的负载增量。

实际上,当调速器的调差系数不可调时,很难满足K_n完全一致。另外,由于调速器结构中的间隙,使调速器有失灵区,其调速特性并不是一条理想的直线,而是一条宽带,此时功率分配仍可能不均匀。所以,两台具有相同调速特性的发电机组并联运行,功率分配不可能做到完全均匀。因此功率分配也就存在一定的偏差。例如,图4-7为调差率不同的并联机组,并联转移负载后两机组的功率分配相等$P_1 = P_2$,频率为额定f_N。但当电网功率增加后,电网频率下降为f_1,这时两机组的功率分配不再相等。由频率f_1与两特性曲线的交点可以看出,特性曲线斜率小的比斜率大的增加的功率大,即$\Delta P_1 > \Delta P_2$。如果是电网功率减少,频率上升,则是斜率小的比斜率大的减少的功率更多。如果两曲线的斜率都稍大些,这种分配偏差就小一些。

从功率分配的角度来看,调速特性的斜率(调差系数)K_n越大,其分配的误差越小,但当系统负载波动时,频率的波动越大。而从频率稳定的角度来看,要求调速特性的斜率K_n越小越好,两者存在着矛盾。一般调速器的调差系数为3％～5％为宜。而采用自动调频调载装置能比较理想解决这一矛盾,既能使系统频率稳定在给定的范围内,又能使功率分配误差尽量缩小。

一般来说,若调速器选配恰当,在调速器自动调节(一次调节)下,功率分配的静态误差和频率的静态误差不会太大,否则就需要加装自动调频调载装置进行二次调节。即使加装自动调频调载装置后,一般只要求功率分配之差在各发电机额定容量的±15％～10％以内,频差在±0.5 Hz之内。否则,如果静态指标要求过高,调节将变得过分频繁,对伺服机构不利。

4.4 自动调频调载装置

船舶同步发电机并联运行时,其调速特性为有差特性,当负荷变化时,虽然有调速器,但电网的频率仍会发生变化。而且由于两机组的调速特性不可能做到完全一致,两机组的有功功率分配也不均匀。因此要维持频率恒定和有功功率分配均匀,必须进行再次调节。自动调频调载装置是协助原动机调速器对电网电压的频率和有功功率进行调整的装置。其作用是在并联运行时使系统总的有功功率按并联运行机组容量成比例进行分配,从而保持电网频率恒定;在接到解列指令时,能自动进行负荷转移,然后才使解列的发电机脱离电网。自动调频调载是船舶电力系统自动化不可缺少的部分。

4.4.1 自动调频调载装置的基本组成

调整原动机转速及机组的负荷需要根据转速(频率)和负载(功率)的信号,来实现调节。尽管目前自动调频调载装置的型号很多,并且还在不断更新换代。但基本环节都是由频率变换器、有功功率变换器、有功功率分配器和调整器等组成。

1. 频率变换器

频率变换器又称频率检测装置。它用来检测电网的实际频率f_s,并将测量值f_s与额定频率f_e进行比较得出偏差:

$$\Delta f = f_s - f_e \tag{4-6}$$

式中:f_s为电网的实际频率,f_e为电网的额定频率。

频率变换器将Δf变换为相应的与频差成正比的直流电压信号,送到调整系统去进行综合比较。由于并联运行时电网频率是共同的,因此,每一套自动调频调载装置只需设置一个频率变换器。其方框图及所要求的输入-输出特性如图4-8所示。

频率变换器通常采用谐振式和基于波形变换的方式。如图4-9所示是为基于波形变换的频率变换器。

这种频率变换器的工作原理如下:频率为正弦波的电压$u_w(f)$首先经功能块A(波形变换器)变为重复频率和正弦波频率相同的方波,即其周期$T = \dfrac{1}{f}$。方波的幅值固定为E_0。然

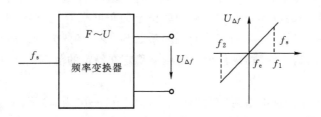

图 4-8 频率变换器及其特性

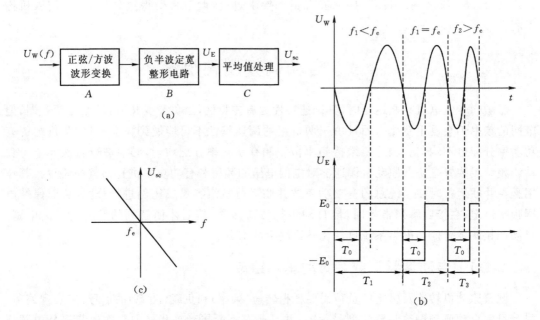

图 4-9 基于波形变换的频率变换器的原理图

后经功能块 B，波形进行负半周定宽整形处理，该波负半波宽度恒为

$$T_0 = \frac{1}{2f_e} = \frac{1}{2}T_e \tag{4-7}$$

式中：f_e 为额定频率，T_e 为额定周期。

如图 4-9(b)所示 $f_1 < f_e$ 时，整形后的正半周宽度大于 T_0，$f_2 > f_e$ 时，正半周宽度小于 T_0。功能块 C 则对变换后的矩形波求取平均值，得到输出电压与频率的关系如图 4-9(c)所示。

设输入信号的频率为 f，则平均值电路的输出为

$$U_{SC} = \frac{1}{\frac{1}{f}}\left[-E_0 T_0 + E_0\left(\frac{1}{f} - T_0\right)\right] \tag{4-8}$$

将 $T_0 = \frac{1}{2f_e}$ 代入上式，整理后得

$$U_{SC} = \frac{-E_0}{f_e} \cdot \Delta f \tag{4-9}$$

式中：$\Delta f = f - f_e$。由上式可见，变换后输出电压与电网电压的频率偏差值成正比，而与电网电压的大小无关。

2. 有功功率变换器

有功功率变换器是用来测量每一台输出的有功功率 P，并将它转换成与之线性相关的直流电压 U_P。即：

$$U_P = K_P P \tag{4-10}$$

式中：U_P 为有功功率变换器输出电压，与 P 成正比；K_P 为功率变换系数（伏/千瓦）；P 为发电机实际输出的有功功率。

功率变换器不仅能测出 U、I 的幅值，而且能测出 U、I 的相位差，使得

$$U_P = KUI\cos\varphi = K_P P \tag{4-11}$$

其方框图与输入输出特性如图 4-10 所示，由于功率变换器需测量每台发电机的有功功率，因此，每台发电机都需要一个功率变换器。有功功率变换器的类型较多，图 4-11 为单相功率变换器原理图。

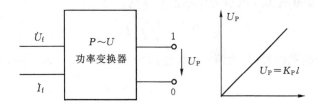

图 4-10 功率变换器及其特性

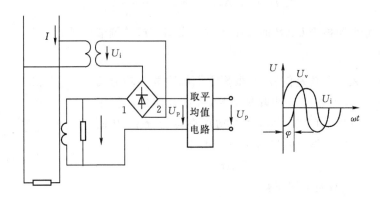

图 4-11 单相功率变换器原理电路

发电机电压经电压互感器接桥式二极管开关进入电路，发电机的电流经电流互感器 TA 采样，流入与 TA 相并联的电阻产生与电流成比例的电压信号 U_i，U_i 经二极管开关连接到取平均值电路。在电压的正半波 4 只二极管导通，将 U_i 与平均值电路接通，若忽略二极管压降，则图中 1、2 两点等电位，故 $U_P = U_i$，在电压 U_v 的负半波，桥式二极管截止，$U_P = 0$。以电压为参考相位。电流落后于电压 φ 角度，即：

$$U_v = \sqrt{2} U_i \cdot \sin\omega t \text{ 和 } i = \sqrt{2} I \cdot \sin(\omega t - \varphi)$$

$$U_P = U_i = K \cdot i = K\sqrt{2} I \cdot \sin(\omega t - \varphi) \tag{4-12}$$

取电压 U_i 正半周波形在一个周期中的平均值为：

$$U_P = K\frac{\sqrt{2}}{2\pi} I \int_0^\pi \sin(\omega t - \varphi) \mathrm{d}\omega t = K\frac{\sqrt{2}}{\pi} I \cdot \cos\varphi = K_P I \cos\varphi \propto P \tag{4-13}$$

上述分析可知，该电路检测的是发电机的有功电流。因为电网电压基本恒定，故 U_P 与发电机的有功功率 P 成正比。电压 U_v 只用作参考相位信号，控制二极管开关。为测量的准确性和避免在 U_v 的正半波期间和 U_i 的共同作用下出现二极管截止的情况，应使 $U_v \gg U_i$。

实际船上所用的这类功率变送器大多采用两个单相变送器测量三相电功率，即用两瓦特表法测三相电功率的接线原理。

3. 有功功率分配器

有功功率分配器是一种有功分配运算电路，为实现按比例或均匀分配有功功率。运算环节主要由比较放大器和加法器组成，它的作用是根据电网总的功率，计算每台发电机应承担的功率以及各台发电机实际承担的功率值与平均值之差。

$$P_P = \frac{1}{n}\sum_1^n P_i \tag{4-14}$$

式中：n 为并联运行的机组数；P_i 为第 i 台机组的输出功率，$i=1,2,3,\cdots,n$。

$$\Delta P_i = P_i - \frac{1}{n}\sum_1^n P_i$$

功率分配偏差信号的计算值

$$U_{\Delta P} = K_P \Delta P_i = K_P\left(P_i - \frac{1}{n}\sum_1^n P_i\right) \tag{4-15}$$

有功功率分配器根据 $U_{\Delta P}$ 的大小和方向发出相应的调节信号。

4. 调整器

调整器接受频差和功差信号，并根据它们的频差和功差信号的大小和极性，输出相应脉冲调整信号，控制伺服电动机正转或反转调节发电机油门的开度，使有功功率均匀分配，从而保持电网的频率恒定。调整器的方框图如图 4-12 所示。

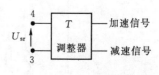

图 4-12 调整器方框图

图中 $U_{sr} = U_{\Delta f} + U_{\Delta P} = K_f \Delta f + K_P \Delta P_i$

$U_{sr} < 0$ 时，调整器输出加速脉冲；

$U_{sr} > 0$ 时，调整器输出减速脉冲；

$U_{sr} = 0$ 时，停止调节。

由于要调整每台发电机组油门的大小，所以每台发电机组需配置一个调整器。

据上所述，调整器一般应具有如下功能：

① 判别综合信号的极性，决定调速方向，根据综合信号的大小，决定调速信号脉冲的周期（当脉冲宽度一定时），或者调速脉冲的宽度（当调速脉冲周期一定时）。

② 使每个调节过程的第一个调整信号有适当（如 5 s 左右）的延时，避开动态过程。

③ 应有一定的不灵敏区。当输入未超过不灵敏区时，调整器不工作，这有利于防止系统

过于频繁的工作。

4.1.2 同步发电机的调频调载

1. 调频调载方法

频载自动调节按工作原理分为:有差调节法、虚有差调节法、主导发电机法和积差调整法等。

(1) 有差调节法。

有差调节法是由调差系数相近的有差调速特性来恒定频率和负载分配的方法。这种方法没有外加自动调频调载装置二次调节,各机组只由具有有差特性的调速器来控制,因此不能很好地维持频率恒定,负载分配一般也不均匀。此外,它不能自动转移负载。

(2) 主调发电机法。

在并联运行的发电机中选择一台作为"主调发电机",其任务是当电网的负载变动出现频差时,由它做二次调节改变油门、调整电网的频率维持于额定,并承担系统负载的变化量。其余的机组则总是保持运行于额定负载,称为基载发电机。

(3) 虚有差调节。

在并联运行的各机组上分别装有功率变换器和调整器,整套装置只装一台频率变换器。在其控制下,保持电网的频率为额定值,负载按给定比例进行机组间的合理分配。每台发电机组所装置的调整器仍是有差特性,但不影响达到无差特性的调整效果。

(4) 积差调整法。

按频差 Δf 对时间的积分 $\Delta F = K \int \Delta f \mathrm{d}t$ 来进行调频的方法称为积差调整法,同时引入与各机组实际功率成正比的功率信号进行比较来校正负荷分配,调整完毕时,总是保持恒频和按比例分配负荷。

2. 典型自动频载调整原理(虚有差法)

(1) 虚有差法。

图4-13所示为包括3台发电机虚有差调节的频载调节系统方框原理图。为简化分析,设各台发电机功率相同,3台功率变换系数 K_P 相等。各功率变换器 P 输出端"1"连成一点,称为"均功点"。频率变换器 f 的两个端子连于各均功电阻 R 的一端"2"点,另一端连到

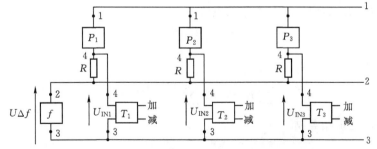

图4-13 虚有差法方框原理图

P—功率变换器;f—频率变换器;T—调整器;R—均功电阻

各调整器的一个输入端"3"点。整个装置共有三个公用点,故称为三点式网络。

(2) 频率调整。

假设三台发电机有功功率已均匀分配,则图4-13中各功率变换器输出端1、4两点间直流电压相等,又因为1已连成一点,故4点亦为等电位点,其等效电路如图4-14所示。

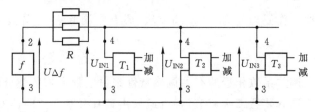

图4-14 各发电机"均功"时的等效电路

若电网的频率 $f > f_N$,则 $U_{INi} > 0 (i=1,2,\cdots,n)$,因此各调整器均发出"减速"脉冲信号,使各机组的调速特性下移,系统的频率下降,直到 $f = f_N, U_{INi} = U_{\Delta f} = 0$,调整完毕;若 $f < f_N$,则进行相反调节。直到电网频率调到额定值时,调整过程才结束。

(3) 功率分配调整。

假定在调整过程中频率始终保持为额定值,则频率变换器输出 $U_{\Delta f}=0$。图4-13中的2、3两点为同电位,功率变换器的输出此时可以看作一个电源,装置的等效电路变为图4-15。

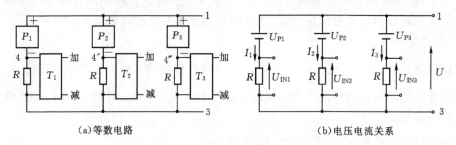

(a) 等数电路　　　　　　　　　　(b) 电压电流关系

图4-15 "恒频"时系统的等数电路

调整器从均功率电阻 R 上取得信号,图4-15中由1至3端电压为 U。假定有 n 台机组参与并联运行,各功率变换器上输出的电压、电流分别为 U_{Pi} 和 $I_i (i=1,2,\cdots,n)$,它们的正方向如图中所示。

由含源支路的欧姆定律求各支路的电流为

$$I_i = \frac{U + U_{Pi}}{R} \tag{4-16}$$

由基尔霍夫第一定律有

$$\sum_{i=1}^{n} I_i = 0 \text{ 即 } \sum_{i=1}^{n} \frac{U + U_{Pi}}{R} = 0$$

由于各均功电阻相等,故

$$n \cdot U = -\sum_{i=1}^{n} U_{Pi}$$

$$U = -\frac{1}{n} \sum_{i=1}^{n} U_{Pi} \tag{4-17}$$

各均功电阻上的电压由式(4-16)得

$$U_{Ri} = I_i R = U + U_{Pi} \qquad (4-18)$$

将式(4-18)代入式(4-17)

$$U_{Ri} = U_{Pi} - \frac{1}{n}\sum_{i=1}^{n} U_{Pi} = K_P(P_i - \frac{1}{n}\sum_{i=1}^{n} P_i) = K_P \Delta P_i \qquad (4-19)$$

所以,每个均功电阻上的信号电压正好等于功差信号。

如果 1 号发电机的输出功率 P_1 大于参与并联运行机组的平均功率($\frac{1}{n}\sum_{i=1}^{n} P_i$),则与功率变换器串联的均功电阻 R 上将有信号电压 U_{IN1}

$$U_{IN1} = U_R I = K_P(P_i - \frac{1}{n}\sum_{i=1}^{n} P_i) > 0 \qquad (4-20)$$

这个信号加于调整器 T_1 的输入端,将使 1 号机减小油门,使负载减少。这必然使其他机组均功电阻上的信号电压 $U_{INi}<0$,使其他机组调整器 T_i 发出加速脉冲,开大油门使其增加负载,一直到各机组的负载值都相等时才结束,此时

$$\Delta P_i = P_i - \frac{1}{n}\sum_{i=1}^{n} P_i = 0 \qquad (4-21)$$

各均功电阻上的信号电压均为

$$U_{INi} = U_{Ri} = 0 \qquad (4-22)$$

(4)综合调整。

在实际中,随着功率的变化,电网的频率也会发生变化,反之亦然。所以,上述恒频和均功两种调节是同时进行的,即调整器同时接受"频率差"和"功率差"信号的综合信号。

$$U_{INi} = K_f \Delta f + K_P \Delta P_i = K_f \Delta f + K_P(P_i - \frac{1}{n}\sum_{i=1}^{n} P_i) \qquad (4-23)$$

各机组的调整器按 U_{INi} 进行调整,直到 U_{INi} 均为零,调整才结束。

(5)发电机组的解列。

如图 4-16 在并联运行时,需要解列一台机组的自动调节过程如下:

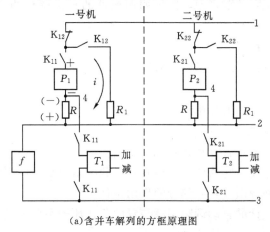
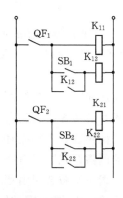

(a)含并车解列的方框原理图　　(b)并车解列控制电路

图 4-16　解列时的调整过程

若使 1 号机解列，只要按下 SB_1，使解列继电器 K_{12} 得电，K_{12} 常闭接点断开而常开接点闭合，使 1 号机功率变换器脱离均功点 1，并经解列电阻 R_1 和均功电阻 R 自成一回路，使 1 号机组不再参与均分功率的调整。但因 1 号机仍承担着负载，P_1 的输出端仍有信号电压，它在解列回路中将产生电流 i，并在均功电阻 R 上形成一个下正上负的电压，这一电压经频率变换器 f（此时其输出为 0）加入调整器 T_1 的输入端，使 T_1 的输入端形成下正上负的电压信号；同时发出减速信号即 1 号机卸载。此时 2 号机还没有加大油门，系统的频率将下降，频率变换器输出一个上正下负的电压信号，它通过 2 号机的均功电阻 R 后加于 T_2，使 2 号机加速即加载，维持系统额定频率下的功率平衡。另一方面，频率变换器的输出电压信号与解列电路产生的电压信号（作用在 T_1 的输入端）极性相反，从而减缓了 1 号机卸载的速度，以保证电力系统能在不太大的频率偏差下，匀缓地实现负载转移。1 号机的全部负载逐渐转移到 2 号机，电网的频率仍维持恒定。

图 4-16 中继电器 K_{11}、K_{21} 是 1 号、2 号机投入电网的控制继电器。设 1 号机已运行 K_{11} 得电，其常开接点闭合，1 号机将被控制运行于额定频率。若 2 号机投入并联，QF_2 使 K_{21} 得电，其常闭接点闭合。此时，系统的接线与图 4-16 一样，将在频载自动调整器的作用下实现均功率及恒频率运行。

复习与思考

1. 试述船舶电力系统频率变化的原因。
2. 船舶电力系统频率变化会造成什么后果？
3. 什么叫负荷调节效应？
4. 中国船级社对并联运行同步发电机之间有功功率的分配有何规定？对原动机的调速特性有何规定？
5. 《钢质海船入级规范》对并联运行发电机的有功分配有何要求？
6. 并联运行机组间有功功率是否均匀分配与哪些因素有关？
7. 试简述原动机调速器的结构及工作原理。并说明调速器的一次调整和二次调整的概念。
8. 什么是柴油机调速器的调速特性曲线？
9. 试简述通过对两台并车发电机的原动机调速器进行二次调整操作来实现有功功率的转移。
10. 试简述并联运行机组间有功功率的分配过程。
11. 简述手动转移有功功率的过程。
12. 自动调频装置由哪些环节组成？各有什么功能？
13. 自动调频调载装置有哪些功能？它为什么不适宜在负载频繁波动时使用？
14. 自动调频调载装置由哪几部分组成？各部分的作用是什么？
15. 试简单分析按"虚有差"法设计的自动调频调载装置的工作原理和调节过程。
16. 频率和有功功率自动调节的方法有哪几种？
17. 试简述用有差调整法实现频率和有功功率自动调节的方法。

第5章 同步发电机无功功率及电压的自动调整

众所周知,各种电气设备,必须在额定电压下运行;因此保持电网电压为额定值,是供电质量的重要指标之一。但是,实际上电力系统的电压总是经常波动。原因是船舶电力系统是孤岛微小电站,而负载单台设备容量却较大且不时有负载起动冲击,因此船舶电力系统的电源——同步发电机的端电压变动尤为严重,故研究船舶同步发电机电压自动调整,是交流船舶电站的重要课题之一。

船舶电站绝大多数采用交流电制,由于船舶用电设备多为感性负载,负载电流对交流同步发电机产生去磁作用,负载电流大小和功率因数的变化以及发电机内阻压降等都会引起发电机端电压变化,所以船舶交流同步发电机必须有自动电压调整装置或自励恒压装置来调整发电机的端电压,否则电压的剧烈变化将会影响电气设备的正常工作。

5.1 电压调整的原因和基本原理

5.1.1 同步发电机电压变化的原因

发电机的电压平衡方程式:

同步发电机的电势简化矢量图如图 5-1 所示,其电压平衡方程式为

$$\dot{U}_g = \dot{E}_0 - j\dot{I}_g X_d \tag{5-1}$$

式中:$\dot{U}_g$——发电机端电压;

$\dot{E}_0$——发电机空载电势;

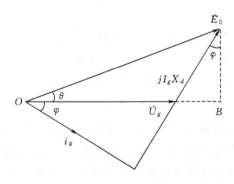

图 5-1 同步发电机电势简化矢量图

$\dot{I}_g$——发电机定子电流；

X_d——发电机同步电抗。

由图 5-1 或式(5-1)可见，如果 $\dot{E}_0$ 不变，当发电机负载电流 $\dot{I}_g$ 的大小或性质变化时，则必将引起 $\dot{U}_g$ 变化。

只研究发电机端电压的数值变化时，由图 5-1 可见，式(5-1)可写成

$$U_g = E_0\cos\theta - I_g X_d \sin\varphi$$

式中 θ 是 E_0 与 U_g 间的夹角。

当 θ 较小时，$\cos\theta \approx 1$，而 $I_g\sin\varphi$ 则为发电机的无功电流 $I_{g\cdot Q}$，于是上式为

$$U_g = E_0 - I_{g\cdot Q} X_d \tag{5-2}$$

由式(5-2)可见，当 E_0 不变时，同步发电机端电压 U_g 变化的主要原因是无功电流的变化。

由于同步发电机电枢反应的去磁作用，使其内阻抗较大；而船舶电站的容量有限和负载变化相对较大，所以船舶同步发电机的端电压在无调压器时，其电压变化是比较大的。

5.1.2 电压偏差的危害

1. 对电动机的影响

当船舶电站实际电压偏离额定值时，用电设备的效率就会降低，偏离额定值太大时，运行状态就会恶化，甚至会导致设备的损坏。例如：电网电压下降到额定值的 85% 时，异步电动机起动转矩就要降低到约 72.5%；鼠笼电动机的起动转矩(在正常电压时约为额定转矩的 2.5 倍)就将下降到额定转矩的 1.8 倍。电动机如果是满载起动，加速转矩的余量由 1.5 倍额定转矩降到 0.8 倍额定转矩左右，势必会使起动时间延长。如果电动机是高阻抗转子的鼠笼电动机，正常电压情况下，它的起动转矩为额定转矩的 1.25 倍，而当电压下降到额定值的 85% 时，则降到额定转矩的 0.9 倍，电动机不能起动。起动力矩不足不仅会使起动时间延长，而且会使电动机严重发热，特别是当不能起动时，电流会达到很大，发热量与电流平方成正比，如果保护装置不能迅速动作，电动机很可能被烧毁。当电动机的端电压较其额定电压低 10% 时，由于其转矩与其端电压平方成正比，因此其转矩将只有额定转矩的 81%，而负荷电流将增大 5%~10% 以上，温升将增高 10%~15% 以上，绝缘老化程度将比规定增加一倍以上，这将明显地缩短电动机的使用寿命。同时由于转矩减小，转速下降，不仅会降低生产效率，而且还会影响运行质量，甚至造成危害。当其端电压较其额定电压偏高时，负荷电流和温升也将增加，绝缘相应受损，对电动机也是不利的，也会缩短使用寿命。

2. 对电光源的影响

电压偏差对白炽灯的影响最为显著。当白炽灯的端电压降低 10% 时，灯泡的使用寿命将延长 2~3 倍，但发光效率将下降 30% 以上，灯光明显变暗，照度降低，严重影响人的视力健康，降低工作效率，还可能增加事故隐患。当其端电压升高 10% 时，发光效率将提高 1/3，但其使用寿命将大大缩短，只有原来的 1/3。电压偏差对荧光灯及其他气体放电灯的影响不像白炽灯那么明显，但当其端电压偏低时，灯管不易启辉。如果多次反复启辉，则灯管寿命

将大受影响。而且电压降低时,照度下降,影响视力健康;当其电压偏高时,灯管寿命又会缩短。

3. 对电网的影响

电压变化对电网的影响主要表现在给全船用电所带来的危害,而这种危害却是致命的。船舶电网电压深度下降时,将可能导致保护电器动作,造成发电机解列,使电网崩溃全船停电的严重事故。所以,船舶交流电网的电压必须保持恒定,其电压偏差不应超出规定的范围。

5.1.3 发电机电压调整的基本原理

由式 $\dot{U}_g = \dot{E}_0 - j\dot{I}_g X_d$ 可知,当负载 I_g 变化时,要想保持发电机端电压 U_g 一定,唯有随之相应改变发电机的电势 E_0。我们知道,发电机的电势由下式确定

$$E_0 = 4.44 W f \varphi_m \tag{5-3}$$

式中:4.44——比例常数;

W——发电机绕组匝数;

f——发电机频率;

φ_m——发电机磁通。

由(5-3)式可见,当 W、f 为常数时,E_0 与 φ_m 成正比,即 $E_0 \propto \varphi_m$,要改变 E_0,只有改变 φ_m。而 φ_m 系由励磁电流 I_L 产生,在磁路未饱和时磁通与励磁电流成正比,即 $E_0 \propto \varphi_m$。由上述关系可以看到:E_0 与励磁电流 I_L 存在对应关系,改变励磁电流 I_L 的大小可以改变发电机空载电势 E_0。当 I_g 变动时,要保持 U_g 恒定,必须相应调整发电机的励磁电流 I_L。也就是说要使 I_L 随 I_g 幅值的大小和功率因数 $\cos\varphi$ 的变化而改变,以补偿电枢反应去磁作用的影响。

式(5-2)中 $U_g = E_0 - I_{g \cdot Q} X_d$,若 E_0 不变,即 I_L 不变,当 I_{gQ} 变化时,由于电枢反应的作用,因此 U_g 必随之变化,由式(5-2)可画出以 $U_g = f(I_{gQ})$ 表示的同步发电机的外特性曲线,如图 5-2 所示。式(5-2)说明图 5-2 的外特性必然是下倾的,即 I_L 一定时,发电机端电压随无功电流的增大而下降。由图 5-2 可见,当无功电流由 I_{gQ1} 增大到 I_{gQ2} 时,则发电机端电压 U_g,由额定值 U_N 下降到 U_2。而要保持发电机端电压为额定值,就必须将特性向上平移,即增大励磁电流 I_L,以提高 E_0,反之亦然。由此可见,引起同步发电机端电压 U_g 变化的主要原因是无功电流 I_{gQ} 的变化,而要保持发电机端电压 U_g 不变,就要随之相应地调整发电机的励磁电流 I_L,即使其符合图 5-3 所示的发电机调整特性 $I_L = f(I_g)$。由此也可看出,以调整励磁电流来对同步发电机电压进行调整,也就是对发电机无功功率的调整,使无功功率保持平衡。所以,同步发电机的励磁电流是电力系统无功功率的来源。

在实际运行中,I_g 或 $\cos\varphi$ 是经常在变动的,导致使 U_g 也经常变动。要维持 U_g 恒定,必须随之经常调整 I_L。由人工调节是不可能完成的,必须采用自动电压调整方式。所谓自动调压,实质上就是自动调整励磁电流 I_L,因此任何类型的自动电压调整器的基本作用,归根到底都是自动调整励磁电流,所以,同步发电机的自动电压调整器又被称为自动调节励磁装置。

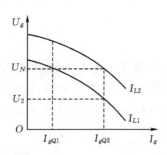
图 5-2 同步发电机的外特性

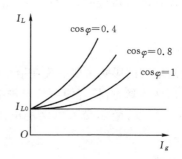
图 5-3 发电机的调整特性

5.2 同步发电机的励磁自动调整

船舶同步发电机一般是依靠其自身的剩磁建立电压的,为了保证供电质量,要求同步发电机在负荷变化时能够保持稳定的输出电压。此外为了保证船舶电力系统安全可靠运行,还要求船舶同步发电机组的无功功率的合理分配和调节。本部分主要介绍自励恒压装置的作用和基本要求、自励恒压装置的种类和恒压原理、并联运行发电机组的无功功率分配等。

目前船舶电站绝大多数采用交流电制。由于船舶用电设备多为感性负载,负载电流对交流同步发电机是起去磁作用的,电流大小和功率因数的变化都会引起发电机端电压的变化,所以船舶交流同步发电机必须装设有自动电压调整装置(AVR)或自励恒压装置(能自激起压,并在负载变化时自动维持电压恒定的装置)来调整发电机的端电压,否则将会影响电气设备的正常工作。

5.2.1 励磁自动调整的作用

发电机端电压是由励磁电流产生的,为了维持发电机的端电压几乎不变,发电机的励磁电流必须适时地做相应的调整。

为了提高电站供电的可靠性和经济性,一般船舶电站根据不同工况,合理地将数台发电机组并联运行。为使发电机组并联运行稳定,各发电机间无功功率就必须合理地进行分配。

在船舶电网发生短路故障时,为提高船舶电力系统发电机并联工作的稳定性和某些保护继电器动作的可靠性,亦需要励磁系统适时地进行强行励磁。

综上所述,励磁自动调整的最主要任务可归纳为:

(1)在船舶电力系统正常运行工况下,维持电网电压在某一容许范围内;

(2)在船舶发电机并联运行时,使发电机间无功功率分配合理;

(3)在船舶电网发生短路故障时,提高电力系统并联运行的稳定性和继电器保护装置动作的可靠性。

5.2.2 同步发电机自动电压调整装置的的基本要求

总的基本要求:简单可靠;灵敏度高而稳定;保证电压为给定水平;调整迅速而很快稳

定;具有一定的强行励磁能力;同样有效的反映电压的下降和电流的增大;合理地分配无功功率。相对应基本要求的具体技术指标:静态特性、动态特性、强行励磁、无功分配。

5.2.3 励磁自动调整装置的技术指标

在负载变动时,自励恒压装置维持电压恒定有一个调整过程,其电压变化波形如图 5-4 所示。图中在 t_0 时突加负载使电压瞬时下降到 U'_{min}。由于恒压装置的作用,使端电压在 t_F 时恢复到接近额定电压 U_e 的数值 U_{min} 稳定工作。此后,在 t'_0 时突卸负载,使电压瞬时上升到 U'_{max}。由于恒压装置的作用,在 t'_F 时电压恢复到 U_{max} 稳定工作。为了保证供电质量,电压调接必须满足两个基本技术指标——静态(稳态)指标和动态(瞬态)指标的要求。

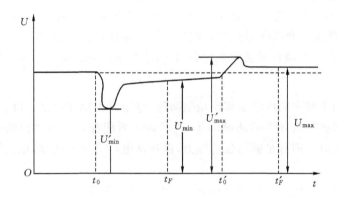

图 5-4 电压调整过程曲线

1. 发电机稳态电压变化率

我国《钢质海船入级规范》中对静态指标规定为:"交流发电机连同其励磁系统,应能在负载自空载至额定负载范围内,且其功率因数为额定值的情况下,保持其稳态电压的变化值在额定电压的±2.5%以内。应急发电机可允许为±3.5%以内。"

发电机稳态电压变化率可按下式计算:

$$\Delta U\% = \frac{U_{max}(或\ U_{min} - U_e)}{U_e} \times 100\% \quad (5-4)$$

式中:U_{max}——在规定的负载变化范围内,发电机的最大电压;

U_{min}——在规定的负载变化范围内,发电机的最小电压;

U_e——发电机的额定电压。

2. 发电机动态特性的两个指标

其一是当电网负载突变后电压的最大波动值,称为瞬态电压调整率;另一个是指自负载突变时,从电压发生波动开始到电压恢复到稳定值的一定容许差值范围内所需要的时间,叫做电压波动恢复时间,用 t_B 表示。

《钢质海船入级规范》对动态指标规定为:"交流发电机在负载为空载、转速为额定转速、电压接近额定值的状态下,突加和突卸 60%额定电流及功率因数不超过 0.4(滞后)的对称负载时,当电压跌落时,其瞬态电压值应不低于额定电压的 85%;当电压上升时,其瞬态电压值应不超过额定电压的 120%，而电压恢复到与最后稳定值相差 3% 以内所需的时间，则不应超过 1.5 s。"

发电机动态电压变化率可按下式计算：

$$\Delta U_d\% = \frac{U'_{\min}(\text{或 } U'_{\min}) - U_0}{U_e} \times 100\% \tag{5-5}$$

式中：$U'_{\min}$——动态过程中的最大电压；

$\quad\quad U'_{\max}$——动态过程中的最小电压；

$\quad\quad U_e$——额定电压；

$\quad\quad U_0$——突卸或突加负载前的电压。

《钢质海船入级规范》对并联运行的各交流发电机组的无功功率的分配要求为："并联运行的各交流发电机组均应能稳定运行，且当负载在总额定负载的 20%～100% 范围内变化时，各机组所承担的无功负载与总无功负载按机组定额比例分配值之差，应不超过下列数值中的较小者：①最大机组额定无功功率的 ±10%；②最小机组额定无功功率的 ±25%。"

3. 强行励磁

当电力系统的负载大幅度增加或出现短路时，电压会大幅度突然下降。为使系统稳定、可靠和保证继电保护有选择性的准确动作，要求调压器能在短时间内把励磁电流升高到超过额定电流的最大值。即有足够的强励能力，以提高电压的上升速度，以使发电机电压迅速得到恢复。

强励能力可用强行励磁倍数和电势最大上升变化率来描述。

通常，强行励磁倍数：$K_q = \dfrac{I_{qL}}{I_{NL}} = 2 \sim 3$

4. 无功分配

当发电机并联运行时，为保证发电机运行的稳定性和经济性，自动调压装置应能按各自的容量按比例（或既定方式）分配无功功率，以防止某一台发电机过载。

5.2.4 励磁自动调整装置的分类

船用同步发电机励磁自动调整装置种类繁多，但使用的励磁自动调整装置从工作原理上来分，大致有下列几类：

(1)带直流励磁机的励磁自动调整装置；

(2)不可控相复励自励恒压装置；

(3)可控相复励自励恒压装置；

(4)晶闸管励磁自动调整装置；

(5)用于无刷发电机的励磁自动调整装置；

(6)用于谐波励磁发电机的励磁自动调整装置。

尽管同步发电机各种励磁调整方式和工作原理有所不同，但是它们的励磁调整方法都是按照电压偏差（ΔU）、负载电流（I）、电流相位（Φ）这三个原则来实现的。从这一点出发，又可分为：

(1)按电压偏差调整；

(2) 按电流幅值调整；
(3) 按电流幅值及相位调整；
(4) 按电压偏差、电流幅值调整；
(5) 按电压偏差、电流幅值及相位调整。

5.2.5 常见调压器的类型

同步发电机励磁恒压装置的种类较多，其发展大致经历了带直流励磁机的励磁系统、不带励磁机的相复励恒压励磁系统、晶闸管励磁及具有同轴交流励磁机的无刷励磁系统等几个阶段。目前同步发电机大多采用自励形式，其直流励磁电流是由自身电枢绕组输出的交流电经过整流后获得的。各类装置的基本调压原理都是通过对发电机端电压，或者负载电流大小和性质（即功率因数）的检测来调整励磁电流，从而实现输出端电压恒定。

(1) 按发电机电压偏差 ΔU 进行调节的自励恒压励磁装置（调压器）如图5-5所示，发电机在运行中，由于某种原因使得发电机输出电压与给定的电压出现偏差 ΔU 时，能够根据偏差电压的大小和极性输出控制信号，对发电机励磁电流进行调节。由于被检测量和被调量都是发电机端电压，恒压装置与发电机构成一个闭环调节系统，稳态特性比较好，静态电压调整率一般均小于 $\pm 1\%$。晶闸管自励恒压装置就属于这种类型。

按发电机电压偏差 ΔU_g 进行比例调节的调压器（按偏差调整）构成闭环系统，静态特性较好。

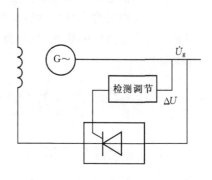

图5-5 电压偏差调整原理

(2) 按负载电流大小和性质进行调节（按扰动调整）的自励恒压励磁装置，其输出的励磁电流取决于发电机负载电流的大小和性质，扰动调整原理如图5-6所示。由同步发电机电枢反应的知识可知，同步发电机负载电流大小和性质决定着电枢反应的大小和性质。当负载电流大小和性质发生变化时，将通过电枢反应影响发电机的端电压。若能连续检测发电机负载电流大小和性质，并根据负载电流的变化及时调节励磁电流，在电枢反应影响发电机电压的同时改变励磁，就能够及时迅速地抑制电压偏差的增大。但由于被测量和被调量不同属于开环调节系统，静态特性比较差。

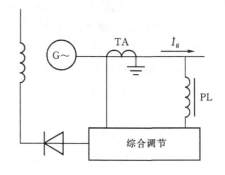

图5-6 扰动调整原理

静态特性比较差的主要原因是负载电流的变化与发电机端电压之间没有严格的正比关系（存在非线性因素），因此很难保证根据负载的变化将发电机端电压控制在非常精确的范围内。不可控相复励自励恒压装置就属于这种类型。

按 I_g 和 $\cos\varphi$ 进行补偿调整的复励调节器——不可控相复励调节器静态特性较差，动态特性较好,有一定的强励能力。

(3) 既按电压偏差调节,又按负载电流大小和性质调节的自励恒压励磁装置,称为复合调节的自励恒压励磁装置,其原理如图 5-7 所示。复合调节即为按负载和电压偏差的综合调节,它的主要原理是在按负载调节的基础上采用自动电压调节器(AVR)。这种调节装置兼有以上两种调节方法的优点,是一种较理想的励磁调节装置,广泛用于船舶电站中。可控相复励自励恒压装置就属于这种类型。

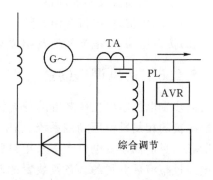

图 5-7 复合调整原理

按 I_g、$\cos\varphi$ 和 ΔU_g 进行调节的调压器——可控相复励调节器静态特性和动态特性都较好。

目前同步发电机自励恒压励磁装置主要采用的类型:不可控相复励自励恒压励磁装置、可控相复励自励恒压励磁装置、晶闸管自励恒压励磁装置、无刷同步发电机励磁系统和谐波励磁系统等。

5.3 自励起压原理

5.3.1 自励起压原理

同步发电机按其励磁方式可划分为两大类:他励和自励。

1. 他励同步发电机

他励同步发电机的励磁电流,是由同步发电机本身之外的单独电源提供的,通常是由一小容量的同轴励磁机供电。在这种系统中,同步发电机组需带有直流励磁机,维护管理很麻烦。由于这种带直流励磁机的励磁方式,在可靠性和使用上存在固有的缺陷,因此现在对小容量的同步发电机的励磁,已经很少采用这种带直流励磁机的励磁方式。从 20 世纪 60 年代开始,研究和发展的是带交流励磁机,经旋转半导体整流的无刷同步发电机励磁系统。目前,这是最适用的船舶同步发电机。

2. 自励同步发电机

这种同步发电机的励磁电流不是由外来的直流电源供给,而是取之于同步发电机本身输出功率的一部分,经过适当的整流变换后供给的,这类同步发电机称为自励同步发电机。从 20 世纪 50 年代开始,这种自励同步发电机在船舶上得到了广泛的应用。其自励原理如图 5-8 所示。

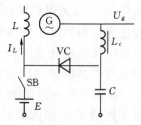

图 5-8 自励励磁原理

5.3.2 自励发电机的起压特性

我们通常把自励发电机在转速达到额定值、输出端断开的情况下,利用本身的剩磁,通过磁电作用而建立起电压的过程称为发电机的自励起压。图 5-9 为自励起压特性曲线。

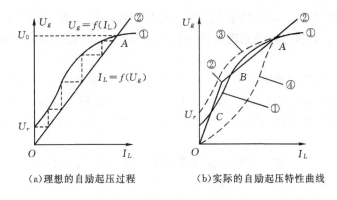

(a)理想的自励起压过程　　　　　(b)实际的自励起压特性曲线

图 5-9　自励起压特性曲线

1. 空载特性

图 5-9(a)中曲线①为同步发电机的空载特性曲线 $U_g = f(I_L)$，电压随励磁电流增大而增大；其实质与铁磁材料的磁化曲线相同。

2. 励磁特性

图 5-9(a)中曲线 2 为自励回路的理想励磁特性曲线 $I_L = f(U_g)$。图 5-9(b)中曲线①、③、④分别为有剩磁，无剩磁的磁性材料不同情况的曲线。

3. 自励起压过程

同步发电机自励起压过程如图 5-9(a)所示，由于磁滞现象，在转子磁极上留有剩磁。当发电机组起动时，发电机定子绕组将感生剩磁电压 U_r，如图 5-9(b)所示，U_r 加在自励回路上，经过整流在发电机励磁绕组 WE 中产生一定的励磁电流 I_{L1}；I_{L1} 将在转子中产生对应的磁通，这一磁通在发电机定子绕组中感生电压 U_1；U_1 通过自励回路又在 WE 中又产生 I_{L2}，I_{L2} 又感生更高的电压 $U_2 \cdots\cdots$。如此循环，构成正反馈，逐渐提高发电机的空载电压，最后到达稳定的交点 A，此时发电机电压即为空载电压 U_0。

5.3.3　自励起压条件

同步发电机自励起压过程是一种正反馈过程，整个过程并无外来输入量。要完成自励起压，必须具备下列条件：

(1)发电机必须有足够的剩磁，这是自励的必要条件。新造的发电机无剩磁，长期不运行的发电机剩磁也会消失，这时可用其他直流电源进行充磁。

(2)要使自励过程构成正反馈，由剩磁电势所产生电流建立的励磁磁势必须与剩磁方向相同。所以整流装置直流侧的极性与励磁绕组所要求的极性必须一致。

(3)必须有适当的自励回路阻抗，使得发电机的空载特性与励磁特性有确定的交点 A，使正反馈稳定在这一点上，这个交点的纵坐标就是发电机的空载电压值。

5.3.4 自励起压存在的实际问题及措施

对于自励同步发电机，上述自励起压过程只是一种理想状况。实际上，由于自励回路是一个非线性电路，在起压过程中其阻抗是变化的，因此实际的励磁特性曲线如图 5-9(b) 中曲线②所示。

自励回路的阻抗是由整流二极管的正向导通电阻、碳刷与滑环的接触电阻及励磁绕组的直流电阻所组成。起压初始阶段因剩磁电压所产生的励磁电流很小，故整流二极管的正向电阻和碳刷与滑环的接触电阻都呈高阻状态，以后随着电压增加，也是励磁电流较大时，呈低阻状态。

所以实际励磁特性曲线②与发电机空载特性曲线①之间，当不采取任何措施时，存在有三个交点 A、B、C，其中 A 点与 C 点都是稳定运行点。起压时，电压达 C 点时，便稳定下来了，这样就达不到额定空载电压，因此必须设法消除 C 与 B 两点，通常可采用如下方法：

(1) 提高发电机的剩磁电压。即提高空载特性的起始电压，如图 5-9(b) 中曲线③。实际中是采取加恒磁插片或用蓄电池临时充磁来实现，许多船舶发电机设有充磁电源，当发电机靠本身建压失败时，按下主配电板发电机控制屏上充磁按钮，临时充磁来提高剩磁电压，而实现起压。

(2) 降低伏安特性。利用谐振起压的方法，在较小剩磁电压下即可获得较大励磁电流（相当于减少了励磁回路阻抗），将图 5-9(b) 中曲线②下降为曲线④，由于曲线④的开始一段陡度小，可以顺利地起压，当起励电压接近正常空载电压时，励磁回路电阻减小，电路脱离了谐振；伏安特性由④转为②，与空载特性交于 A 点。发电机便进入了正常空载运行。实际工作中还可以采取措施减少碳刷与滑环的接触电阻以降低励磁回路电阻。

(3) 利用复励电流帮助起压，在起压时临时短接一下主电路，利用短路产生的复励电流帮助起压；或利用升压变压器来起压。这两种方法，电压一旦建立应立即切除升压变压器或打开主电路。

5.4 不可控相复励自励恒压装置

不可控相复励自励恒压装置是按负载电流大小和性质进行调节的自励恒压励磁装置，其主要特点：结构简单，管理方便，价格便宜，动态特性优良，并能在恶劣的环境下可靠工作等优点，但静态特性比较差。

5.4.1 不可控相复励自励恒压装置调压原理

不可控相复励自励恒压装置，利用发电机本身的剩磁电压进行自励起压，根据负荷电流的大小进行复励及负荷电流与电压的相位关系进行相位复励，以调整励磁电流，稳定发电机端电压，其原理框图和调节相量图如图 5-10 所示。

图 5-10(a) 是不可控相复励自励恒压装置的原理框图，由图可见，不可控相复励自励恒压装置的励磁电压 $\dot{U}_f$ 包括两个部分：电压分量 $\dot{U}_v$ 和电流分量 $\dot{U}_i$，即：

$$\dot{U}_f = \dot{U}_v + \dot{U}_i \tag{5-9}$$

第5章 同步发电机无功功率及电压的自动调整

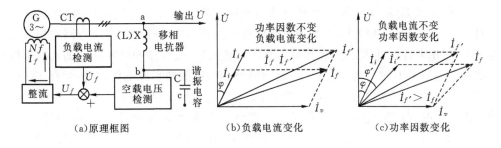

图 5-10 不可控相复励原理框图和调节相量图

式中，电流分量 $\dot{U}_i$，又称为复励分量，与负载电流成正比；电压分量 $\dot{U}_v$，又称为空载分量，其大小与发电机端电压 $\dot{U}$ 的幅值成正比，其相位经过移相电抗器 X 的移相，比发电机端电压相量 $\dot{U}$ 滞后 90°电角度。空载分量 $\dot{U}_v$ 和复励分量 $\dot{U}_i$ 相加后得到向发电机提供励磁电流的交流电压 $\dot{U}_f$，再经过整流后，得到直流励磁电压 U_f，向励磁绕组 N_f 提供直流励磁电流 I_f。

图 5-10(a)中的端电压之 $\dot{U}$ 所以要经过移相电抗器 X 移相 90°电角度，目的是为了在式(5-9)中得到的励磁电压 $\dot{U}_f$ 的大小既反映负载电流的大小又反映负载电流的性质，其原理可通过图 5-10(b)和(c)进行说明。

由同步发电机端电压变化情况可知，负载功率因数不变时，负载电流增大，电枢反应的作用增强，同时发电机电枢绕组导线电阻产生的电压降增大，发电机的端电压降低。为了保持端电压不变，实现恒压作用，在负载功率因数不变而负载电流增大时应该增加发电机的励磁电流。从图 5-10(b)所示的相量图可见，当负载功率因数不变(功率因数角 φ 不变)而复励分量由 $\dot{U}_i$ 增加到 $\dot{U}_{i'}$ 时，不可控相复励自励恒压装置得到的励磁电压也由 $\dot{U}_f$ 增加到 $\dot{U}_{f'}$。于是发电机的励磁电流增加，补偿负载电流增大使发电机端电压下降的影响。

同样，根据同步发电机电枢反应的分析可知，感性负载具有去磁的电流电枢反应性质。当负载电流大小不变而感性负载增大，负载电流滞后端电压 $\dot{U}$ 的功率因数角 φ 将增大，如果不采取措施，发电机的端电压将下降。采用不可控相复励自励恒压装置后，由图 5-10(c)所示的相量图可见，滞后电压 $\dot{U}$ 的负载电流的功率因数角从 φ 增大到 φ' 时，由空载分量 $\dot{U}_v$ 和复励分量 $\dot{U}_i$ 相叠加得到的励磁电压也由 $\dot{U}_f$ 增加到 $\dot{U}_{f'}$。也就是说，只要参数设置得当，不可控相复励自励恒压装置提供的励磁电流不仅功能补偿负载电流增大对端电压的影响，还能够补偿感性负载因电枢反应产生的去磁作用，维持发电机端电压的恒定。可以证明，如果没有移相电抗器 X 将空载分量 $\dot{U}_v$ 移相 90°电角度，由空载分量 $\dot{U}_v$ 和复励分量 $\dot{U}_i$ 相叠加后，得到的励磁电压 $\dot{U}_f$ 将不能补偿感性负载的去磁作用，发电机的端电压将不能维持恒定。

如图 5-10(a)所示的原理框图，不仅可以说明不可控相复励自励恒压装置的恒压原理，还可说明不可控相复励自励恒压装置的自励原理。船舶同步发电机是根据铁芯磁路中存在的剩磁进行自励的，但由于磁路采用软磁材料制造，磁路的剩磁一般较小，依靠铁芯磁路的剩磁发出的电压通常也很小。空载电压检测环节检测到的剩磁电压往不足以克服整流元件的死区电压,也就是说,单独依靠剩磁电压通常很难使同步发电机进行自励起压(建立电压进行自励)。为此,在移相电抗器 X 与空载电压检测环节之间的三相交流电路中接有三相谐振电容 C(三相电容既可采用 Y 连接也可采用△连接)。电容器的电容量 C 的选择可根据移相电抗器的电感量 L 进行选择,对于额定频率为 50 Hz 的同步发电机,一般选择 LC 串联支路的谐振频率为 40 Hz 左右。这样一来,当发电机起动加速,剩磁电压的频率达到 LC 串联支路谐振频率时,每相的移相电抗器 X 与谐振电容 C 发生串联谐振。而串联谐振发生时的特点是:尽管每相 LC 串联支路两端(对应于图 5 - 10(a)的点 ac 之间)的总电压很小,但 X 或 C 两端(ab 或 bc 之间)的电压却较高。因此,只要同步发电机铁芯磁路存在剩磁,在发电机组起动加速的过程中,不可控相复励自励恒压装置的空载电压检测环节的输入将有较高的电压,经过整流环节后,发电机的励磁绕组将有较大的励磁电流流过,于是发电机的端电压得到增强,最终在发电机磁路饱和的作用下,端电压稳定在空载电压,从而实现船舶同步发电机的自励起压。

5.4.2 不可控相复励自励恒压装置的常见类型

图 5 - 10(a)所示的原理框图只是说明了不可控相复励自励恒压装置的构成原理,根据具体对电压分量 $\dot{U}_o$ 和电流分量 $\dot{U}_i$ 叠加方式的不同,不可控相复励自励恒压装置又可分为:①电流叠加型;②电势叠加型;③电磁叠加型等三种不同形式。下面分别进行介绍。

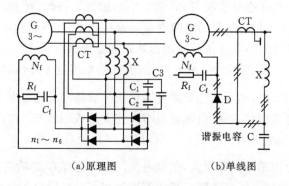

(a)原理图　　　　(b)单线图

图 5 - 11　电流叠加不可控相复励

1. 电流叠加型不可控相复励自励恒压装置

如图 5 - 11(a)所示为电流叠加型不可控相复励电路原理图,这种不可控相复励电路,空载分量和复励分量都以电流值:发电机三相端电压经过移相电抗器 X 的移相,得到滞后发电机端电压 90°电角的空载分量电流值。负载电流则经过电流互感器检测,得到反应负载电流大小和相位的复励分量的电流值。空载分量电流值与复励分量电流值直接在整流器的交流侧进行叠加,得到的交流励磁电流,再经过 $D_1 \sim D_6$ 三相桥式整流器整流后,即可向励磁绕组提供相复励励磁电流。其相量关系与图 5 - 10 中的(b)和(c)所示相量图一样,只不过在图 5 - 10 采用的是电压信号叠加,而电流叠加型不可控相复励电路则采用电流信号叠加。

在如图 5 - 11(a)中三相谐振电容采用三角形连接,可以减小使用的电容器的电容量,而且每个电容器的耐压值将比采用星形连接的耐压值高。图 5-11(a) 中发电机励磁绕组 N_f 两端由电阻 R_f 和电容 C_f 组成的支路,是阻容吸收支路,可吸收电路中可能出现的过电压,对三相桥式整流器的整流元件起过压保护作用,同时还可使经过整流器整流的直流励磁电流进行滤波。

电流叠加型不可控相复励电路的单线图如图 5-11(b) 所示。所谓单线图又称为系统图,是采用一条线表示实际电路图的连接与信号关系,单线图上的连接线一般只画出一条,可表示多条实际的连接线路,所表示的连接线的数量可在单线上用斜线标出。多条线路中,具有相同连接的多个元件只画出一个,如图 5-11(a) 所示的原理图中,电流互感器 CT、移相电抗器 X 和谐振电容等元件实际都有三个,而在图 5-11(b) 所示的单线图中都只画出一个。而实际桥式整流器的整流二极管有六个,在图 5-11(b) 中也只画出一个,并用符号 D 进行标注。而且整流二极管 D 的上部为直流电路,连接导线只绘出一条,但用两条短斜线进行标示,D 的下部为三相交流电路,连接导线也只绘出一条,且用三条短斜线进行标示。

与实际电路原理图比较,单线图的表示比较简单明了,因此在电气工程中应用很广,因此,为了帮助大家建立对单线图的识图和读图能力,本书在后续的有关线路的介绍中,将由同时提供实际原理图和单线图过渡到只提供单线图,希望大家不断提高识读单线图的能力。

2. 电势叠加型不可控相复励自励恒压装置

如图 5-12(a) 所示为电势叠加型不可控相复励电路原理图,图 5-12(b) 为其单线图。为了说明其原理,还可绘制电势叠加型的一相等效电路如图 5-12(c) 所示。

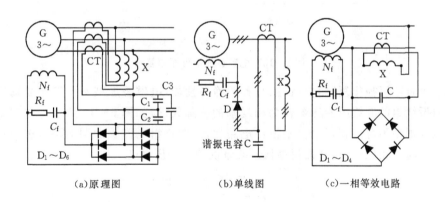

(a) 原理图　　　　　　(b) 单线图　　　　　(c) 一相等效电路

图 5-12　电势叠加不可控相复励

电势叠加型不可控相复励,又称为电压叠加型不可控相复励。由图 5-12(c) 所示的一相等效电路可知,电流互感器 CT 检测负载电流,在移相电抗器 X 上产生电压降,作为复励分量的电压值(因为电感两端电压超前流过电感的电流 90°,所以复励分量电压值超前实际负载电流 90°电角度)。然后再与从发电机端部取得的空载分量进行叠加(其相量图相当于将图 5-10 中的相量图逆时针方向旋转 90°),得到交流励磁电压,经过整流后向发电机的励磁绕组进行励磁。

3. 电磁叠加型不可控相复励自励恒压装置

如图 5-13(a)所示为电磁叠加型不可控相复励电路原理图,图 5-13(b)为其单线图。图中,采用三绕组的变压器 T 作为不可控相复励的空载分量与复励分量的叠加元件。变压器每相的 N_1 绕组,流过负载电流电流,产生反映负载电流大小与相位的复励分量磁通;N_2 绕组流过的是经过移相电抗器 X 移相 90°的与发电机端电压同相位的电流,产生反映相复励空载分量的磁通。N_1、N_2 绕组产生的磁通在每相铁芯进行叠加,并在 N_3 绕组感应电势,产生励磁电压,经过整流后向发电机的励磁绕组励磁。由于 N_3 绕组感应电势是由 N_1、N_2 绕组产生的叠加磁通产生的,因此,N_3 绕组感应电势实际上是反映了空载分量与复励分量叠加作用的电势。即发电机的励磁电流包含有空载分量与复励分量。

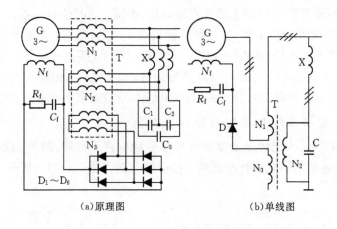

图 5-13 电磁叠加不可控相复励

为了改善不可控相复励自励恒压装置的静态性能,电磁叠加型不可控相复励还常采用带电压曲折绕组的四绕组变压器作为相复励的叠加元件,如图 5-14 所示。与三绕组变压器的电磁叠加型不可控相复励自励恒压电路比较,四绕组电磁叠加型电路可进一步加强功率因数变化时的相位补偿,从而提高恒压装置的静态调压精度。

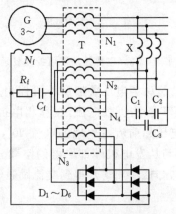

图 5-14 四绕组电磁叠加型

在四绕组电磁叠加型电路中,每相铁心中有四个绕组:N_1、N_2、N_3 和 N_4,N_1 为电流绕组产生复励分量磁通,N_2 为电压绕组产生空载分量磁通,N_4 为补偿绕组提供额外的补偿磁通,N_3 为输出绕组,向整流器输出发电机交流的励磁电流。N_2 电压绕组和 N_4 补偿绕组的连接规律是每相的 N_2 绕组总是与滞后该相的 N_4 绕组反向串联。这样连接后,实际的空载分量变成由两部分组成,通过相量图的分析可知,实际的空载分量相位比图 5-10 中的(b)和(c)所示相量图中空载分量相位超前一个小于 30°电角度的相位角,从而加强功率因数变化时的相位补偿作用。限于篇幅,本书不对其原理进行深入分析,有兴趣者可自行参考有关书籍进行分析。

在上面介绍的各种不可控相复励电路中,移相电抗器 X 是相复励装置的重要元件,没有它则等效电路的电流源将被电压源短路,起不到复励作用。没有电抗器移相 90°电角度的作用,就没有相位补偿作用。因而电抗器是实现相复励不可缺少的关键部件。电抗器是一个三相铁芯线圈,为了使电抗器成为线性元件,通常将其做成带气隙的铁芯线圈,以使磁路不饱和及电抗值稳定,因此又称为线性电抗器。通过调节移相电抗器气隙可整定发电机空载额定电压,电抗器气隙增大或减少线圈匝数(若有抽头时则电抗值减小)或增加三绕组变压器电压绕组匝数,可使励磁电流增大,空载电压增加。若发电机满载电压与空载差别较大,则说明复励分量大小不合适,此时可调整电流互感器匝数或三绕组相变压器电流线圈匝数。电流互感器副边匝数减少(输出电流增大)或三绕组相复励变压器电流线圈增加,复励分量增加,发电机满载电压将升高,反之亦然。

综上所述,不可控相复励自励恒压装置是依靠同步发电机电枢绕组产生的三相交流电作为励磁电源,其励磁电流包括复励分量与空载分量两个部分。为了使励磁电流既反映负载电流的大小又反映负载电流的相位(性质),空载分量必须经过移相电抗器移相 90°电角度后再与复励分量进行叠加。根据叠加方式的不同,不可控相复励自励恒压装置可分为电流叠加型、电势叠加型和电磁叠加型三种。

5.5 可控相复励自励恒压装置

不可控相复励恒压装置是按负载电流的大小和相位对发电机端电压进行调整的,它具有结构简单、工作可靠、动态性能和经济性好等优点,但稳态电压变化率还不够理想,在不同容量发电机并联运行时实现无功功率按容量比例分配较难。为此船舶同步发电机常采用可控相复励恒压装置进行励磁,下面介绍可控相复励恒压装置的基本组成。

5.5.1 可控相复励的构成

可控相复励磁装置是以相复励为励磁装置主体,再加上根据电压偏差信号实现调节的电压校正器(Automatic Voltage Regulator,缩写为 AVR,又称为自动调压器)而构成的,相复励作为基本调节(粗调),AVR 作为辅助调节(细调)装置其构成原理图如图 5-15 所示。

在图 5-15 中,虚线框内为相复励部分,它保证了发电机的自激起压及强励性能,而且动态性能好,当负载电流变化且电压偏差尚未形成时,相复励电路即根据负载电流的变化对励磁电流作出调整,但相复励调节精度不太高,发电机的端电压仍然存在一定的静态偏差。

出现偏差后,通过电压互感器 PT 的检测,自动调压器 AVR 得到电压偏差后,将作进一步的调整,从而保证同步发电机端电压满足静态偏差要求。

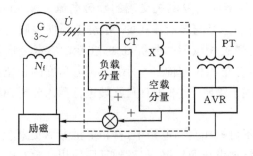

图 5-15　可控相复励装置

电压校正器 AVR 的原理框图如图 5-16 所示,在电压校正器 AVR 内部,设有给定电压整定电位器,对电压校正器提供给定电压 U_N,并通过电压互感器 PT 检测发电机实际端电压,经过整流后得到反馈信号 U_f,送到调压器的输入端与给定值比较。如果发电机端电压与给定值存在偏差 ΔU(即 $\Delta U = U_N - U_f \neq 0$),偏差信号 ΔU 输入 AVR 的调节环节,根据事先设定的调节规律进行调节,然后通过执行元件改变发电机的励磁电流,从而使发电机的端电压满足静态指标的要求。

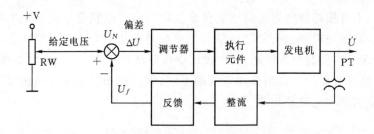

图 5-16　电压校正器原理框图

5.5.2　可控相复励恒压装置的基本形式

电压校正器对发电机进行辅助励磁的方法很多,按校正器与相复励部分组合形式的不同,常见的可控相复励恒压装置:①可控移相电抗器形式;②可控变压器形式;③可控饱和电抗器分流形式;④晶闸管分流形式等,下面简要介绍它们的调节原理。

1. 可控移相电抗器形式

可控移相电抗器形式的可控相复励恒压装置的单线图如图 5-17 所示,它是在图 5-11 所示的电流叠加型不可控相复励自励恒压装置基础上增加了对移相电抗器的电抗值进行控制的环节。

不可控相复励自励恒压装置可以通过调节移相电抗器气隙可整定发电机空载额定电压:电抗器气隙增大,电抗值减小,励磁电流增大,空载电压增加。如果相复励自励恒压装置的移相电抗器的电抗值可以控制,则发电机的端电压就可控制,不可控相复励自励恒压装置就变成可控相复励自励恒压装置。

图 5-17 所示的可控移相电抗器就是采用带有控制绕组 3、4 的移相电抗器 X，绕组 1、2 是带铁芯的三相交流绕组，与普通移相电抗器一样，在电抗器三相铁芯上再增加直流控制绕组 3、4，并通入直流控制电流 I_k，即可控制移相电抗器的电抗值 X。根据自感系数公式可知，铁芯线圈磁路的磁导率减小，线圈的自感系数减小，其电抗值也随之减小。当 AVR 输出的直流电流 I_k 发生变化，移相电抗器的铁芯磁路饱和程度发生变化，其电抗值也就随之发生改变。这就是可控移相电抗器所依据的调节原理。

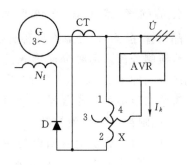

图 5-17 可控移相电抗器

实际工作时，当负载电流的大小和相位发生变化时，相复励磁的复励分量改变，发电机的励磁电流也随之改变，使发电机的端电压适应负载电流的变化。但由于相复励的静态调节精度较低，经过相复励调节后，发电机的端电压仍然与 AVR 给定的额定电压存在一定的偏差。此时电压校正器 AVR 检测到电压偏差，并进行调节。当端电压偏低时，AVR 输出的控制电流 I_k 增大，移相电抗器的电抗值 X 减小，发电机的励磁电流增大，从而使发电机的端电压升高，消除电压偏差。同样道理，如果经过复励调节后端电压偏高，则 AVR 输出的控制电流 I_k 减小，X 值增大，励磁电流减小，发电机的端电压减低。

2. 可控变压器形式

图 5-18 所示为可控变压器形式的可控相复励恒压装置的单线图，是在图 5-13 所示的电磁叠加型不可控相复励自励恒压装置基础上增加控制绕组 N_4 构成的。负载电流变化时相复励的调节作用如前所述，不再赘述。当发电机端电压出现偏差且偏低时，电压校正器 AVR 检测到电压偏差，输出控制电流 I_k 减小，三相变压器的铁芯磁路饱和程度下降，交变磁通幅值增大，变压器输出绕组 N_4 感应电动势增大，发电机励磁电流增加，使发电机端电压升高，从而削弱或消除电压偏差，反之亦然。

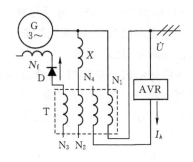

图 5-18 可控变压器

3. 可控饱和电抗器分流形式

图 5-19 所示为可控饱和电抗器分流形式的可控相复励恒压装置的单线图，是在图 5-11 所示的电流叠加型不可控相复励自励恒压装置基础上增加了可控饱和电抗器 X_k 分流控制。

当发电机端电压出现偏差且偏低时，电压校正器 AVR 检测到电压偏差，输出控制电流 I_k 减小，三相可控饱和电抗器 X_k 的铁芯磁路饱和程度下降，其电抗值增大，由饱和电抗器分流的电流减少，相复励磁输出到绕组 N_4 的励磁电流增加，使发电机端电压升高，从而削弱或消除电压偏差,反之亦然。

4. 晶闸管(晶闸管)分流形式

晶闸管(晶闸管)分流有两种分流形式:在交流侧分流和在直流侧分流。两种分流形式的可控相复励恒压装置单线图分别如图 5-20(a)和(b)所示,是在图 5-11 所示的电流叠加型不可控相复励自励恒压装置基础上增加了晶闸管(晶闸管)VT 分流控制。

晶闸管的导通是由其阳极与阴极之间的触发脉冲控制的。当电压校正器 AVR 检测到电压偏差,若电压偏低,

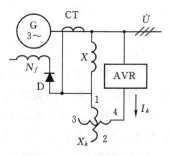

图 5-19 可控饱和电抗器

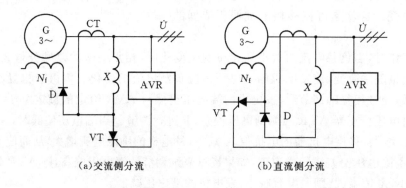

图 5-20 晶闸管分流

则 AVR 输出用于控制晶闸管的触发脉冲时刻延后,晶闸管的控制角增大导通角减小,通过晶闸管分流的电流减少,相复励磁输出到发电机的励磁电流增加,使发电机的端电压升高,从而消除偏差,反之亦然。

采用交流侧分流控制,每个晶闸管分流的电流较小,但需要三个晶闸管,触发电路也比直流侧分流多。而采用直流侧分流,分流晶闸管及其触发电路较少(只有一个管),但晶闸管分流的电流较大,而且直流侧的分流还需考虑晶闸管的关断问题。实际使用时可根据具体要求选用。

综上所述,可控相复励恒压装置是以相复励为基础,增加电压校正器 AVR 构成的。负载变化时首先由相复励进行调节,保证自励恒压装置的动态性能。如果相复励调节后存在偏差,则以电压校正器 AVR 作为辅助调节。辅助调节的原理就是改变相复励输出到发电机的励磁电流的大小,进而调节发电机的端电压,从而满足静态精度的要求。辅助调节的方法主要有两个,一个是输出大小可调的控制电流 I_k,另一个是输出时刻不同的触发脉冲。大小可调的控制电流 I_k 主要用来控制电磁元件磁路的饱和程度,进而控制电抗元件的电抗值,最终改变发电机的励磁电流的大小。时刻不同的触发脉冲主要用来控制晶闸管的导通角度,导通角改变,晶闸管的分流大小即可改变,发电机的励磁电流的大小也将随之改变。

5.6 晶闸管自励恒压装置

5.6.1 构成原理

晶闸管自励恒压装置的原理图如图 5-21 所示，它是根据发电机电压偏差 ΔU 来进行自动调压，属于闭环调节系统，可以实现很高的静态调压精度。由于半导体器件的电磁惯性小，该励磁装置的调节速度快，而且体积小、重量轻、成本低、易于系列化。但由于晶闸管励磁装置的能源直接取自发电机的电枢回路，晶闸管导通时电压波形出现凹陷，其输出电压波形为脉动式非正弦波，对无线电设备有干扰，并且其强励能力较差，晶闸管元件的过电流和过电压的能力也比较差，在一定程度上限制了晶闸管励磁装置在小型电站中的应用。同时由于晶闸管自励恒压装置是根据发电机电压偏差来进行调压的，必须等到发电机段电压出现偏差 ΔU 后，励磁装置才开始进行调节，因此与相复励磁装置相比，其动态性能相对较差，好在它所使用的主要是电磁惯性比较小的半导体器件，在一定程度上可弥补励磁装置的动态性能。

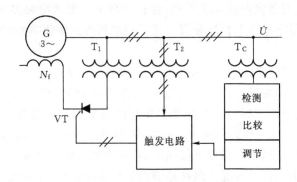

图 5-21 晶闸管自励恒压装置

图 5-21 中，T_1、T_2 和 T_C 是三个变压器，T_1 是为励磁电路晶闸管整流器提供交流电源的变压器。T_2 一般为单相变压器，为晶闸管的脉冲触发电路提供脉冲同步信号，使触发脉冲的发出时刻有一个参考依据。T_C 则是用于为电压检测和整个控制电路提供电源的变压器。检测、比较和调节环节是晶闸管自励恒压装置的核心，其内部工作原理与图 5-16 所示的框图相似，主要功能是检测发电机端电压，并与事先设定的给定值比较，产生一个偏差信号，然后通过调节环节的调节作用，发出一个控制信号控制为晶闸管提供触发脉冲的触发电路。触发电路根据调节环节提供的控制信号，并根据 T_2 提供的同步信号，为晶闸管可控整流器 VT 提供合适的触发脉冲。VT 则为发电机励磁电路的可控整流器，根据检测、比较、调节环节和触发电路的要求及提供的触发脉冲，对 T_1 提供的发电机交流励磁电源进行可控整流，实现对发电机励磁电流的控制，从实现发电机输出的三相交流电压自励恒压控制。

5.6.2 检测比较环节

晶闸管可控整流电路既可采用单相可控整流,也可采用三相可控整流,一般根据装置的具体要求确定。下面仅简要介绍检测比较环节的要求及其原理。

1. 检测环节

检测环节是晶闸管可控整流电路的重要环节,其作用是检测三相交流同步发电机的端电压,并将其转换为平稳的直流信号与比较环节比较产生用于控制的偏差信号。检测得到的直流信号是否稳定和精确,是关系晶闸管自励恒压装置能否稳定运行和是否具有足够调节精度的关键。因此,对检测环节的要求主要为:①检测得到的直流信号应该快速准确反映发电机端电压的变化;②检测得到的直流信号应尽量平稳,其交流脉动成分应尽量小。

为了得到脉动成分少的直流信号,整流后的交流信号可以采用各种滤波器进行滤波,但采用滤波器滤波,得到的直流信号又不能及时反映发电机端电压的变化情况。为了解决这个矛盾,通常要求采用多相整流器对发电机端电压进行整流,然后将多相整流器输出的信号再经过时间常数小的滤波器进一步滤除高次谐波,从而既满足交流脉动成分小又满足反应迅速的要求。

不同的恒压装置对精度等的要求不同,但检测环节中整流电路多采用三相桥式整流或六相桥式整流电路,要求较低的恒压装置也可采用单相桥式整流电路,要求比较高的恒压装置则应采用十二相整流。

三相桥式整流电路的电路原理图如图 5-22(a)所示,变压器 T(或三相电压互感器)的副绕组都接成星形连接,将发电机的端电压 u_1 变换为 u_2,然后送给由整流二极管 $V_{D1} \sim V_{D6}$ 组成的三相桥式整流器。三相桥式整流器工作原理与单相桥式整流电路相似,六个整流二极管,组成共阴极 $V_{D1} \sim V_{D3}$ 和共阳极 $V_{D4} \sim V_{D6}$ 的两组二极管,任何时刻每组都有一个二极管导通。在共阴极组二极管中,阳极电位高的相,对应的二极管导通;在共阳极组二极管中,阴电位低的相,对应的二极管导通。最终整流得到的电压信号 U_D 波形如图 5-22(b)所示。由于三相电压互差 120°电角度,输出的电压波形可看成三个互差 120°电角度的单相桥式整流电压波形的叠加,虽然波形仍然存在一定的脉动成分,但比单相桥式整流波形平稳很多了。

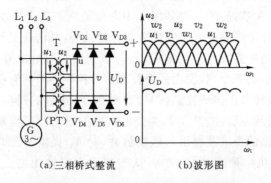

图 5-22 三相桥式整流电路及其波形

六相桥式整流电路的电路原理图如图 5-23(a)所示，变压器 T(或三相电压互感器)有两个副边绕组，一个接成星形连接，另一个接成三角形连接。星形连接绕组的匝数是三角形绕组匝数的$\sqrt{3}$倍，因此两个副边绕组输出的交流电压幅值相等，即 $u_{12}=u_{22}$，且都反映发电机端电压的大小。不过 u_{12} 和 u_{22} 对应相的电压相位相差 30°，可以证明，六相桥式整流电路输出的电压波形可看成为两组互差 30°电角度的三相桥式整流电压波形的叠加，如图 5-23(b)所示。由图可见，六相桥式整流电路输出电压波形的脉动比三相桥式整流的脉动成分更小。

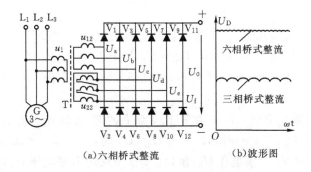

(a)六相桥式整流 (b)波形图

图 5-23 六相桥式整流电路及其波形

2. 比较环节

比较电路的作用是把测量整流电路输出的电压与基准电压相比较，得到一个反映发电机端电压偏差的直流电压信号。一般要求这个偏差信号，在发电机端电压小于额定电压时，随着发电机端电压的升高而增大，才能满足自励起压的要求；而发电机端电压大于额定电压时，则应随着发电机端电压的升高而减小。为了满足这样的要求，比较电路大多采用双稳压管桥式比较电路，如图 5-24(a)所示。

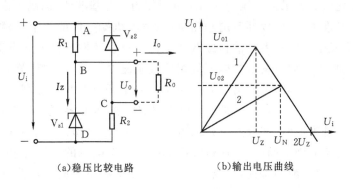

(a)稳压比较电路 (b)输出电压曲线

图 5-24 六相桥式整流电路及其波形

在图 5-24(a)中，V_{Z1} 和 V_{Z2} 是两个稳压值都为 U_Z 的稳压管；R_1 和 R_2 为两个阻值相等的电阻；R_0 为比较电路输出端所带的电阻(即调节环节的输入电阻)。输入电压 U_i 就是检测电路通过多相整流得到的反映发电机端电压大小的电压信号，U_0 则是比较信号输出到调节环节的反映发电机电压偏差的信号。偏差信号大，经过调整环节送到晶闸管出发电路后产生的触发脉冲时刻提前,发电机的励磁电流增加;偏差信号小,则经过调节后,发电机的励磁电流减小。

若设图 5-24(a)所示电路输出端开路(R_0 为无穷大,输出电流 $I_0=0$),且 $R_1=R_2=R$,当 $0 \leqslant U_i \leqslant U_z$ 时,由于两个稳压管均处于反向截止状态,$I_z=0$,输出电压 $U_0=U_{BC}=U_i=U_z$。有就是说,当输入电压小于稳压管的稳定电压时,比较环节的输出电压随输入电压的增大而增大。当 $U_z<U_i \leqslant 2U_z$ 时,由于两个稳压管均处于反向击穿状态,$U_{AC}=U_{BD}=U_z$,则:

$$U_0=U_{BC}=U_{BD}-U_{CD}=(U_i-U_{AB})-U_{CD}=U_i-U_{AB}-U_{CD}=U_i-I_zR_1-I_zR_2=U_i-2I_zR \quad (5-10)$$

式(5-10)表明:当输入电压大于稳压管的稳定电压时,比较环节的输出电压随输入电压的增大而增大。而且,当 $U_i=2U_z$ 时,$I_zR=U_z$,$U_0=U_i-2I_zR=U_i-2U_z=0$。比较环节输出电压曲线如图 5-24(b)的曲线 1 所示,比较环节输出电压曲线(曲线 1)从上升到下降的拐点为 $U_i=U_z$ 时。

实际的比较环节输出电阻一般不为零,$R_0 \neq 0$,$I_0 \neq 0$。比较环节输出电压曲线从上升到下降的拐点已经不是 $U_i=U_z$ 的时刻。因为 $U_i=U_z$ 时,由于 $I_0 \neq 0$,$U_{AB}=I_0R_1 \neq 0$,$U_{CD}=I_0R_2 \neq 0$,稳压管 V_{Z1} 和 V_{Z2} 的端电压 U_{BD} 和 U_{AC} 都小于反向击穿电压 U_z,即两个稳压管都工作在反向截止状态。只有 $U_i>U_z$ 达到某一数值时,两个稳压管才可能工作在反向击穿状态,比较环节输出电压曲线才可能出现拐点。可以证明,满足拐点的条件为比较环节输入电压为:

$$U_i=U_z(R_0+R)/(R_0+2R)>U_z \quad (5-11)$$

根据式(5-11),可以绘制出比较环节输出电阻不为零的输出电压曲线,如图 5-24(b)的曲线 2 所示。实际晶闸管自励恒压装置的比较环节就是以式(5-11)计算的拐点作为发电机额定电压 U_N 的基准值的。

稳压管比较环节实际可理解为是发电机端电压给定值的设置环节,也就是说,发电机的给定值是一个变化量。如果以稳压管的稳定电压作为一个基准值,曲线 1 说明:当发电机实际电压小于这个基准值时,比较环节的输出电压(发电机端电压的给定值)随输入电压的增大而增大,这将为发电机励磁系统的自励起压提供正反馈特性。只要同步发电机铁芯磁路存在剩磁,在发电机组起动后发电机电枢绕组感应剩磁电压,经检测环节的检测,比较环节的输入端有电压,其输出端即可输出一定的电压信号,就可通过控制晶闸管向发电机的励磁绕组提供一定的励磁电流,于是发电机的端电压得到增强,端电压进一步升高。当发电机实际电压升高到大于基准值时,如果发电机的电压继续上升,经检测环节的检测,比较环节输出电压随着输入电压的增加而减小,通过控制晶闸管向发电机的励磁绕组提供的励磁电流减小,励磁特性呈现负反馈的特性,相当于发电机磁路饱和所对应的特性,从而使发电机输出电压维持恒定。

晶闸管自励恒压装置的主要特点:静态性能好,调压精度高,但动态特性差。这是因为这种类型的调压器是在发电机端电压出现偏差后才进行调节的,很难及时迅速地抑制电压偏差的增大。但因其结构简单,体积小,价格便宜,在小型船舶发电机得到广泛应用。

5.7 无刷发电机励磁系统

一般作为提供船舶电源的同步发电机都是转极式结构,定子为三相电枢绕组,励磁绕组在转子上。同步发电机工作时,转子的励磁电流是通过电刷和滑环引进发电机励磁绕组的。由于电刷的磨损,增加了维护和保养工作,磨损产生的碳粉又会导致发电机绝缘下降,产生的电火花不仅会影响无线电通信,在油轮上使用更是极为危险。在自励恒压同步励磁系统中,发电机的励磁电流全部由晶闸管(或二极管)供给,而晶闸管(或二极管)是静止的故称为静止励磁。在静止励磁系统中要经过滑环才能向旋转的发电机转子提供励磁电流。滑环是一种转动接触元件。随着发电机容量的快速增大,巨型机组的出现,转子电流大大增加(3000～5000 A),转子滑环中通过如此大的电流,滑环的数量就要增加很多。为了防止机组运行当中个别滑环过热,每个滑环必须分担同样大小的电流。为了提高励磁系统的可靠性而取消滑环这一薄弱环节,使整个励磁系统都无转动接触的元件,就产生了交流无刷同步发电机。

5.7.1 无刷同步发电机

无刷同步发电机实际上是由两台同轴运行的同步发电机组成,一台为转极式结构,一台为转枢式结构。转极式结构的发电机作为主发电,定子为三相电枢绕组,转子为直流励磁绕组,在转子励磁绕组通入直流励磁电流,其定子的三相电枢绕组就可向电网输出三相交流电压。转枢式结构的发电机则作为主发电的励磁机,其定子为直流励磁绕组。同样在定子励磁绕组中通入直流电流,其转子三相电枢绕组将感应三相交流电势,产生三相交流电压。若在转子设置整流器,将励磁发电机转子电枢绕组感应三相交流电压整流为直流电,励磁发电机就可为主发电机转子励磁绕组提供直流励磁电流。

如图 5-25 所示的为无刷同步发电机组单线电气原理框图,点划线框内为主发电机与励磁机构成的无刷同步发电机组,两个双点划线框分别是整个机组的定子部分和转子部分,两个虚线框则分别表示主发电机和励磁发电机的部分。无刷励磁系统吸取了各种励磁系统的优点,应用较普遍,许多船舶都采用这种系统。其主要优点概括如下:

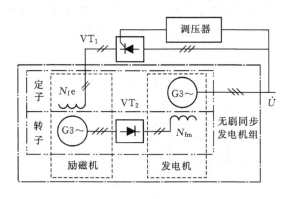

图 5-25 无刷同步发电机

（1）无刷运行时无火花，对保证发电机的绝缘电阻、防止对无线电干扰均有利。

（2）励磁机的励磁采用相复励系统，有较好的强励能力（短路时也有），结构简单，工作可靠。

（3）自动电压调整器用晶闸管在励磁的交流侧分流，反应速度快，有一定强励能力，体积小，重量轻，结构精巧。

（4）自动电压调整器的放大倍数大，并具有 PID（比例、积分、微分）调节器的调节作用，可以克服交流励磁机时间常数大的影响，因此静态电压变化率在 1‰ 以内，动态性能也比较好。

（5）采用差动电流互感器可使并联运行时无功功率分配误差在 2.5% 以内，在运行过程中只需整定发电机的空载电压为额定值，无需在负载时再对励磁进行人工调整。

5.7.2 无刷励磁系统

无刷励磁系统原理结构如图 5-26 所示。

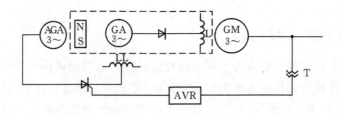

图 5-26 无刷励磁系统

副励磁机 AGA 是一个永磁式中频发电机，其永磁部分画在旋转部分的虚线框内。为实现无刷励磁，主励磁机 GA 与一般的同步发电机的工作原理基本相同，只是电枢是旋转的，其静止的励磁绕组 LL 由副励磁机提供电流进行励磁。主同步发电机 GM 电枢绕组是静止的，其励磁绕组 L 是旋转的。主励磁机的静止励磁绕组是由自动励磁调节器 AVR 对励磁机输出的电流实行控制，以维持主发电机端电压保持恒定。

在无刷励磁系统中，考虑到励磁机励磁绕组 L 的时间常数较大，其响应速度较慢。为了提高响应速度可以采用旋转晶闸管，如图 5-27 所示。旋转晶闸管的无刷励磁系统就是将晶闸管整流桥装设旋转部分，代替旋转部件中的二极管整流桥。由中频永磁式副励磁机

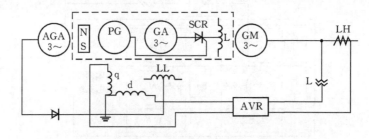

图 5-27 旋转晶闸管的无刷励磁系统

AGA 提供励磁电流给交流主励磁机 GA 的直流励磁绕组 LL。晶闸管的触发脉冲由同轴旋转的触发脉冲发生器 PG 供给。PG 也是一个由多相绕组组成的电枢,它的磁场由 d、q 两个互相垂直的绕组的磁场合成,因此当 d、q 磁场的大小发生变化时,PG 的合成磁场(相对 LL 磁场)就在进行不同角度的转变,转变的角度范围为 90°。这样就使得 PG 的触发脉冲与主励磁机 GA 各相交流电压之间,产生不同的相角变化,从而控制主励磁机 GA 送至发电机转子绕组 L 的励磁电流的大小,以达到维持主发电机 GM 端电压恒定的目的。

旋转晶闸管的无刷励磁系统,不必考虑主励磁机励磁绕组 L 时间常数的影响,所以其响应速度比普通无刷同步发电机快,其自动励磁调节器的输出与其他励磁系统不同,显得较为复杂一些,但并不难实现。总的来说,其优点是革除了滑环和碳刷等转动接触部分。其缺点是在监视与维修上有其不方便之处。由于与转子回路直接连接的元件都是旋转的,因而转子回路的电压电流都不能用普通的直流电压表、直流电流表直接进行监视,转子绕组的绝缘情况也不便监视,二极管与晶闸管的运行状况,接线是否脱开,熔丝是否熔断等等都不便监视。因而在运行维护上不太方便。但随着科技的发展,监视问题正在得到逐步解决。

应该说明的是,同步发电机励磁装置的形式有很多,除了相复励装置、晶闸管励磁装置、无刷同步发电机外,还有三次谐波励磁装置等其他形式,有兴趣的读者可自行参考有关书籍学习。

5.8 并联运行发电机组的无功功率分配

如果并联运行的发电机组的无功电流不按各自的容量比例分配,就会造成部分机组的电流偏大,部分机组的电流偏小,这不但会使机组总的定子铜损耗增加,效率降低,而且还会影响发电机组并联运行的稳定性。因此,机组并联运行时无功功率应合理地进行分配。我国相关规范规定:"并联运行的交流发电机组,当负载在总额定功率的 20%~100% 范围内变化时,应能稳定运行,其功率分配的误差应符合下列要求:各发电机实际承担的无功功率与按发电机额定功率分配比例的计算值之差,应不超过最大发电机额定无功功率的 ±10%"。

5.8.1 无功功率分配基本原理

当两台并联运行的发电机频率、相位相等,而电压不相等时,在两台机组的电枢绕组之间将出现无功环流,环流的结果是使电压较高的发电机输出无功功率增大,而电压较低的发电机输出的无功功率减少。由此可见,当同步发电机并联运行时,通过改变发电机励磁电流,可调节电枢感应电势,从而调整无功输出、实现无功功率转移。

发电机单机运行时,可从其端电压判断其感应电势的高低,并联运行时电网的电压只有一个,要判断发电机输出无功功率的大小则可通过其输出电流的大小和功率因数的高低进行判断。由交流电的基础知识可知,调节发电机励磁电流使其电枢感应电势改变,发电机输入的有功功率不变,而输出的无功功率增加主要反映在其输出电流和功率因数的改变。输出无功功率大的发电机,其输出电流大,在输出有功功率相等的情况下,其功率因数低。反之输出无功功率小,则输出电流小,功率因数高。因此,实际并联运行发电机无功功率转移可根据功率因数高低进行。

然而船舶电站输出总无功功率取决于船舶负载消耗的无功功率,船舶总无功负载增大,发电机电枢反应去磁作用增加,电网电压下降。反之无功负载减小,则电网电压上升。因此,调节并联运行发电机组无功分配时,为了保证无功功率转移时电网电压不变,必须同时调节并联运行两台发电机的励磁电流,具体调节方法是将功率因数低、无功负担重的发电机励磁电流减小的同时,将功率因数高、无功负担轻的发电机励磁电流增大。这样就可使两台发电机功率因数趋于一致,实现两台并联运行发电机输出无功功率按容量比例分配。

保持发电机端电压恒定我们采用的是各种调压器(相复励、晶闸管等恒压装置),实现无功功率按容量比例分配同样是由调压器来完成。因此两台发电机之间的无功功率的分配与两台发电机调压器的自动励磁调压特性有关。发电机调压器的特性是指发电机输出的无功电流(或无功功率)与端电压之间的关系,与发电机调节输出有功功率的调速器相似,调压器的特性也有无差特性和有差特性,如图5-28(a)所示。

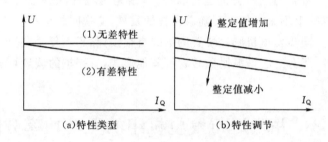

(a)特性类型　　　　　　(b)特性调节

图5-28　发电机调压器特性

改变调压器的发电机额定电压(或励磁电流)整定值的大小可以使调压器的特性上下平移,如图5-28(b)所示。并联运行的发电机,对调压器特性的要求与对调速器特性的要求相似,无差特性会影响并联运行发电机的稳定运行,因此对调压器特性的要求:①两台发电机的调压器特性都为有差特性,以保证并联运行的稳定性;②两台发电机的调压器有差特性的差尽量小,且尽量具有一致的斜率。

与调速器特性相同,如果并联运行的两台发电机的调压器特性斜率不一致,负载无功功率变化后,有差特性差大者承担的无功变化量较小,差小者承担的无功变化量较大;一台为有差特性另一台为无差特性,负载无功变化后,有差特性发电机承担的无功功率不变,无差特性发电机承担所有无功功率的变化量。只有两台发电机调速器特性斜率一致,才能保证电网无功功率变化时两台发电机输出无功功率尽量按容量比例分配。但实际的调压器特性很难做到一致性,因此实际并联运行时,无功负载的变化会使无功分配不均匀。因此,实际还应针对不同的励磁恒压装置,采取不同的措施,首先保证并联运行发电机随电网无功功率的变化自动稳定运行,然后保证无功功率按容量比例分配。

5.8.2　不可控相复励调压器与均压线

采用不可控相复励调压器的发电机,静态调压精度较差,也就是说调压器都为有差特性。且由于不可控相复励调压器采用的电磁元器件,磁路存在饱和等非线性因素,因此调压器的特性一般都是非线性的特性。所以说,采用不可控相复励调压器的发电机,若不采取其他措施,发电机并联运行时输出的无功功率一般不能平均或按容量比例分配。

为了解决并联运行发电机随电网无功功率的变化自动稳定运行问题,对于不可控相复励的调压器,一般采用均压连接的方法。所谓均压连接,就是将并联运行发电机的励磁电源用被称为均压线的导线进行连接,使并联运行发电机的励磁电源的电压完全相等,以保证调压器调节时励磁电流按相同规律变化,从而保证并联运行发电机输出的无功功率在各种无功负载时,基本能够平均或按容量比例进行分配。

对于同型号同容量的同步发电机,电机的各种电磁参数基本一致,只要励磁的直流电源电压相等,它们的励磁电流就基本相等,发电机端电压也就基本相等,输出的无功功率的分配也就基本稳定。若励磁电源直流电压相等,即使因励磁电流存在微小的差别,导致输出无功功率分配也存在微小差别,在电网无功功率发生变化时,励磁电流仍能维持基本不变,无功功率的分配也能够实现基本平均分配。对于不同型号或不同容量的同步发电机,由于电机的各种电磁参数相差太大,励磁电源的直流电压本身就不相等。因此,采用均压线连接的方式与同型号同容量同步发电机均压线连接方式不同。下面分别介绍这两种均压线的电路。

如图5-29所示为同型号同容量的同步发电机采用的均压线,由于均压线连接的是两台发电机直流励磁电源,因此称为直流均压线。而同步发电机的直流励磁电源在转子,直流均压线又称为转子均压线。发电机主开关DW(断路器)的主触头闭合,DW的常开辅触头也同时闭合,接通接触器KM的线圈,接触器的常开触头将发电机励磁绕组与均压线连接。如果同步发电机并联运行,则两台发电机的励磁绕组都与均压线连接,并联运行的两台发电机即可实现无功功率平均分配。

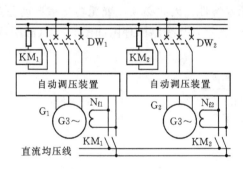

图5-29 直流均压线

如图5-30所示为不同型号或不同容量的同步发电机采用的均压线。由于两机不同型号或不同容量,励磁绕组要求的正常直流励磁电压不同,移相电抗器大小也不一定一样,但自动调压器相复励输入空载分量相同。因此,并联运行时采用均压线通过电阻将两个调压器空载分量输入端连接。调节三相电阻器的阻值,可实现两台发电机输出的无功功率按各自容量比较进行分配。电网无功功率发生变化时,由于两台发电机复励磁分量检测的电流也是按容量比例事先调整好的,因此基本上可实现并联运行的两台发电机按各自的容量比例进行分配。不同型号或不同容量的同步发电机并联运行采用的均压线连接的两端都为交流电压,因此这种均压线被称为交流均压线,又由于与均压线两端连接的是相复励恒压装置

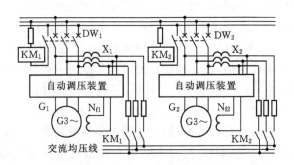

图 5-30 交流均压线

的移相电抗器,交流均压线又称为移相电抗器均压线。

综上所述,对于相复励调压的同步发电机,采用均压线可以保证同步发电机并联运行时无功功率分配的稳定且按容量比例分配,其原理是均压线可在发电机运行时,保证各自的直流励磁电流按比例进行调节。同型号同容量的同步发电机,由于容量相等,励磁电流变化程度相同,可采用直流均压线。不同型号或不同容量的同步发电机则采用交流均压线。

5.8.3 晶闸管调压器与调差装置

对于采用晶闸管恒压励磁装置作为调压器的同步发电机,其静态调压精度很高,一般可实现按无差特性进行调节。单机运行时,无差特性不仅可以稳定运行,而且还可实现高精度调压,这是恒压励磁装置所要求的特性。但并联运行时无差特性会影响并联运行的稳定性,即并联运行时不能采用无差特性。因此必须设置无功功率自动分配装置(又称为调差装置、电流稳定线路、环流补偿装置等),其线路原理图如图 5-31(a)所示。

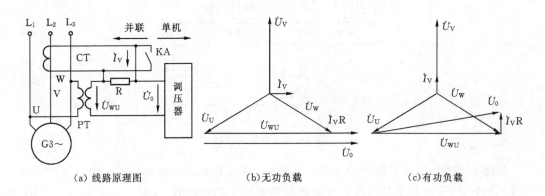

图 5-31 调差装置

在图 5-31(a)中,调差装置由电流互感器 CT、电压互感器 PT 和调差电阻 R(比调压器输入电阻小很多)组成。当发电机单机运行时,中间继电器的常开触头 KA 闭合,电流互感器 CT 副边绕组被短路,不起作用,调差装置输出电压为 U_0,作为调压器的输入电压为 WC 相的线电压。经过调压器的调节,发电机的线电压可以实现无差调节,使发电机的线电压

U_{wc} 等于额定线电压。若发电机并联运行,中间继电器的常开触头 KA 断开,电流互感器起作用,在电阻 R 上产生压降 $\dot{U}_R=\dot{I}_V R$。调压器的输入电压 $\dot{U}_0=\dot{U}_{wc+}+\dot{U}_R$。

如果发电机输出的是无功负载,由图 5-31(b)所示的相量图可见,调压器的输入电压 $\dot{U}_0=\dot{U}_{wc}+\dot{U}_R$ 增加,经过调压器的无差调节,最终 U_0 对应值等于额定线电压。而实际发电机的线电压则为:$\dot{U}_{wc}=\dot{U}_0-\dot{U}_R$,从而实现有差调节,保证并联运行时调压器必须为有差特性才能稳定运行的要求。应该说明的是,若发电机输出为纯有功电流,由图 5-31(c)所示的相量图可见,调压器的输入电压 $\dot{U}_0=\dot{U}_{wc}+\dot{U}_R$ 增加很少,可近似认为 $U_0\approx U_{wc}$。也就是说有差调节只对无功电流起作用,对有功电流则不起作用。因此调压器的输入电压值可近似认为:

$$U_0\approx U_{wc}+I_V\times\sin\varphi\times R \qquad (5-12)$$

式中,φ 为发电机的功率因数角。通过调整 R 的数值,可以调节调压器调压特性的斜率。只要仔细调节,完全可以将并联运行的两台发电机调压器特性调节到有差且差很小,并且调压器特性的斜率一样,从而既满足并联运行的稳定性,又满足所要求的静态精度,还满足无功功率按各自容量比例进行分配的要求。

由式(5-12)还可说明调差装置实现无功功率按容量比例进行分配的原理。若并联运行的某台发电机输出无功电流偏大,则对应的调压器输入电压 U_0 增大,经过调压器的调节,其励磁电流减小,电枢感应的电势减小,输出无功电流的分量也减小。反之,若并联运行的某台发电机输出无功电流偏小,其励磁电流增大,输出无功电流的分量也增大,这样就可实现并联运行的发电机输出无功功率按容量比例进行调节。

5.8.4 差动电流互感器的无功功率自动分配装置

因为采用差动电流互感器进行并联机组间无功功率补偿的装置应用较多,故在此做专门介绍,其无功电流补偿线路如图 5-32 所示。

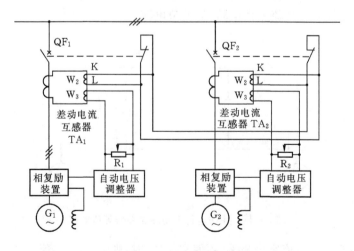

图 5-32 差动电流互感器的无功电流补偿装置原理图

图中发电机电流信号是通过差动电流互感器的次级绕组 W_3 加到环流补偿电阻 R_1（或 R_2）上的。差流互感器 TA_1 和 TA_2 的另一个次级绕组 W_2 间用导线相连，其接法是一绕组的始端与另一绕组的末端相接。

图中用主开关的常闭辅助触点保证差动电流互感器不影响单机的电压变化率，因为差动电流互感器的次级绕组 W_2 的输出被固定短接。在并联运行时，辅助触点打开，差动电流互感器的次级绕组 W_2 中就流过环流。此环流通过铁芯磁路影响各差动电流互感器的另一个次级绕组 W_3，使无功电流负担趋向平衡。

使用差动电流互感器补偿装置时，并联运行与单机运行的电压变化率几乎相同，达 $\pm 1\%$ 以内；而不使用差动电流互感器时，并联运行的电压变化率下降到 3.5%。

用差动电流互感器进行无功环流补偿的原理简述如下：

当单机运行时，其中一台发电机主开关断开，其常闭辅助触头是闭合的。把 TA_1 和 TA_2 的次级绕组 W_2 短路，接补偿电阻 R_1（或 R_2）的绕组 W_3 没有电流输出，该装置不起作用，自动电压调整器仅在电压偏差作用下进行电压调整。

当发电机并联运行时，主开关闭合，常闭触点打开，使差动电流互感器 TA_1 和 TA_2 的次级绕组 W_2 串联连接，故在 TA_1 和 TA_2 的次级绕组 W_3 中有两个电源供电，此两电源的电流与各发电机的同一相电流成正比，相位也与发电机电流相位相同。应用叠加原理可得如图 5-32 所示的等值电路。为便于分析，设 TA_1 和 TA_2 的所有绕组匝数相同，并忽略了互感器的磁化电流、漏抗及绕组电阻等因素的影响，可等效得到如图 5-33 所示的电路。则从图 5-33 可得

$$i_{R1} = \frac{1}{2}(i_1 - i_2)$$

$$i_{R2} = \frac{1}{2}(i_2 - i_1)$$

式中：i_1——TA_1 的次级电流；

i_2——TA_2 的次级电流；

i_{R1}——流过 R_1（G_1 环流补偿电阻）的差值电流；

i_{R2}——流过 R_2（G_2 环流补偿电阻）的差值电流。

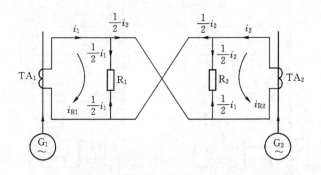

图 5-33 并联运行无功环流补偿等值电路

当两台发电机负载电流完全相等（幅值和相位）时，则 $i_1 = i_2$，差值电流 i_{R1} 和 i_{R2} 等于零，

差动无功环流补偿装置不起作用,发电机运行特性与单机工作时相近,此时两台发电机负担的无功电流完全相等。

当两台发电机的负载电流不等时,即 $i_1 \neq i_2$,这时差值电流 i_{R1} 和 i_{R2} 不等于零,它们的幅值相等,相位相反,在 R_1 和 R_2 上产生的压降为 U_{R1} 和 U_{R2} 相位也相反,幅值也相等,即 $|U_{R1}|=|U_{R2}|=U_R$。其作用参看图 5-31(a)中的 U_R。

复习与思考

1. 船舶电网变化对用电设备有什么影响?钢质海船入级规范对电力系统的电压调整率有何要求?
2. 发电机的稳态电压调整率和动态电压调整率的定义是什么?
3. 试述对自动电压调正器的基本要求。
4. 试述船舶同步发电机组自动电压调整器的基本作用原理。
5. 保证同步发电机自励起压的方法有几种?
6. 什么是同步发电机自励恒压装置?其主要作用有哪些?
7. 同步发电机自励恒压装置有哪些主要类型?各有什么特点?为什么?
8. 同步发电机是怎样实现自励起压的?为了保证自励起压可采取哪些措施?励磁自动调整的作用是什么?船舶上大多采用哪几种励磁装置?
9. 什么是相复励?试说明不可控相复励自励恒压装置的类型和自励恒压原理。
10. 什么叫相复励恒压同步发电机?
11. 晶闸管自励恒压装置属于什么类型?其主要组成有哪些?
12. 常见的可控相复励自励恒压装置有哪些具体线路?具体如何实现恒压?
13. 试用单线原理图说明电流叠加相复励装置的工作原理?
14. 移相电抗器的作用是什么?
15. 三绕组谐振式相复励恒压装置由哪些元件组成?其工作原理如何?起压电容为什么采用三角形接线方式?
16. 四绕组谐振式相复励恒压装置由哪些元件组成?它的工作原理是什么?
17. 电流叠加、电磁叠加的三绕组和四绕组相复励装置各有什么优缺点?
18. 不可控相复励调压器中移相电抗器有何作用?用电阻或电容代替是否可行?
19. 当负载电流大小或相位变化时,不可控相复励装置是如何实现补偿的?
20. 什么叫相复励恒压装置?可控相复励与不可控相复励的区别是什么?
21. 可控相复励自励恒压装置有哪几种形式?各自是如何实现调压的?
22. 晶闸管励磁装置的基本工作原理是什么?它主要由哪几部分组成?晶闸管恒压装置所使用的可控整流主电路有几种类型?各有什么优缺点?
23. 简述无刷励磁发电机的特点及其基本工作原理。
24. 无刷同步发电机的"无刷""同步"的含义是什么?
25. 为什么要发展同步发电机无刷励磁系统?无刷发电机可分为哪几种类型?
26. 并联运行的同步发电机之间无功功率应怎样分配?钢质海船入级与建造规范是怎样规定的?

27. 对于相复励装置可以采用哪几种线路来实现无功负载的合理分配？带自动电压调控器的同步发电机并联工作时，怎样实现无功功率的合理分配？

28. 不可控相复励装置在并联运行时为何要连接均压线？

29. 何为直流均压线？何为交流均压线？各用于什么场合？

30. 试述发电机定子绕组输出端均压连接方法实现同步发电机并联运行无功负载自动分配的原理。

31. 试述用电流稳定装置实现无功负载的分配原理。

32. 差动电流互感器进行无功环流补偿的原理是什么？

第6章 船舶电站的安全保护

船舶电站一般指发电机、主配电板、船舶电网。船舶电站的安全保护,主要包括船舶同步发电机的保护和船舶电网的保护等内容。

6.1 船舶电力系统保护的任务和作用

对船舶电站供电的基本要求:第一、要保证安全可靠地供电;第二、要保证电能质量;第三、要考虑经济运行。电站中各种保护装置,主要是为了实现第一项基本任务而设置的。在发电机运行中可能会出现各种不正常运行状态和故障,不正常运行状态主要有过载、欠压、过压、欠频、过频、逆功率以及三相三线制中性点绝缘系统发生的单相接地等。船舶电力系统中最常见以及最严重的故障就是各种形式的短路,有三相短路、两相短路、两相接地短路等。另外,还可能发生电机或变压器绕组匝间短路和线路的断线等故障。

上述不正常运行状态和故障发生后,往往会引起严重后果,例如:当发生短路故障时,负载被短接,短路电流很大,将产生很大的电动力和热效应,并使电压大大下降,可能造成重要设备的损坏或使供电中断,从而带来极大的损失。严重的短路故障若不及时切除,就有可能使并联运行的发电机失步,破坏并联运行的稳定性,使电站解列崩溃,扩大成为系统性事故,以致使整个电网失电而影响船舶安全。

因此在船舶电力系统的设计和运行中,都要采取切实有效的措施,尽量避免不正常运行状态和短路故障的发生。尽管如此,由于各种原因导致的不正常运行状态和故障仍会出现。因此,还必须有相应的措施来防止不正常运行状态的发展和限制故障的破坏作用,其中最有效的办法之一就是在船舶电力系统中装设保护装置。船舶电力系统保护的任务可归纳如下:

(1)当船舶电气设备发生故障或出现足以造成故障发生的现象时,安全保护装置应该自动地、迅速地、并有选择性地切除发生故障的电气设备,保证其他设备的正常安全运行。

(2)当船舶电气设备发生不正常运行情况时,安全保护装置应能够自动发出声光报警信号,告知值班人员及时进行处理,以防不正常运行情况扩大为故障或使故障范围扩大。

(3)对于直接影响船舶安全的重要设备,通常还要求安全保护装置能够自动起动备用设备投入运行,同时切除出现不正常的或故障的设备,并自动发出声光报警信号。

(4)配合各种自动控制装置,自动减少或消除不正常的运行情况。如检测到设备出现不正常的运行情况,发出相应的信号给自动控制装置,通过自动控制装置的调节与控制,减少或消除不正常的运行情况,提高设备运行的可靠性。

可见,船舶电力系统保护的作用就是监视电力系统运行状态,采取有效的保护措施,提高电力系统运行的安全可靠性。同时它也是船舶电站自动化的重要组成部分。

6.2 保护装置的基本要求

根据船舶电力系统保护的基本任务和作用,对动作于跳闸的继电保护,在技术上一般应满足四个基本要求:选择性、速动性、灵敏性、可靠性。即所谓"保护四性"。

6.2.1 选择性要求

选择性是指电力系统发生故障时,保护装置仅将故障元件切除,而使非故障元件仍能正常运行,以尽量缩小停电范围。选择性就是故障点在区内就动作,区外不动作。当主保护未动作时,由近后备或远后备切除故障,使停电面积最小。要满足选择性的要求,一般是通过电流与时间相结合的原则进行整定而实现的。时间原则是指各级断路器保护动作依时间顺序进行,越近发电机端设置保护时间越长。保护动作时间是指从保护监测到故障发生到做出保护动作的时间,断路器跳闸时间是断路器接到跳闸命令,到断路器跳开需要的时间,故障切除时间则是两者的和,即保护动作时间加断路器跳闸时间。电流原则是指各级断路器保护动作依电流值大小顺序进行,越近发电机端设置的保护电流越大。断路器保护动作电流值,即电力系统中某一点发生异常电流,当断路器检测到其超过保护动作电流值时,就跳闸断电。

如图6-1所示为船舶电力系统的部分电路,图中Q_F为发电机的主开关(框架式空气断路器ACB),$Q_1 \sim Q_4$为配电开关(装置式空气断路器MCB)。

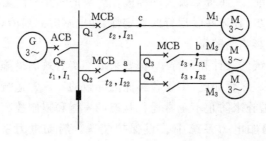

图6-1 保护的选择性

图6-1中各断路器的短路保护元件分为三个级别:发电机的主开关Q_F(框架式空气断路器ACB)为第一级,断路器Q_1和Q_2为第二级,断路器Q_3和Q_4则为第三级。各级保护元件的整定值都包括两个:动作电流和动作时间。动作电流与该线路的额定电流有关,而动作时间则根据不同的级进行整定。末级(图中第三级)Q_3和Q_4的动作时间最短,都为t_3;第二级Q_1和Q_2的动作时间比末级长为t_2(实际Q_2为向电动机M_1直接供电的配电开关,也可以用第三级的动作时间进行整定)。第一级(框架式空气断路器ACB)Q_F的动作时间t_1最长。

这样,若在电动机M_2的供电线路中,b点出现短路故障。Q_F、Q_2和Q_3三个断路器同时延时,但装置式空气断路器Q_3的动作时间最短,经过t_3延时后,Q_3动作,将M_2从电网中切除,实现短路保护。故障点切除后,通过 Q_F 和 Q_2 的电流恢复正常,停止延时,因而其他的断路器都不会动作,从而满足选择性的要求,若依电流原则设定,由于船舶输电线路短,各点短路电流都很大,有可能断路器 Q_3 不动作,而 Q_F 或 Q_2 其中一个动作,扩大故障范围。这样受到 b 点短路故障影响的范围最小,只有出现故障的电动机 M_2 支路被切除,其他支路和整个电网可继续正常运行。同样,若短路故障发生在 a 点,则装置式空气断路器 Q_2 则会动作,将 M_2 和 M_3 从电网中切除,M_1 及其他在网设备可继续正常运行。

6.2.2 快速性要求

快速性就是要求保护装置的动作时限应尽量短。迅速切除故障可减轻被保护设备的损坏程度、防止故障蔓延,并减少对非故障电路的影响,原因:第一、提高系统稳定性;第二、减少用户在低压下的动作时间;第三、减少故障元件的损坏程度,避免故障进一步扩大。

主要有以下两方面影响与时间密切相关。

1. 热效应方面

通过电气元件的短路电流产生的热量 Q 与短路电流 I_K 的平方和时间 t 成正比,即

$$Q = K I_K^2 t \tag{6-1}$$

式中:K——比例系数。

由此可见,短路切除得越快,产生的热量越小,设备越不易烧坏。

2. 对负荷的影响方面

短路对异步电动机的影响最明显,因异步电动机的转矩 M 和电压的平方成正比,即

$$M = K U^2 \tag{6-2}$$

式中:K——比例常数。

由上式可见,若电压 U 下降较大,则转矩 M 下降大,会使电动机停止运转。若短路故障很快被切除,非故障部分的电压可迅速恢复。因为电动机有一定的惯性,所以可使非故障部分的电动机仍然正常工作。若切除得慢,非故障部分的电动机也都会停下来,其中包括重要负载,这是很不利的。

一般快速保护动作时间为 $0.06\sim0.12$ s,最快的可达 $0.01\sim0.04$ s。

一般断路器的动作时间为 $0.06\sim0.15$ s,最快的可达 $0.02\sim0.06$ s。

采用不同的动作时间,可以较好地满足选择性要求,但保护元件的动作时间肯定存在一定的误差,为了消除延时时间的误差,可以加大两级之间动作时间的差,但时间延长太多又不能满足保护快速性的要求。假如,图 6-1 中 c 点出现短路故障,依照保护的时间原则,Q_1 的动作时间 t_1 最长;而此时短路电流非常大,将造成不可挽回的故障损失。综上所述,安全保护装置的整定值应该采取动作电流和动作时间相配合,从而既满足选择性要求又满足快速性要求,迅速准确地切除故障,减轻被保护设备的损坏程度,防止故障的蔓延,缩小破坏范围,减小对其他非故障部分的影响,保证其他设备正常安全运行。

6.2.3 灵敏性要求

灵敏性主要可从安全保护装置的检测元件灵敏度入手,提高检测元件的精度,确保保护

装置对其保护范围的故障或不正常状态的反应能力。从而及时发现故障及其隐患,及时切除故障,使故障对各种设备或系统的影响与破坏降低到最小程度。

灵敏性要求是指在规定的保护范围内,对故障情况的反应能力。满足灵敏性要求的保护装置应在区内故障时,不论短路点的位置与短路的类型如何,都能灵敏地正确反映出来。通常,灵敏性用灵敏系数来衡量,并表示为 Klm。

6.2.4 可靠性要求

安全保护装置的可靠性是指保护装置本身应可靠工作,对其所保护的范围之内的故障,不应出现拒绝动作的现象,而且在正常情况下或不属于其保护范围的故障,不应出现误动作的现象。否则,不该保护动作时误保护,保护装置本身就成为产生和扩大故障的根源。保护装置的可靠性主要取决于内在装置本身的质量,包括元件质量好坏、结构设计的合理性、制造工艺水平、内外接线简明程度、触点多少等;外在的保护方式的选择,运行管理,整定计算和调试,安装、维护和检修质量等。

从对保护装置的上述基本要求中可以看出,这四个方面是互相联系、互相制约的。例如:若快速性很高,则选择性就要差些,反之亦然。若可靠性很高,则灵敏性就要差些,反之亦然。在应用中对于具体问题需结合实际,具体分析和解决,例如,对于过载保护,主要是考虑它的可靠性,并不要求它的快速性;而对于短路保护,则要尽量考虑它的快速性。

6.3 船舶发电机的外部短路、过载、欠压和逆功率保护

船舶同步发电机是船舶电站的最重要组成部分,它是保证船舶安全航行的重要设备。因此,必须设置必要的继电保护装置。根据我国《钢质海船入级规范》规定,船舶同步发电机组主要设置外部短路保护、过载保护、欠压保护和逆功率保护等。这些保护通常可由专门的"综合保护装置"或作为发电机主开关用的空气断路器中的"过流脱扣器""失压脱扣器"和"逆功率继电器"等元器件来实现。

6.3.1 发电机的外部短路保护

船舶同步发电机,其电压大多在 500 V 以下(有时为了区别,又称为低压同步发电机),且有定期的绝缘检查和日常维护,实践证明,发电机发生内部短路故障的概率相当小,故一般不考虑装设专门的发电机内部保护装置。也就是说,船舶同步发电机短路保护通常只考虑外部短路保护。而且,从发电机的端部引到主配电板的这段电缆,通常采用穿管密封敷设,因此一般也不专门对这段线路进行短路保护。也就是说,发电机的外部短路保护通常仅指发电机主开关以外的短路保护。

发电机的外部短路将产生巨大的短路电流,对电力系统设备有巨大的破坏作用,电网电压急剧下降,会使电动机停转,甚至发电机跳闸,引起全船失电。发电机的外部短路保护,保护对象是船舶发电机。在发电机发生外部短路时,及时切断短路部分线路,从而保证发电机的安全。然而船舶发电机是船舶电网的主要电源,但是发电机外部短路可能是船舶电网末端出现的短路造成的,如果任何短路出现,都断开发电机的主开关,则将造成全船的停电,这

样既不利于船舶的安全运行,也是没有必要的。因此发电机外部短路保护的总体原则是既要保护发电机,又要尽可能不中断供电。也就是说,电网末端的短路,由于线路压降原因,短路电流相对较小,应该由电网的短路保护元件实现短路保护。在末端短路故障发生时,仅切断故障部分线路,保证其他无故障的电网的正常安全运行。只有在靠近发电机部分的电网出现短路时,才使发电机主开关跳闸,切断发电机与短路部分的电气连接,保护发电机的安全。

为兼顾保护的快速性和选择性,通常采用时间原则和电流原则相结合的方法。即通过电流大小区分短路发生的远近,通过动作时间的长短错开保护的先后。短路整定值对末端保护元件,电流整定值小,动作时间短;对发电机主开关的保护元件,电流整定值大,动作时间长。我国相关规范规定:对于船舶发电机的外部短路保护,一般应设有短路短延时和短路瞬间动作保护。短路短延时保护的动作电流整定为发电机额定电流的3~5倍,动作时限整定为0.2~0.6 s,作用于发电机主开关;短路瞬时保护的动作电流整定为发电机额定电流的5~10倍,瞬时动作于发电机主开关。因此,在船舶发电机的外部短路保护装置中,一般设有两套电流保护装置,根据短路电流的大小,实行短延时或瞬时动作保护。船舶发电机的外部短路保护主要由框架式自动空气断路器中的过流脱扣器承担。

6.3.2 发电机的过载保护

同步发电机的过载,主要是指发电机的输出功率或输出电流超过了额定值。过载的原因是发电机的容量不能满足负载的需要或并联运行的发电机组负载分配不均匀。船舶发电机的长期过载,会使发电机过热,引起其绝缘损坏或老化,并会影响原动机的使用寿命。

作为船舶电网主要电源的船舶发电机,担负着向各种用电设备供电的任务,而船舶电力负载中,异步电动机所占比例很大,异步电动机起动时,起动电流通常为其额定电流的5~8倍。因此容量大的电动机起动时,往往会造成发电机的短时过载。发电机短时过载对发电机的影响一般较小,通常船舶同步发电机允许短时出现过载。一般在滞后功率因数为0.5的条件下,船舶同步发电机可承受150%额定电流约2 min左右,且可基本保持额定电压。随着起动电动机的加速,异步电动机的起动电流逐渐减小,发电机的短时过载也就逐渐消失。一般由于异步电动机起动造成的短时过载持续时间大多数都在10 s以下。因此船舶同步发电机的过载保护,一方面要保护发电机不受损害,另一方面要能避开允许的短暂过载,尽量确保不中断供电。

我国《钢质海船入级规范》规定:对于无自动分级卸载的发电机过载保护,当过载达到125%~135%额定值时,过载保护装置延时15~20 s动作,使发电机自动跳闸。对有自动分级卸载装置的发电机过载保护,当过载达110%~120%额定值时,自动分级卸载装置延时15~20 s动作,自动卸去部分次要负载;当过载达150%额定值时,过载保护装置延时15~20 s动作,使发电机自动跳闸。与短路保护一样,船舶同步发电机的过载保护也是由框架式自动空气开关中的过流脱扣器或综合保护装置中的过流继电器来实现,只是其动作整定值有所不同而已。

所谓自动分级卸载装置,是船舶电站综合保护装置之一,它实际上可看成是发电机过载保护的一种装置。如图6-2所示为某轮自动分级卸载装置的原理框图。图6-2中,信号变

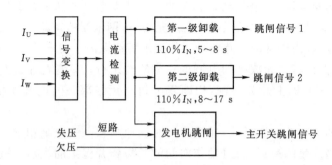

图 6-2 自动分级卸载装置原理框图

换电路对船舶电站向负载输出的三相电流 I_U、I_V 和 I_W 进行检测,然后分别送给第一级卸载电路、第二级卸载电路和发电机跳闸电路。当输出电流(或功率)达到110%额定值时,第一级卸载电路开始延时,延时 5~8 s 后,若过载现象仍未消失,第一级卸载电路输出跳闸信号1,作用到相对最次要的一组负载(又称为第一级负载)的配电断路器上的失压脱扣器线圈,断开相对最次要的一组负载的电源,保证船舶电站向重要负载的供电。

为了最大限度地保证供电的连续性,船用发电机广泛采用自动分级卸载保护装置。发电机一旦发生过载现象,自动保护装置将次要负载逐级卸去,同时发出报警信号,如到了允许的时限,仍不能消除过载现象,保护装置则应动作,发出发电机过载跳闸的指令。

一级负载卸载后,一般输出电流(或功率)会减少,若过载现象消失,则自动分级卸载装置的第二级卸载电路停止延时,整个卸载装置继续对电网进行正常监视。若过载现象仍然存在,则第二级卸载电路继续延时,延时 8~17 s 后,第二级卸载电路输出跳闸信号2,作用到相对次要的另一组负载(又称为第二级负载)的配电断路器上的失压脱扣器线圈,断开第二级负载电源,保证船舶电站向重要负载的供电。二级卸载后,若过载现象仍然存在,则发电机跳闸电路直接输出主开关跳闸信号,作用到发电机的自动空气断路器自由脱扣器,发电机主开关跳闸,实现过载保护。

6.3.3 发电机的欠压保护

自动恒压装置故障或其他原因都可能使发电机输出电压偏低,过低的电压将使电机或其他利用电磁感应原理工作的电器的工作电流增大,从而使这些电机或电器的铜损耗增加,发热增加,温升增大。这不仅加速影响这些电机或电器的使用寿命,还会增加发电机的负担。因此,应该对船舶同步发电机设置欠压保护。发电机欠压保护装置应在发电机电压低于一定值时,使发电机主开关不能合闸或脱离电网,发电机外部的短路必然会引起电压下降,故欠压保护可作为短路保护的后备。当电力系统中有大容量电机起动或突加较大负载时,也会引起电网电压的短暂跌落。这是正常现象,欠压保护装置应在数值或时间整定上避开这种情况。

我国《钢质海船入级规范》规定:对带时限的船舶同步发电机欠压保护,当发电机端电压低于其额定电压值的 7%~80% 时,延时 1.5~3 s 动作;对不带时限的同步发电机欠压保护,当发电机端电压低于其额定电压的 40%~75% 时,瞬时动作。欠压保护可由框架式自动空气开关中的失压脱扣器或综合保护装置中的失压继电器来承担。

图6-2所示的原理框图中,还包括发电机的其他保护,如发电机短路保护和发电机失压保护。当输出电流达到短路保护电流时,由信号变换电路检测的电流信号也同时送给发电机跳闸电路。图6-2中的失压/欠压信号则由电压变换电路进行检测,也送给发电机跳闸电路。在出现外部短路或失压/欠压故障时,发电机跳闸电路根据其内部相应的整定值和延时值的设定,发出发电机主开关跳闸信号作用到发电机的自动空气断路器自由脱扣器,实现跳闸。

6.3.4 发电机的逆功率保护

当同步发电机不是发出有功功率,而是从电网吸收有功功率时,称为同步发电机的逆功率运行。出现这种情况时,要求将处于电动机运行状态的发电机切除,这种保护叫逆功率保护。当发电机并车操作不当或并联运行机组中某一台发电机的原动机发生故障,都可能发生逆功率状态。此时,并联运行中的其他发电机有可能因为过载而跳闸,造成全船失电的危险。

前面介绍过,当同步发电机频率或相位不相等时进行并车,将产生有功环流,有功环流会使相位超前的发电机减速,使相位滞后的发电机加速。相位滞后的发电机加速就是吸收有功功率,也就是处于逆功率状态。因此发电机在并车时允许出现在一定范围内的短时逆功率,这样有助于发电机并车时拉入同步,因而此时的逆功率保护应不起作用。所以一般要求逆功率保护应具有一定的时限,最好具有反时限特性(逆功率越大,保护动作的时间越短;逆功率越小,保护动作的时间越长)。我国相关规范规定:并联运行的同步发电机应设有延时1~10 s动作的逆功率保护。逆功率整定值按原动机类型不同分别整定:原动机为柴油机时,发电机额定功率的8%~15%;原动机为涡轮机时,发电机额定功率的2%~6%。当供电电压下降至额定电压的50%时,逆功率保护不应失效,但其动作值可以有所改变。

6.4 船舶电网的保护

对船舶电网的保护主要是电网的短路和过载保护,此外正如本章第一节介绍,由于船舶电力系统的线制几乎都采用三相三线制中性点对地绝缘系统,而中性点对地绝缘系统出现单相接地时,虽然不会出现单相短路,也不会影响三相线间电压之间的对称关系,仍可继续供电。但出现单相接地现象时,非接地相将工作在线电压下容易造成绝缘损坏。一旦其他非接地相再有一点接地,立即构成相间短路。因此,除了对短路和过载有保护要求外,对电网绝缘进行监视也是船舶电网保护的重要任务之一。下面分别进行介绍。

6.4.1 船舶电网的短路与过载保护

船舶电网的短路保护要求具有良好的选择性,当发生短路故障时,仅允许切除有故障的线路部分,而非故障线路应保证能够继续正常运行。实际上发电机的外部短路也属于电网的短路,只不过电网短路保护的范围更广。船舶电网短路保护元件一般采用框架式空气断路器、装置式空气断路器和熔断器。框架式断路器主要用于发电机的短路保护,同时兼做汇流排(母线)的短路保护;熔断器主要用作电网的末级保护;装置式断路器则大量应用于各种配电装置中。

对船舶电网短路保护的要求仍然是快速、准确、灵敏和可靠,要满足快速、准确的要求,通常应通过对各级保护装置的动作整定值进行合理整定,整定必须按时间和电流相结合的原则进行,具体整定如上文对图6-1的介绍。按照时间原则:以各级保护装置的动作时间整定值的不同来实现选择性,整定的原则是各级开关或保护装置的整定值朝发电机的方向逐级增大。按照电流原则:以各级电流的整定值的不同来实现选择性,动作电流的整定值也应保证自负载向发电机的方向逐渐递增。

为了确保短路保护具有较好的选择性,通常在主配电板的汇流排至各电动机之间的保护级数不宜超过4级,至照明电路之间的保护级数不宜超过5级。

实际线路中,如前所述,从发电机至框架式自动空气断路器这段电路较短,故障的可能性不大,因此一般不设短路保护。而由主配电板至用电设备部分电路,可与用电设备共用一套保护装置,装在出线端。主配电板至分配电板(箱)可采用装置式自动空气开关或熔断器。

船舶电网大都采用枝状结线(辐射馈线式配电网络),馈线的截面积与发电机及用电设备的容量相配合。而且由于发电机和用电设备通常都设有过载保护,这些过载保护装置同时保护了电网,因此船舶电网一般不单独设置过载保护装置。这里需要注意的是,不单独设置并不是不需要设置,而是电网的过载保护由其他设备的保护装置同时实现过载保护。

须指出的是,根据我国相关规范要求,舵机电动机及其供电线路均不设过载保护,只设短路保护和过载报警装置。因为舵机电动机及其供电线路出现过载时,往往是船舶面临紧迫局面,此时为了船舶的安全,必须以大局为重。而且舵机电动机及其供电线路实际在设计与制造时已考虑到应急情况下的过载运行,因此舵机电动机及其供电线路不允许设置过载保护。

6.4.2 电网的绝缘监视

船舶电网一般采用三相三线绝缘制系统,电网中的任何一相接地,将造成另外两相对地均为线电压,严重危害人身、设备的安全,若再有一相接地,就会引起两相短路的故障。

船舶主配电板和应急电板的负载屏上都设有绝缘指示灯(又称为地气灯)和装置式兆欧表(也称配电板式兆欧表),绝缘指示灯和装置式兆欧表都是用来对船舶电网绝缘进行监视的器件。绝缘监视表下面有三个绝缘指示灯(俗称为"地气灯"),其原理如图6-3所示。绝缘指示灯下面有一按钮,按下该按钮,通过观察三个

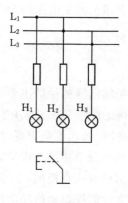

图6-3 地气灯

绝缘指示灯的状态可以判断动力电网三相的绝缘情况(若某相绝缘降低,则对应的绝缘指示灯变暗)。

装置式兆欧表与便携式兆欧表(又称摇表)不同,便携式兆欧表只能在断电的情况下测量线路的绝缘电阻,而装置式兆欧表却能带电测量线路的绝缘电阻。

装置式兆欧表的原理如图6-4所示。

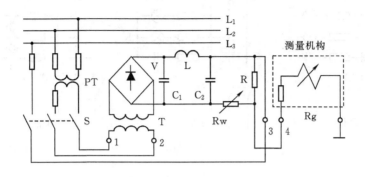

图6-4　装置式兆欧表

通过开关S,单相电压互感器PT向装置式兆欧表提供单相交流电源,再经过变压器T、桥式整流器V和由C_1、C_2及L构成的复合滤波器,在端子3和4两端得到直流电压源。直流电压源的3端通过开关S与电网L_3连接,4端则接到测量机构(表头)的一端,测量机构的另一端直接接地。电网的三相交流电源对于直流电压源相当于短路,因此任一相对地绝缘电阻下降,都会使测量机构流过的微小电流增加,通过指针的指示,测量机构即可指示出整个电网的绝缘电阻值,这就是装置式兆欧表测量船舶电网绝缘电阻值的原理。

如一相接地,表头指针偏转最大,绝缘电阻指示值为零。表头上可直接读出电网的绝缘电阻值,配电板兆欧表可以通过转换开关分别测量动力电网和照明电网的绝缘电阻值。相关规范要求动力电网的绝缘应大于2.0兆欧、照明电网的绝缘应大于1.0兆欧。

装置式兆欧表还可进行监视电阻值的设定,当电网绝缘电阻低于所设定的值时,装置式兆欧表即可将测量信号输出给报警装置进行报警,提醒管理人员及时查找造成绝缘下降的点,并及时进行排除,恢复电网的绝缘。

6.4.3　岸电接用的注意事项

船舶进行坞修时,柴油发电机组将失去冷却水的冷却,因此船舶进坞修理时,一般都要停止船上发电机组的工作。此时,通常从岸上引入三相交流电源向船舶电网进行供电。岸上的三相交流电源通过岸电箱进行连接,并引到船舶主配电板,然后再向全船用电设备进行分配。

岸电箱应安装在便于连接来自外部电源软电缆的场所,选择合适的外壳防护等级。岸电箱与主配电板间应以固定敷设的电缆进行连接,该电缆要有足够的电流、电压定额。当岸电或(和)船电系统为中性点接地的交流三相系统时,应将船体与岸电地相连接。利用船体作导电回路的船舶,在接岸电时,不能以陆地或海水作岸电回路,而应以绝缘的岸电连接线将船体与岸电网络的零点或接地的相线或接地的负极相连。岸电箱内应有连接此电缆的接线柱。

三相交流岸电箱上应有相序指示,以保证岸电相序与船电的相序一致,确保船舶各种设备能够正常工作。相序指示通常采用指示灯组成相序指示器,其接线方式有多种,如图6-5

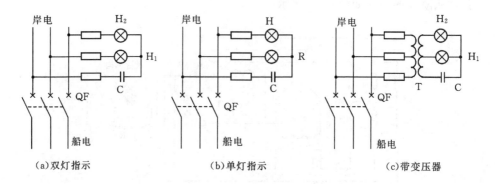

图 6-5 岸电指示灯

所示的相序指示器采用两个指示灯进行指示。图 6-5(a)为双指示灯的指示器,图 6-5(b) 和 6-5(c)分别为单指示灯的指示器和带变压器的双指示灯的指示器。

根据相量图分析,接上岸电后,两个连接指示灯(或一相接指示灯,另一相接电阻)中,亮的指示灯所接相比电容 C 所接相超前 120°,而暗的指示灯所接相则滞后电容 C 所接相。若图 6-5(a)和(c)中岸电与船电相序一致,指示灯 H_2 亮 H_1 灭;若相序相反,则指示灯 H_1 亮 H_2 灭。因此实际指示灯 H_2 为绿色或白色,H_1 一般为红色。实际使用时,观察绿(白)色指示灯亮,即可操作作为岸电开关的装置式自动空气断路器 QF,将岸电与船电进行连接并供电。图 6-5(b)只有一个指示灯 H,只要 H 亮,说明岸电与船电相序一致,即可接通岸电。

为把从岸上或其他外来电源接入船内,船上均设有岸电箱,能方便地与外来电源的电缆连接,岸电箱与主配电板之间,应设有足够容量的固定电缆。在主配电板上的岸电接线,应装有指示灯,以指示外来电源的电缆是否已经带电,一般还配有缺相或负序保护。交流电制船舶接岸电时,还应注意如下各项:

(1)检查岸电电力系统参数(电制、电压和频率)是否与本船电网参数一致。若电制、频率相同,仅电压不同,可通过调压器将岸电电压变换成与本船电压相等后,再接至船上电网。

(2)检查岸电相序与船上电网相序是否一致,如果相序不一致将会使船上电机反转。一般船上的岸电箱内均有相序指示灯或逆序(负序)继电器,当显示相序正确时才能接岸电。

(3)接通岸电后,不允许再起动船上主发电机或应急发电机合闸向电网供电,因此主配电板均设有与岸电的互锁保护,使两者不可能同时合闸。

(4)若岸电为三相四线制时,应将船体与岸上接地装置相连,然后再接岸电。

6.4.4 逆功率继电器的作用和接线方式

前面介绍发电机保护时曾经说过,发电机逆功率的保护元件是逆功率继电器,它是一个检测有功功率及其方向的元件,不但反映有功功率的大小,而且还反映有功功率的方向。当同步发电机出现逆功率并达到动作值时,逆功率继电器动作,将该发电机从电网上切除。常用的逆功率继电器有感应式、整流式、晶体管式等几种。

我国船舶早期交流电站大多采用 GG-21 型感应式逆功率继电器,其结构原理图如图 6-6(a)所示。它的结构原理与感应式电能表相似,有上下两个铁芯。上铁芯套有电流绕组

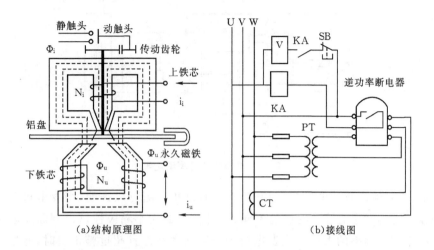

图 6-6 感应式功率继电器

N_i，输入反映发电机电流的信号 i_i；下铁芯则套有电压绕组 N_u，输入反映发电机电压的信号 i_u。工作时 i_i 和 i_u 分别通过 N_i 和 N_u 产生磁通 Φ_i 和 Φ_u，并穿过上下铁芯之间的铝盘。铝盘感应电势，感生电流，与 Φ_i 和 Φ_u 相互作用产生转矩。发电机输出有功功率时，铝盘转动并通过传动轴带动动触头向运离静触头的方向旋转，动触头转到一定位置时被一止挡块挡住，不再转动，继电器不动作。而当发电机逆功率时，铝盘反向转动，带动动触头向靠近静触头的方向旋转，使动静触头闭合，逆功率继电器动作，通常是通过空气断路器的失压脱扣器使发电机跳闸。图 6-6(b)所示为 GG-21 型逆功率继电器的接线图，当逆功率继电器动作后，中间继电器 KA 线圈有电，其常开触头闭合，接通断路器的失压脱扣器线圈。GG-21 型逆功率继电器必须按一定规律接线，要求其电压和电流线圈的极性一定要正确，通常分别接 U_{WV} 和 I_W，如图 6-6(b)所示。也可接 U_{VU} 和 I_V，或接 U_{UW} 和 I_U。这种接线方法称为 30°接线法，即使电压线圈所加电压滞后于发电机有功电流 30°的接线法。只有这样接线才能保证当发电机输出有功功率时，发电机的有功电流超前电压线圈中的电流 90°；逆功率时，电压线圈电流超前电流线圈有功电流 90°，实现逆功率保护。在试验检查接线中，当发电机输出有功功率时，圆盘往顺时针方向旋转，动触头逼近止挡块，说明接线正确。

GG-21 型感应式逆功率动作值的大小，可通过改变电流线圈的匝数来实现。调整止挡块的位置，可以改变动触头的行程，以整定延时的时长。时长一般可在 2、3、5、7、9、12 s 内整定。感应式逆功率继电器属于老式的逆功率继电器，体积较大，精度较低，延时时间不准确，目前已趋于淘汰。

整流式逆功率继电器由电压形成回路、整流滤波电路、检测回路、执行环节等组成，如图 6-7 所示，其中，电压形成回路采用两个三相绕组变压器产生两个电压信号 u_1 和 u_2；整流滤波电路主要由两个桥式整流器 V_1 和 V_2 组成(图中滤波元件未画出)；起动电路由检测回路、执行环节等组成。两个三相绕组变压器，分别产生两个电压信号 u_1 和 u_2，u_1 为发电机电压信号移相 90°后与发电机输出电流信号的相加，u_2 为发电机电压信号移相 90°后与发电机输出电流信号的相减。然后经过两个桥式整流器 V_1 和 V_2 分别进行整流，最后将两个整流信

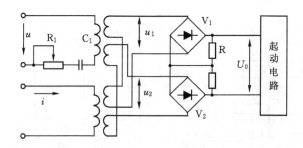

图 6-7 整流式逆功率继电器

号进行叠加,得到输出直流电压输出信号 U_0。通过相量图可以证明,当发电机分别输出有功功率和输入有功功率时,U_0 的极性不同。根据 U_0 的大小和极性可以判断发电机是否处于逆功率状态和逆功率的大小。当发电机处于逆功率状态且超过整定值时,通过起动电路即可发出逆功率保护的动作信号。晶体管式逆功率继电器也是由电压形成回路、整流滤波电路、检测回路、执行环节等组成,所不同的是执行环节而已。

 复习与思考

1. 继电保护装置的任务是什么?
2. 继电保护装置的基本要求是什么?
3. 对船舶电站安全保护装置的基本要求是什么?
4. 船舶发电机有哪些保护?为什么?各保护由什么元器件实现?
5. 船舶发电机外部短路保护有哪些要求?为什么?保护整定值的整定原则是什么?
6. 对发电机保护的总体原则和具体原则各是什么?为什么?
7. 怎样选择开关电器才能满足船舶电闸短路保护关于选择性的要求。
8. 什么是同步发电机的过载?同步发电机如何实现过载保护?整定值如何选择?
9. 自动分级卸载装置有哪几类?
10. 什么是同步发电机的欠压运行?欠压运行会造成什么不良后果?
11. 发电机的欠压保护各在什么情况下动作?其动作值是怎样整定的?
12. 什么是同步发电机的逆功率?为什么不能出现逆功率?造成逆功率的原因有哪些?
13. 发电机的逆功率保护在什么情况下动作?其动作值是怎样整定的?
14. 感应式逆功率继电器的结构如何?一般如何进行接线?
15. 简述逆功率继电器的工作原理。在接线时为什么要采用 30°接线法?
16. 船舶电网有哪些保护?为什么船舶电网不单独设置过载保护?
17. 船舶电网的短路保护总体原则和具体原则各是什么?为什么?
18. 实现船舶电网短路保护的元件有哪些?这些元件各在什么场合使用?
19. 船舶电网的短路保护有什么规定?为什么?
20. 如何对船舶电网的接地情况进行监视?
21. 为什么要监视船舶电网的绝缘状态?采用什么元器件监视绝缘状态?

22. 船舶电力系统在运行中,可能出现的不正常运行状态和故障情况有哪些?
23. 单相接地监视和绝缘检测的方法都有哪些?
24. 简述装置式兆欧表、逆功率继电器和负序继电器的工作原理。
25. 怎样对岸电的相序和断相进行保护?
26. 接用岸电应注意的事项是什么?

第7章 轴带发电机

7.1 概述

动力来源于船舶主机的发电机称为轴带发电机（Shaft Generator，简称 SG），由轴带发电机向船上电网馈送电能的系统称为轴带发电系统。图 7-1 表示轴带发电机（SG）和船舶主机（ME）之间的关系。

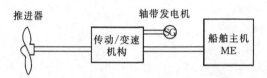

图 7-1 轴带发电机和船舶主机之间的关系图

在船舶营运费用中，燃料费用约占 50%～60%，国际石油危机的爆发及能源的枯竭，以及要求征缴碳排放税的呼声日益高涨，使得国际航运及造船界对于节能措施的要求越来越强烈。自 20 世纪 70 年代初，轴带发电机系统开始装船，至今已有几十年的发展历史，被广泛应用于大、中型集装箱船上。早期的轴带发电机系统属于无频率补偿型，如 1980 年日本 KAWASAKI 造船厂建造的滚装船系列主机轴带发电机。这种轴带发电机受到海况的影响较大，一旦遇到风浪，主机转速变化将会引起电网频率的波动，严重时不得不改用船舶柴油发电机供电，且不能与其他柴油发电机长时间并联运行，只能短时换机时使用，限制较多。随后出现的机械控制频率补偿型轴带发电机系统比早期的无频率补偿型轴带发电机系统前进了一步。在这种系统中，主机推进轴与轴带发电机之间装有变速装置。当主机推进轴转速发生变化时，轴带发电机的转速保持恒定。但是在这种系统中，主机的当前速度与额定转速差异较大时，装置的容量将受到限制，故其应用范围受到了限制。随着电气控制技术的发展，大功率可控硅变流技术被应用到船舶轴带发电机系统中。这种轴带发电机系统由轴发电机和恒定频率装置组成，用于广泛使用的定螺距轴带发电机中。应用晶闸管"逆变"装置及控制系统调节频率，用同步补偿机提供无功，维持电压稳定，调整螺旋桨转速变化和启用大功率用电负载时带来的电网波动。随着技术进步，节能等方面要求的提高，传统的轴带发电机系统在改善电能质量、能耗、体积、重量、控制速度等方面出现很多不足。进入 20 世纪 80 年代后期以来，随着大功率全控型器件如大功率晶体管（GTR）、大功率门极可关断晶闸管（GTO）和静电感应晶体管（SIT）以及 IGBT 等快速器件和 SVPWM 等先进控制理论的成熟,电能变换开始突破传统的束缚。20世纪90年代后期DSP的广泛应用,使有源逆变取得了很大的进步,而PWM整流器正是在这种浪潮下发展起来,并逐渐运用于各个方面,这使其在船舶轴带发电系统中应用成为可能,而探索PWM整流器在船舶轴带发电机系统中的应用具有深远的意义。

船舶主机采用重油作为燃料,价格便宜;而船舶轴带发电机系统是由船舶主机驱动发电机供电的装置,可充分利用主机10%～15%的功率储备裕量,使主机运行在高效率、低能耗的状态。节省了燃油,对于货船,一般来说其电站功率为主机额定功率的5%左右,轴带发电机完全能满足船舶正常航行的电力需要。最近几年来新造的定期集装箱船、矿砂船、油轮等船舶,大多数都安装了轴带发电机系统。其主要优点体现在以下几个方面:①节省燃料及其费用,主机使用劣质燃料油作为燃料,热效率高、经济性好;②降低辅助柴油机组运行时间和消耗,减少了相应维修工作量和维修费用;③减少滑油消耗,船舶在航行中不使用辅助柴油发电机组,也就减少了滑油消耗;④使用轴带发电机后,一般可减少一台柴油发电机组,节省了机舱空间,有利于机舱布局;⑤改善机舱工作环境,降低机舱的噪音,同时也减少了机舱的热源。

不过,轴带发电装置也有其不足的地方,主要体现在:①船舶在港作业时,不能用轴带发电机供电,仍需要辅助柴油发电机组供电;②对于交流电制的船舶,若非恒定转速的主机,则必须采取特殊措施,保证电网频率的恒定,导致整个系统变得较为复杂;③一次投资(即造船成本)较大,虽然可以从营运成本降低的好处中得到补偿,但是这个补偿是和轴带发电机的功率有关(功率越大越好),还与时间的利用率(即船舶在一年中航行的时间)有关。下面仅就轴带发电机系统的基本知识、运行操作及其注意事项进行介绍。

7.2 船舶轴带发电机的主要类型

7.2.1 主要类型

轴带发电机装置的类型大致可分为以下几种:
(1)频率变动型轴带发电机装置,包括变距桨普通式和定距桨普通式。
(2)频率稳定型轴带发电机装置,又可分为:定速类、包括涡轮连轴节式、油压驱动式、油类多板离合器式、无级调速齿轮箱式、晶闸管逆变器式、跨轴式;旋转变流机类,包括直流式和交流式;感应恒频式,包括旋转式、静止式、晶闸管逆变器式。
(3)复合轴带发电机装置,包括:高经济轴带发电机装置,超经济轴带发电机装置,轴带发电机电动装置,多功能齿轮箱式轴带发电机组合装置,废气涡轮轴带发电机组合装置。

轴带发电装置系统框图如图7-2所示。
可调螺距单向恒速轴带发电机系统与常规辅助柴油发电机没有什么多大差别,只不过主机转速低,需要一套增速装置。而定距桨可变速双向的主机轴带发电机系统,则需要一套恒频装置,根据恒频方案的不同,又可分为:
(1)机械式(采用行星齿轮系);
(2)液压式;

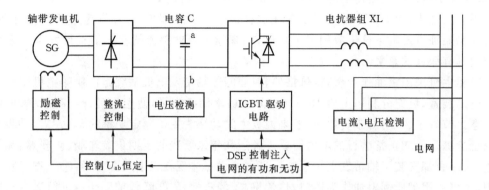

图 7-2 轴带发电装置系统框图

(3) 电磁滑差式;

(4) 静止元件恒频式(即 SCR 变频装置)。

7.2.2 变螺距桨船舶的轴带发电机

船舶轴带发电机由主机驱动,其转速随主机的转速而变化,因此根据主机的运行条件,对主机转速的变化需进行补偿,以便获得恒频、恒压的电力是问题的关键。按照其有无补偿可以分为以下几种。

1. 无频率补偿型 S/G 系统

这种轴带发电机系统是由主机和定距螺旋桨的推进系统驱动,主机转速未采取机械或电气的措施进行调节,由于轴带发电机的频率随主机转速而变化,这种轴带发电机系统只能在其频率不超出船舶规范允许范围时才可使用。

2. 频率补偿型 S/C 系统

这种系统中,采用机械或电气的控制手段使船舶电网的频率保持稳定,轴带发电机装置组成的(GPP+S/C)就属于这种系统。如图 7-3 所示。

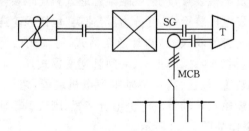

图 7-3 GPP+S/G 系统框图

3. 变距桨和轴带发电机装置组成(CPP+S/G)

该系统中,主机和轴带发电机之间装有增速齿轮装置。船速取决于变距桨的螺距大小,主机转速及轴带发电机的频率大致恒定。由于辅助柴油发电机组总的工作时间缩短,故可选用较高速的柴油发电机组。使用轴带发电机时,往往会减少一台辅机,节省了机舱的空间。

在 CPP+S/G 系统中,只在切换发电机时,才可以和其他发电机并联运行,因为长时间并联运行是非常困难的。例如在主机运行于额定转速,可变螺距不处于最佳螺距工况时,将会导致动力装置效率迅速递减。

4. 变距桨船舶轴带发电机装置的工作原理

由于变距桨船舶采用的主机都为定速定向型,在正常航行时主机的转速维持在一个相对固定的速度上(额定转速),而且主机的转向是一定的,不需要换向,航速是靠调节桨叶的角度实现的,所以这类船舶采用轴带发电机大多不需加恒频装置。轴带发电机与主机轴之间是靠机械传动装置(增速齿轮箱)连在一个系统中,因此整个系统的组成比较简单,其工作原理与系泊(辅助)发电机的工作原理大致相同。

在船舶机动航行或进出港时,由于主机负荷变化比较大,为了安全起见,采用系泊发电机供电,在船舶定速航行时切换为轴带发电机供电,整个系统操作方便,维护较其他几种类型工作量要小的多。

这种类型轴带发电机系统存在的缺点:

①轴带发电机的输出电源频率受到主机负荷变化的影响,一旦工况不好或负荷幅度波动较大,则轴带发电机输出电源频率也将变化较大,显然对电网上的负载设备是很不利的。

②轴带发电机虽然可以和其他发电机并联运行,但时间不宜过长,这主要是因为主机与辅机的工作特性有差别,两者很难做到机械特性一致。因此在船舶自动电站管理装置的设计上,就需要考虑到这个问题。只允许在相互转换的过程中短时间的并联运行,确保电站安全运行。

③轴带发电机输出功率的大小还要受到主机允许输出功率的限制。当主机负荷较大,或由于各种因素的影响使主机带动负荷的能力下降时,轴带发电机的输出功率就不能增大,否则会引起主机超负荷运行,这时为了保证主机的正常工作,需要切除轴带发电机,换为系泊发电机向电网供电。

7.2.3 定距桨船舶的轴带发电机

1. 定距螺旋桨,定速装置和轴带发电机装置组成(FPP+CS+S/G)

在这种系统中,推进轴和轴带发电机之间装有定速装置。当推进轴转速发生变化时,轴带发电机的转速保持恒定。定速装置有多片离合器式,涡流联轴器式,液压转换器式和电控星形齿轮式。可是这种轴带发电机装置不能和其他发电机持续并联运行,而且当速度和额定转速差异较大时,装置容量将受到限制,效率降低,在100%额定转速时,总体效率 $\eta=0.93$;当70%额定转速时,总体效率 $\eta=0.83$,故其应用受到限制。

2. 定距螺旋桨,轴带发电机和恒定频率装置组成(FPP+S/G+CF)

在这种系统中,轴带发电机的转速是可变的,但由于采取了电气控制方式,使得供给船舶电网的电源频率保持恒定。这种系统不但在换接时可以与其他发电机并联运行,而且可以长期持续并联运行,其系统框图如图7-4所示。

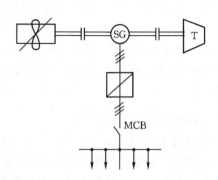

图 7-4 (FPP+CS+S/G)系统框图

目前由于电力电子元件在电气控制领域中的应用,这种轴带发电机系统被采用的越来越多。如"AGE"晶闸管轴带发电机系统就属于(FPP+S/G+CF)这种类型。但是这种轴带发电机系统的构成比较复杂,涉及的控制元件也比较多,一旦出现故障,检修工作难度很大。

7.3 轴带发电机的运行操作

7.3.1 轴带发电机系统基本工作原理

由于轴带发电机结构形式很多,我们以如图 7-5 所示的轴带发电机原理为例分析轴带发电机的基本工作原理。

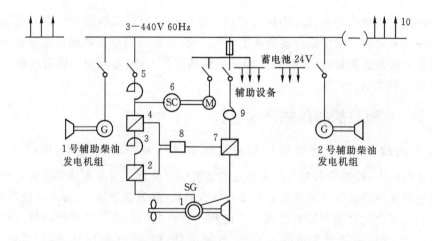

图 7-5 轴带发电装置原理图

1—轴带发电机;2—晶闸管整流器;3—电抗器;4—晶闸管逆变器;5—短路电抗器;
6—同步调相机;7—励磁变换器;8—控制装置;9—励磁变压器;10—负载

如图 7-5 所示,轴带发电机 SG 是低频无刷同步发电机,发出非恒定频率的交流电,经晶闸管整流器 2 变成直流电,再经晶闸管逆变器 4 将直流电变成标准频率的交流电,与调相机 SC 并联向电网供电。轴带发电机 SG 只向电网提供负载所需要的有功功率,而调相机 SC 向电网输出负载所需要的无功功率。调相机在系统开始起动时靠同轴的异步电动机拖动,作为同步发电机运行,在自动调压器(AVR)的作用下建立起正常频率的额定电压。系统的电压和频率就取决于调相机的电压和频率,以调相机的频率控制触发逆变器,在控制装置 8 的作用下,当轴带发电机的逆变器已输出与调相机相同的电压和频率时,调相机的异步电动机将被自动从辅助发电机电网上断开,而此时补偿机则由逆变器输入功率继续保持与逆变器并联运行。这时调相机就相当于两台并联运行同步发电机中的一台原动机失去动力的同步发电机,是处于逆功率下的电动机运行状态。

如果轴带发电机系统与辅助发电机并车后是独立运行供电(辅助发电机被解列),则由轴带发电机的逆变器向电网负载输出有功功率,由调相机向负载输出无功功率,这就类似于两台同样的柴油发电机并联时,将有功功率全部转移给一台发电机,并通过调节励磁电流将全部无功功率转移给另一台发电机的供电情况。由于逆变器将直流变成交流是靠晶闸管的开关作用完成的,逆变器输出的交流电压和电流每半波都是同时导通和关断,没有落后电流的通路,所以电压和电流同相位,只输出有功功率。

系统频率的调节:改变轴带发电机的励磁电流来实现系统频率的调节,增加励磁电流,轴带发电机的电压升高,逆变器的输入电压升高和输出功率增加,因电网负载一定,故使调相机的输入功率增加、转速增加,频率上升。

系统有功负载平衡的调节:当电网负载的有功功率增加时,首先引起调相机有功电流的增加,使其转速和频率下降,也即靠调相机动能的减少暂时提供有功功率。与此同时,频率控制器根据频率的变化增加发电机的励磁电流(而不是直接控制主机油门),使逆变器输出的有功功率增加来与电网负载的有功功率平衡,并恢复额定频率。

系统负载无功功率平衡的调节:当负载无功功率变化时,调相机输出的无功电流随之变化,从而引起它的电压(也即电网电压)变化,而自动调压器 AVR 相应的改变它的励磁电流以保持电压的恒定和无功功率的平衡。这与一般同步发电机调节无功功率的原理相同。

7.3.2 轴带发电机的运行操作

1. 轴带发电机系统起动程序

当船舶离港进入正常航行工况后,主机转速达到要求时,可投入轴带发电机系统。轴带发电机自动起动程序如图 7-6 所示。其操作程序按以下步骤进行:

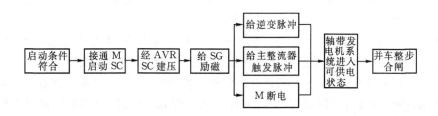

图 7-6 轴带发电机自动起动程序

(1)接通控制系统的电源;

(2)检查起动条件,当系统无故障报警和车钟在大于最小转速(75％额定转速)位时,允许起动调相机(发出允许起动信号);

　　(3)按下异步电动机的起动按钮(或自动控制起动),带动调相机起动,并建立电压;

　　(4)检查调相机建立正常电压后,接通轴带发电机的励磁电路,发电机起压空载运行;

　　(5)给整流器、逆变器触发脉冲,逆变器开始向调相机输出功率,异步电动机断电;

　　(6)轴带发电机系统已经具备供电能力,起动成功。

　　2. 轴带发电机与辅助发电机并联和转换

　　如果是手动并车,其整步合闸、负载转移和辅助柴油发电机的解列与一般的手动准确同步并车操作相同。经自动频率预调,有功通道的主开关储能,观察整步灯,满足并车条件时按下合闸按钮。操作调速开关进行负载转移,辅助发电机组解列、停机。该操作通常是由自动并车装置完成。

　　3. 停机条件

　　导致停机的条件如下：

　　(1)按停机按钮;

　　(2)电源故障;

　　(3)运行故障(短路、过载、欠压、转速过低、频率过高);

　　(4)系统中任一电机绕组过热。

　　这些条件都将引起轴带发电机系统自动开关跳闸、整流器逆变器停止触发而停机。

　　4. 正常停机的操作程序

　　当船舶需要转入机动工况(如进出港等)时,因主机将进行减速、倒车、停车等操纵,轴带发电机应停止工作。

　　(1)起动柴油辅助发电机组,并切除次要负载。

　　(2)完成辅助发电机的手动或自动并车及转移负荷,之后才能操纵主机减速或倒车。

　　(3)当主机转速降低到额定转速的40％以下时,轴带发电机励磁终止,主开关跳闸。逆变器停止触发,轴带发电机终止发电。

7.4　轴带发电机运行操作注意事项

　　船舶在整个航行过程中必然会遇到移泊、紧急停车和紧急倒车等情况。这些均涉及轴带发电机和辅助柴油发电机带电转换和并联运行问题。

　　船舶在进出港口和靠离码头时一般都不使用轴带发电机,而是使用辅助柴油发电机。轴带发电机要与辅助柴油发电机长期并联运行,要求轴带发电机系统中的频率变换器的控制电路具有与调速器相同的特性,因此在选用轴带发电机组时,一般不考虑连续并联运行的要求。于是,船舶在航行中需临时停车,或在进出港时,必须考虑与辅助柴油发电机组进行带电转换,带电转换必须在主机额定转速的60％～110％的范围内方可进行。主机在紧急停车和紧急倒车时,可以采用两种转换方法：一种是主机转速降到60％以下,采用失电转换;另一种是主机转速维持在额定转速60％,带电转换后再急剧降低主机转速。若来不及带电转

换就要求主机停车,此时只能使用应急电源。使用轴带发电机时应该注意的事项总结如下:

(1)船舶在进出港和靠离码头及过狭窄水道等机动航行时,为了安全起见,一般都不使用轴带发电机,而使用辅助柴油发电机向船舶电网供电。

(2)轴带发电机投入运行时,要求主机的最低转速在其额定转速的75%以上,轴带发电机与辅助柴油发电机的带电切换(轴带发电机正常停止操作)要求必须在主机额定转速的60%～110%的范围内进行。

(3)对于变距桨的船舶,虽然理论上讲,可以保持主机转速恒定,但轴带发电机一般不考虑与辅助柴油发电机并联连续运行。因为若要让轴带发电机与辅助柴油发电机长期并联运行,则当主机负荷或电网负荷改变时,要求轴带发电装置频率变换器控制电路的控制特性应与辅助柴油发电机组的调速器特性相同,才能保证电网运行的稳定性,而实际这是很难实现的。

(4)由于主机转速在小于额定转速的40%时,轴带发电机系统将丧失发电功能。所以当单独使用轴带发电机系统供电时,在主机转入机动工况前应提前起动备用发电机组接替供电。如果是在航行中发生故障或意外情况主机紧急停车或倒车等,也要尽可能争取在最低转速前将备用发电机并联替换,以免发生断电事故;影响船舶航行安全。

(5)主机紧急停车或倒车时可以采用两种转换方法,第一种方法是采用失电转换。即当主机转速降到额定转速的60%以下时,轴带发电装置的主开关跳闸,此时,应急照明系统自动起动,可迅速起动辅助柴油发电机组,直接合闸,向船舶电网供电,然后快速恢复重要用电负荷的工作,实现失电转换。主机紧急停车或倒车时可以采用的另一种转换方法是带电转换法。即维持主机转速在额定转速的60%,带电转换后,再快速降低主机的转速。若来不及带电转换,则只能采用失电转换。

7.5 AEG型轴带发电机实例介绍

船舶轴带发电机目前大都采用静止元件的恒频轴带装置,现以AEG可控硅轴带发电机装置为例进行简要介绍,其原理框图如图7-7所示。该装置具有如下功能:

(1)保持轴带发电机输出电压的频率恒定;
(2)保持轴带发电机输出电压恒定;
(3)能够与辅助柴油发电机组并联运行;
(4)自动操作功能;
(5)短路故障自动处理功能;
(6)操作模拟演示。

下面简要说明各功能的基本工作原理。

7.5.1 恒频控制原理

恒频主要是通过补偿有功功率以满足轴带发电机装置负载的要求,变频主电路如图7-8所示。

根据半导体变流原理,就可得到:

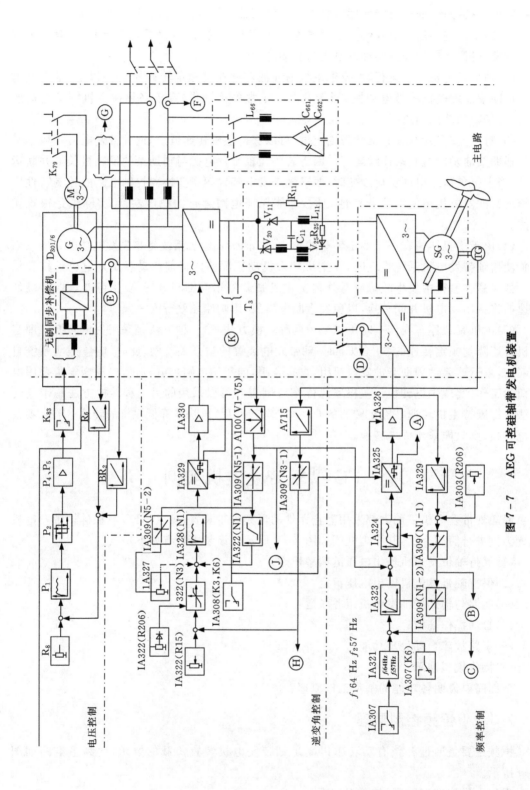

图 7-7 AEG 可控硅轴带发电机装置

第7章 轴带发电机

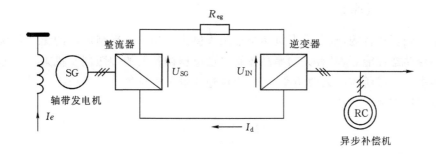

图 7-8 变频主电路

$$U_{SG}=(3\sqrt{2}/\pi)U_G\cos\alpha \tag{7-1}$$

式中：U_G——轴带同步发电机输出的线电压有效值；
α——整流器的整流控制角。

$$U_{IN}=(3\sqrt{2}/\pi)U_c\cos\beta \tag{7-2}$$

式中：U——逆变器的交流输出电压有效值；
β——逆变器的逆变角。

由图 7-8 可得：
$$I_d=\frac{V_{SG}-V_{IN}}{R_{eg}} \tag{7-3}$$

式中：R_{eg}——中间有直流电路的直流等值电阻。

不计逆变器功率损耗，轴带发电机装置的输出功率为：

$$P=I_d \cdot U_{IN} \tag{7-4}$$

当逆变角不变时，U_{IN} 就为恒定（即在额定转速段），从式（7-4）可见，输出功率 P 正比于中间直流电路的电流 I_d；另一方面，从式（7-1）、式（7-3）可见，中间电路电流随 U_{SG} 变化而变化，而整流器控制角 α 不变，事实上，在额定功率段，整流器控制角 $\alpha \approx 0$，所以，U_{SG} 受轴带发电机的励磁电流控制。故轴带发电机装置的输出功率可用轴带发电机的励磁电流 I_{fSG} 控制——称为频率控制环节，工作原理见图 7-8 所示。

轴带发电机装置的输出频率与作为过激的同步补偿器的转速成正比，其驱动电源就是系统电压，即逆变器的交流输出电压，逆变器输出功率 P_B 和同步补偿器的输入功率 P_{RC}、电网负载功率 P_A 之间有：

$$P_B=P_A+P_{RC}$$

在这种情况下，负载增加 ΔP_A 时，增加的功率就由同步补偿器临时供给，其驱动功率为（$P_{RC}-\Delta P_A$），其结果使同步补偿器转速下降，频率也降低，通过电气线路检测出频率的变动，再通过调整轴带发电机励磁，从而调整"轴发"输出电压 U_G，使 U_{SG} 发生变化来控制逆变器的输出功率，平衡电网负载。其频率和输出功率特性曲线如图 7-9 所示，与柴油发电机组，废气涡轮发电机的 $f-P$ 曲线一样，可与其他发电机并联运行。

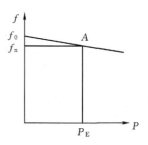

图 7-9 频率与功率特性曲线

7.5.2 恒压原理

为了达到恒压目的,轴带发电机系统必须提供无功功率来平衡电网的无功负荷,该装置是采用一台动态性能好,具有大功率晶体管自动电压调整器的过激同步机来产生无功功率,它不仅提供了负载所需的无功功率,而且提供逆变器及电抗器的无功功率。

逆变器所需的无功功率:

$$Q_i = \sqrt{3} V_{IN} I_i \sin\varphi_i \tag{7-5}$$

式中:$\varphi_i = \cos^{-1}\left(\dfrac{3}{\pi}\cos\dfrac{2}{\pi}\cos\left(\beta-\dfrac{2}{\pi}\right)\right)$

调压过程:

$Q_{load}i \uparrow \rightarrow U \downarrow \rightarrow$ 同步补偿器调压器作用 $\rightarrow$ 其励磁电流 $\uparrow \rightarrow U \uparrow$

轴带发电机装置的电压特性,由于同步补偿器的输入电压就是汇流排电压,轴发装置的电压特性即为同步补偿器的电压特性,其电压特性是由同步补偿器的自动电压调整器控制。与普通发电机几乎相同,能够与这些发电机组并联运行,其电压变动可控制在±2.5%的范围内。

7.5.3 并联运行

并联操作与辅助柴油机组相同,由于 $P-f$ 和 $U-Q$ 的有差曲线,都是并联稳定运行的先决条件。所以,此装置可以做到合理分配有功、无功功率。限于篇幅,这里就不再赘述,可参见有关操作说明。

7.5.4 轴带发电机外部短路电流的提供

轴带同步发电机是一种他激式交流同步发电机,与普通同步发电机相反,它没有设置阻尼绕组,因而具有较大的暂态电抗,以致定子电枢绕组中几乎没有高次谐波电流,这样发电机的短路冲击电流小。而且,一旦发生过流,直流主电路中 SCR 关断,不会造成整流器、逆变器的 SCR(或二极管)损坏。

同步补偿器的暂态电抗、次暂态电抗明显比轴带同步发电机小。所以,电压变动或短路时的暂态过程主要取决于同步补偿器流向短路点的电流达到最大值,如图 7-10 所示。这时,同步补偿器如同一台发电机,其励磁由复励励磁电流提供,由于同步补偿器的飞轮把储藏的转动能量释放出来,所以能供给外电路持续短路电流,保证保护装置动作跳闸。

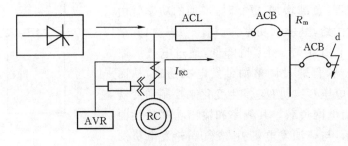

图 7-10 轴带发电机装置短路电流的流向图

复习与思考

1. 轴带发电装置有什么优点？
2. 什么是船舶轴带发电机？采用轴带发电可能带来什么问题？
3. 船舶轴带发电机系统有哪两大类型？
4. 船舶轴带发电机有哪些类型？与主机和螺旋桨的类型如何配合？
5. 晶闸管轴发装置主要由哪几部分组成？
6. 采用中间带整流-逆变装置的轴带发电机的主要组成是什么？
7. 采用中间带整流-逆变装置的轴带发电机如何调节频率与电压？
8. 轴带发电机与同步补偿机有什么作用？
9. 试述晶闸管轴带发电装置频率与有功功率的调节原理。
10. 在晶闸管轴带发电机装置中，采用调节励磁来改变输出有功功率的大小，这种调节方式与一般辅助发电机的调节方式不同，应如何理解？
11. 为什么说轴带发电机一般不与辅助柴油发电机组一起长期并网运行？
12. 简要说明轴带发电机的起动程序以及停机的注意事项。

第8章 船舶高压电力系统

8.1 概述

随着船舶电气设备大型化、专业化、自动化程度地不断提高以及船员生活条件地逐步改善,船舶电网负荷急速增加,相应的船舶电站的容量也随之大幅度增加;特别是采用电力推进的船舶,电气负载增加更加明显。目前,大量船舶电力系统容量设计值已高达15~20MVA,大型豪华游轮更高达70MVA。已经被广泛采用半个多世纪的船舶低压电力系统已经无法满足现代化大型船舶电力系统容量的要求,船舶高压电力系统逐渐被引入,给船舶电力系统带来一系列新的变化。

中国船级社(CCS)《钢质海船入级规范》对交流高压电气装置特殊要求中指出:交流高压电气装置适用于额定电压超过1 kV的交流三相电气装置。除另有明文规定外,低压电气设备的构造和安装方法一般也适用于交流高压电气装置。系统额定电压应不超过15 kV。但如有特殊需要,经CCS同意可以采用更高的电压等级。

可见,根据中国船级社规定,超过低压电压等级的船舶电力系统就称为船舶高压电力系统。因此,船舶高压电力系统的电压等级在1~15 kV。

促使船舶使用高压电力系统的主要原因有:

(1)目前,船舶低压工频发电机的设计容量上限为2.5 MW,接近或超过这个极限的发电在技术上是困难的,且在经济上也不合算。如今很多大型船舶的电站容量已达到十几MW甚至几十MW,按此条件采用常规船用低压发电机,一艘船上将安装十几台甚至更多发电机组,这显然是不合理的,实船上也是无法实现的。

(2)随着船舶用电设备的增多,船舶电站容量的增大;当船舶电力系统发生短路故障时,短路电流也大幅度增加。如果采用低电压等级的船舶电力系统,大幅度增加的短路电流导致目前所能生产出的开关电器与保护装置的断流容量无法满足要求。

(3)如果输送大功率电能仍采用低电压等级,船舶电缆的截面会很大,并需多股并联,线路传输损耗严重,合成电缆的发热量将增大,布线与安装上更加困难。随着电压等级的提高,输送同一功率采用的电缆规格与数量都可大幅下降。特别是在船舶条件下,由于敷设工作量降低所带来的效益更是不可低估的,在船舶电缆的选择上,采用高电压等级的优越性尤为显著。

(4)采用高压电力系统可以有效地减小电气设备的体积和重量,节省空间和减轻船舶自重。

实践证明,高压电站应用到现代船舶上取得了很好的效果,船舶高压电站可以降低线路损耗,减少发电机组数量,提高电站容量,满足船舶飞速发展的用电需求,必将越来越多地应用在未来大型船舶电站之中。船舶高压电力系统已成为大型客船、集装箱船、油船、电力推进船舶及某些特殊工程船舶等的必选,成为今后船舶电站的主要发展方向。

采用船舶高压电力系统后,系统的绝缘性能、安全防护,带来了绝缘和安全两个方面的影响。保护装置、接地、高压变压器、变配电方式、主开关型式、电缆端头的构造及处理方法都与船舶低压电力系统有很大差别,船舶高压电力系统给船舶电气系统带来一系列新的变化,船舶设计、使用、管理者必须特别注意。

8.2 船舶高压电力系统基本知识

8.2.1 高压电力系统的电压等级

所谓高压电力系统,是指电网额定电压达到"高压"的电力系统。有关电压等级的划分,不同国家和不同领域的定义存在差别,在我国,电器方面仅划分两个电压等级,交流电压1000 V 或直流电压 1500 V 以下为低压电器,高于这个标准的为高压电器。而在岸上电力系统中,一般将电压等级划分为高中低三个等级,高压是指电压等级为 35 kV 以上电压等级;中压是指 1~35 kV(含 35 kV)电压等级,低压则指 1 kV 以下电压等级。电压等级划分常用的 IEEE(国际电工委员会)标准 100 规定中压交流电力系统的定义是指额定电压大于1000 V,小于 10000 V 的电力系统,比中压电力系统电压高的是高压、超高压、特高压电力系统。

根据《钢质海船入级规范》规定:在船舶电力系统中,高压系统是指额定电压大于 1 kV但不超过 15 kV,额定频率为 50 Hz 或 60 Hz 的交流或在额定工作条件下最高瞬时电压不超过 1500 V 的直流系统。目前船上采用的高压电力系统常见的额定电压都在 3~6.6 kV之间,而岸上高压电力系统的定义是电压等级为 35 kV 以上的电压等级。

8.2.2 高压电力系统的结构

船舶高压电力系统结构原理图如图 8-1 所示,该电力系统由高压系统和低压系统两大部分组成。高压系统主要包括:高压主发电机 GH、主配电板、高压负载和变流机组的高压电动机(或变压器)。低压系统主要包括:变流机组中的低压发电机(或变压器)、辅助发电机G、辅助配电板、应急发电机 EG、应急配电板、低压负载、应急负载、照明变压器、照明负载和岸电连接开关。

由图 8-1 可见,高压电力系统中的低压部分与普通低压电力系统的组成非常相似,高压电力系统变流机组中的低压发电机(或变压器)和辅助发电机等相当于低压系统的主发电机组;高压电力系统的辅助配电板相当于低压系统的主配电板。其他部分,如应急发电机、照明变压器及其配电板等都与低压电力系统基本相同。因此,高压电力系统与低压电力系统的主要差别是增加了高压部分。

高压电力系统中高压部分的主发电机组一般也采用中速柴油机作为原动机,主高压发

船舶电站

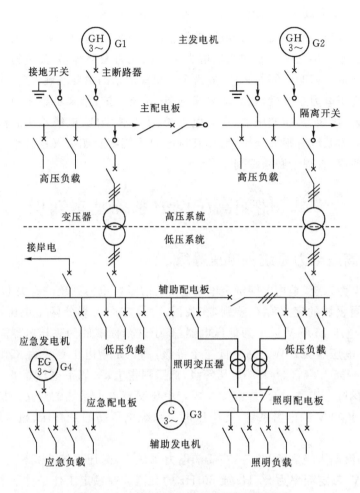

图 8-1 船舶高压电力系统结构原理图

电机组 GH 通常为容量较大的同步发电机。系统的负载通常都容量很大,如电力推进船舶的推进电动机、起货机、锚机等。这些高压负载电动机调速往往采用变频调速(调制),其调速设备或其他辅助设备也要求为高压设备,有的负载设备可能存在不同电源频率。高压电力系统除了高压负载外,还有大量的普通低压负载,因此需要将高压三相交流电变换成低压三相交流电。一种方法是采用变压器实现高压变成低压,但高压负载采用变频调速时会产生大量很强的高次谐波,从而污染低压系统,造成低压系统的电能质量恶化,因此要有谐波抑制措施。为了解决这个问题,另一种方法是采用旋转变流机组进行电压变换,将谐波截留在高压系统中,使大量的低压负载避免谐波污染的侵害。

8.2.3 高压电力系统的特点

船舶电力系统采用高压电力系统,最主要的特点之一是电压等级上升到高压的水平。电压等级的提升,带来的问题主要有两方面:一是电气设备的绝缘必须加强,二是管理人员必须注意避免发生触电的危险。

与普通船舶采用的 400~450 V 低压电力系统不同的是,由于电工材料的绝缘是相对的,当电压足够高时,绝缘体也会被击穿。在高压电力系统中,操作人员即使没有直接接触带电部分,如果不慎距离带电部分过近,小于规定的安全操作距离,也可能受到严重的触电伤害。因此,高压电气设备,例如变压器、电流互感器、电压互感器、断路器等都必须安装在完全封闭的开关柜中。

高压系统的安全用电与低压系统的安全用电概念有所不同,实际管理时应该特别注意。尤其是应该注意接触电压与跨步电压的概念,避免接触电压与跨步电压对人体造成的触电伤害。接触电压是指由于漏电流影响,设备外壳与人员所站立处之间的电位差。

所谓跨步电压,是指接地点有较大接地电流通过时,在接地点周围一定范围内不同的两点之间存在的电压位差,靠近接地点越近、接地电流越大,产生的跨步电压越高。对于低压电力系统,由于电压等级低,即使出现较大的接地电流,跨步电压通常对人体构成的威胁较小。但对于高压电力系统,跨步电压的威胁将随着电压等级的提升而增大。

8.2.4 船舶高压电力系统防护要求

船舶高压电气设备的外壳防护等级均应与其安装场所相适应,除至少应符合外壳防护等级的最低要求外,还应满足下列要求:

(1)旋转电机的外壳防护等级至少应为 IP 23,其接线盒的防护等级至少应为 IP 44。安装在非专职人员可以到达处所的电动机,其外壳防护等级至少为 IP 4X,以防止人员接近或触及电机的带电或转动部分。

(2)具有金属外壳的控制设备、配电设备组件和静止变换器的外壳防护等级至少应为 IP 32,如安装在非专职人员可以到达的处所时,则其外壳防护等级至少为 IP 4X。

(3)由于功率大,损耗的绝对值也大,加上机舱压力水雾灭火系统对船舶发电机防护性能的要求,所以船舶高压发电机绝大多数采用空气-水冷却方式,其防护等级一般为 IP54 以上,可满足 IP44 的最低要求。至于冷却水用淡水还是海水视具体船舶设计而定,但不论何种水质,空气-水冷却器均应做成双管式,且具有泄漏传感器报警装置。

8.3 船舶高压电力系统实例

本节以 2002 年底建成的"泰安口"半潜式电力推进特种运输船的高压电力系统为例,简单介绍高压电力系统的结构和运行模式特点。其可变换频率发电机和旋转变流器高压电力系统如图 8-2 所示。

8.3.1 "泰安口"半潜式电力推进船高压电力系统的结构

"泰安口"半潜船载重量 18000 吨,总长 156 米,可以装载海洋钻井平台。船上安装了先进的卫星动态定位系统(DP),船尾左舷和右舷安装了 SIEMENS 公司和 SCHOTTEL 公司联合生产的吊舱式电力推进系统(Siemens Schottel Propeller,SSP),其螺旋桨可以 360 度回转,船舶在行驶时可以在极小的范围内灵活移动。图 8-2 是该船的电力系统单线原理图。图中,电网由三个层次组成:一是 6.6 kV 的高压主系统,二是 450 V 的辅助低压系统,三是 450 V 的应急系统。

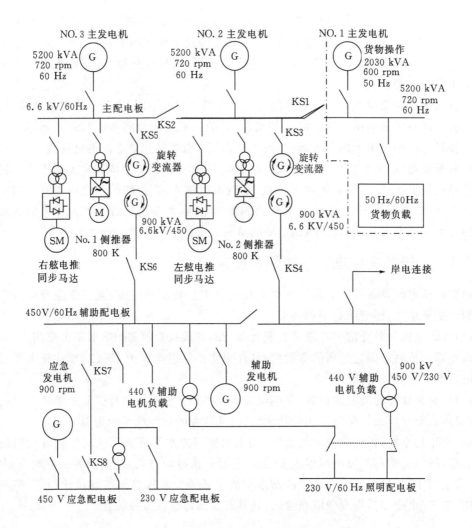

图 8-2 "泰安口"半潜式电力推进船高压电力系统

1. 6.6 kV 高压主电力系统的组成

高压主电力系统的电源:3 台 5200 kVA,720 rpm,60 Hz 的主发电机组,柴油机为 Warsila 9L32,可以单独或者并联向高压电网供电。其中 No.1 主发电机在装载需要 50 Hz 高压电源供应的货物时,可以切换为 2030 kVA,600 rpm,50 Hz 的模式运转,单独为 50 Hz 的货物负载电源供电,此时,图中用于高压汇流排连接的断路器 KS1 应该处于分闸状态。

高压主电力系统的负载:船尾左右舷各一台吊舱式电力推进器 SSP 的 4.7 MW 永磁同步电动机及为其变频调速服务的变压器组、晶闸管装置;左右舷各一台侧推器的 800 kW 电动机及为其变频调速服务的变压器组、晶闸管装置;可以为 450 V 辅助低压系统供电的 2 台 900 kVA、将电压从 6.6 kV 转变为 450 V 的旋转变流器(在此没有采用变压器变压的原因是因为带有大量变频调速负载的高压主电网的波形不理想)。

供配电装置:在高压开关柜控制室共有 12 屏高压控制屏,分别用于 3 台主发电机的控制(PMA 71 电力自动管理系统通过电流互感器、电压互感器、高压断路器等对发电机组进行控制),2台电力推进装置SSP的供电,2台侧推器的供电,2台旋转变流器(机组)高压接线端的供电,2个汇流排连接断路器的控制,以及50 Hz/60 Hz货物负载高压电源供电的控制。另外,两台24 V DC UPS控制柜也安装在高压开关柜控制室内。

2. 450 V/60 Hz 低压辅助电力系统

低压辅助电力系统的电源由三个来源提供:航行时,电源来自高压系统的旋转变流器(机组),此时图8-2中旋转变流机组两端的断路器 KS3、KS4、KS5、KS6 都处于合闸位置。当旋转变流机组发生故障或检修时,以及在码头没有载货物时,电源来自1台1125 kVA,900 rpm,60 Hz 的辅助发电机组,柴油机是 Warsila 6L20,此时图8-2中旋转变流机组两端的断路器 KS3、KS4、KS5、KS6 都处于分闸位置。另外,在港内还可以连接岸电。

低压辅助电力系统的负载:常规船舶运行时需要供电的各种设备,例如淡水循环泵、燃油传输泵、滑油传输泵、低温淡水泵、高温水循环泵、中央冷却海水泵、通风机、燃油锅炉、空压机、锚机、消防泵、甲板液压起货机、照明电力配电板、航海仪器供电、机舱监控系统的供电等。也包括电力推进装置的方位控制泵,电力推进装置变压器、变频器的冷却泵,货物起重机,半潜船的压载水空压机,用于3台主发电机、辅助发电机、旋转变流机组、电力推进驱动装置的保温装置,动态定位(DP)系统的供电。

供配电装置:在低压配电板控制室共有17个低压控制屏,分别用于1台辅助发电机的控制,2台旋转变流器低压端的连接,1个汇流排连接断路器的控制,4个电动机组合起动屏,6个输出负载屏,以及为高压变频驱动器服务的低压负载的供电屏。

3. 450 V/60 Hz 应急电力系统

应急电力系统的电源有两个来源:通常,电源来自450 V的辅助供配电系统,此时图8-2中连接辅助电力系统和应急电力系统的断路器 KS7、KS8 都处于合闸位置。应急时,电源来自1台250 kVA(300 kVA),900 rpm,60 Hz 应急发电机组。

应急电力系统的负载:常规船舶应急时需要供电的各种设备,例如电池充放电板、应急照明、航行灯、雷达、电罗经、机舱通风机、消防系统、应急消防泵、电话、总报警系统、机舱监控系统等的供电。也包括半潜船的压载水控制台,SSP控制台、动态定位(DP)控制台的供电。

供配电装置:在应急发电机控制室共有3屏低压配电板分别用于应急发电机的控制、与450 V辅助供配电系统的连接、电动机起动和输出负载的分配。

8.3.2 "泰安口"半潜式电力推进船电力系统的运行模式

根据船舶不同运行状态对功率的不同需求,提供经济可靠的供电,"泰安口"半潜式电力推进船电力系统可以提供如表8-1中所示的几种运行模式。

从表8-1的系统布置可以看出,不同运行模式的设置,是靠电力系统中发电机组、汇流排的不同连接组合实现的。高、低压断路器带有灭弧装置,是实施电气设备带负载分合闸,并能对系统进行保护的开关设备。以上各种运行模式的设置是在控制屏上通过人工操作PMS液晶显示单元的键盘(或者在驾驶台的集中监测控制系统的显示界面上,使用鼠标轨迹球输入命令),实现断路器分合闸的控制。高压、低压、应急发电机断路器、汇流排连接断路器的分合闸动作都是由 PMS 电力自动管理系统的 PLC 单元进行控制的(参照自动化电站中的有关内容)。当断路器两侧都有电源时,断路器的合闸命令,将先由 PMS 系统的 PLC 单元发出同步并联指令到 PMS 系统中的发电机保护/并车智能单元,经后者判断同步并车的条件之后,执行单元向断路器发出合闸控制信号。

表 8-1 "泰安口"半潜式电力推进船电力系统提供的几种运行模式

设备名称	船舶航行模式								
	航行模式	装载50 Hz货物的模式	机动操纵模式	动态定位模式1	动态定位模式2	港内停泊模式1(不需要50 Hz高压货物电源)	港内停泊模式2(需要50 Hz高压货物电源)	应急工况	港内停泊模式3(功率回馈模式)
	设备是否接通								
No.1 主柴油发电机组	接通	接通	——1)	接通	接通	——	接通2)	——	——
No.2 主柴油发电机组	接通	接通	接通	接通	接通	——	——2)	——	——
No.3 主柴油发电机组	接通	接通	接通	接通	接通	——	——2)	——	——
高压汇流排连接断路器 KS1	接通	——	——1)	接通	接通	——	接通	——	——
高压汇流排连接断路器 KS2	接通	接通	接通	接通	接通	——	接通	——	——
旋转变流器高压端断路器 KS3	接通	接通	接通	——	接通	——	接通	——	——
旋转变流器高压端断路器 KS	接通	接通	接通	接通	接通	——	接通	——	——
旋转变流器低压端断路器 KS	接通	接通	接通	接通	接通	接通	接通	——	——
旋转变流器低压端断路器 KS	接通	接通	接通	——	接通	——	接通	——	——
辅助柴油发电机组	——	——	——	接通	——	接通	——	——	——
应急发电机组	——	——	——	——	——	——	——	接通	接通
辅助电力系统和应急配电板之间连接的断路器	接通	接通	接通	接通	接通	接通	接通	——	接通

注:1) No.1 主柴油发电机组可以作为选择,连接到推进器汇流排;
2) 作为选择,No.2、No.3 主柴油发电机组可以代替 No.1 主柴油发电机组连接到汇流排。

8.4　船舶高压电力系统接地技术

船舶高压电力系统往往采用中性点接地方式,与低压电力系统普遍采用中性点绝缘方式有着明显的区别,中性点采用何种接地方式也是船舶高压电力系统需要解决的关键技术难题。目前,从国内外应用来看,船舶高压电力系统普遍采用高电阻接地方式。

电力系统的中性点(neutral point)运行方式是指电源或变压器中性点采用什么方式接地。通常中性点运行方式分为以下几种：

8.4.1 不接地方式

不接地方式又称中性点绝缘。由于不接地方式的中性点对地绝缘，较安全、可靠，当电力系统发生单相接地故障时，不会影响三相电压各相之间的对称关系，单相接地也不会形成短路，可以继续带接地故障运行 2 小时，供电连续性好。中性点不接地电力系统，配电线路各相对地的电容小，因此接地故障电流也小，瞬时性故障往往会自动消除。因接地电流小，对通信线路的干扰也小。中性点不接地方式的缺点是当一相接地时，另外两项对地电压升高，最大至相电压的$\sqrt{3}$倍，易使绝缘薄弱处击穿，造成两相接地短路。

8.4.2 直接接地方式

中性点直接接地方式的优点是一相接地时，其他两相对地电压不升高，不存在间歇电弧造成的过电压危险。因此，可提高整个电力系统的绝缘水平。另外，中性点直接接地系统单相接地时，短路电流很大，可使保护装置迅速、准确地动作，提高保护的可靠性。但由于短路电流很大，需要选择容量较大的开关及设备，并有造成系统不稳定和对通信线路造成强烈干扰等缺点。

8.4.3 消弧线圈接地方式

消弧线圈接地方式是利用电抗器的感性电流补偿电网的容性电流，可使接地电流大为减少。若感性电流等于容性电流，则可达到完全补偿，对熄灭接地电弧非常有利。但实际上完全补偿是不可能的，这是由于存在线路电阻、接地点电阻、漏电阻、变压器和消弧线圈的有功损耗等，使故障点流过一个不确定的剩余电流。在正常运行时，如果三相线路对地分布电容不对称，或出现一相断线时，可能出现消弧线圈与分布电容的串联谐振，这时电力系统中性点可能出现危险的高电位。为此，消弧线圈一般采用过补偿运行，即电感电流大于电容电流，这是消弧线圈接地方式的一个缺点。

8.4.4 高电阻接地方式

高电阻接地方式的最大特点是当电力系统发生单相接地故障时，可以继续带接地故障运行 2 小时，但也可以选择定时或快速跳闸。高电阻接地系统的设计应符合中性点接地电阻小于或等于电力系统各相对地分布电容的总容抗，即 $R_N \leqslant X_{c0}$ 的准则，以限制由于电弧接地故障产生的瞬态过电压。

电力系统采用电阻接地方式的目的是给接地故障点注入阻性电流，使接地故障电流呈阻容性质，减小接地故障电流与电压的相位差角，降低故障点电流过零熄弧后的重燃率。当阻性电流足够大时，重燃将不再发生，这样可以防止间歇性弧光接地过电压和谐振过电压；电力系统中性点采用高电阻接地还可以限制单相接地故障电流。而且，阻容性电流还可以提高零序保护灵敏度，满足保护的要求。

8.5 船舶高压断路器与发电机保护

8.5.1 高压断路器

高压断路器是电力系统中最重要的控制和保护设备。根据电网运行的需要,用高压断路器把一部分电力设备或线路投入或退出运行,这种作用称为控制。高压断路器还可以在电力线路或设备发生故障时将故障部分从电网快速切除,保证电网中无故障部分正常运行,这种作用称为保护。

通常,船舶高压断路器的操作机构必须同时具备电动和手动操作的功能。高压断路器本体不像低压断路器那样自身带有保护装置,而是通过综合保护装置综合所有的保护功能来控制断路器,实现对船舶电力系统的保护,综合保护装置具有强大的测量、显示、控制功能。

高压电力系统的运行状态和负载性质是复杂变化的,要保证电力系统的安全运行,高压断路器必须满足以下几方面的要求。

1. 一般电气性能方面

(1) 电压。高压断路器在规定的正常使用和性能条件下,能够连续运行的最高电压称为断路器的额定电压。我国交流高压断路器的额定电压有以下等级:3.6 kV,7.2 kV,12 kV,40.5 kV,72.5 kV,126 kV,252 kV,363 kV 和 550 kV。

断路器工作时还应耐受高于额定电压的各种过电压作用,而不会导致绝缘损坏。标志这方面性能的参数有 1 min 工频耐受电压、雷电冲击耐受电压和操作冲击耐受电压。

(2) 电流。高压断路器长期通过工作电流时,各部分的电流不得超过允许值,以保证高压断路器的工作可靠。断路器在关合位置通过短路电流时,不应因电动力受到损坏,各部分温度也不应超过短时工作的允许值,触头不应发生熔焊和损坏。

标志这方面性能的参数是额定电流、额定峰值耐受电流(又称额定动稳定电流)、额定短时耐受电流(又称额定热稳定电流)和额定短路持续时间(又称额定热稳定时间)。

2. 开断、关合电路方面

(1) 开断短路故障。高压断路器开断有电流的电路时,触头间会产生电弧,只有使电弧熄灭,电路才算开断。可靠地开断短路故障是高压断路器主要的也是最困难的任务。

额定短路开断电流是标志高压断路器开断短路故障能力的参数,它是指断路器在规定条件下能保证正常开断的最大短路电流。

(2) 快速开断。电力系统发生短路故障后,要求保护系统尽快动作,高压断路器开断得越快越好,以减轻短路电流对电力设备造成的危害,提高电力系统的稳定性。因此开断时间是高压断路器的一个重要参数。开断时间 t_b 是指断路器接到分闸指令的时刻起到所有各相中电弧最终熄灭的时间间隔。分闸时间 t_0 为断路器接到分闸指令的时刻起到所有各相中触头分离瞬间的时间间隔。燃弧时间 t_a 是指从某相中首先起弧瞬间起到各相中电弧最终熄灭的时间间隔。显然,$t_b = t_0 + t_a$。

(3)关合短路故障。电力系统中的电力设备或配电线路在未投入运行前就已存在绝缘故障,甚至处于短路状态,这种故障称为"预伏故障"。当断路器关合有预伏故障的电路时,在关合过程中,常会在动静触头之间产生电弧。

为了保证工作人员的安全,应采取一些预防措施:所有安装有 SF_6[①] 电气设备的场所内应有良好的自然通风或强制通风装置。配备合适的保护衣服、鞋袜手套、防毒面具和具有活性炭过滤器的呼吸保护装置等。严格按照国家或制造厂的有关规程进行工作,确保 SF_6 电气设备安全可靠,工作人员人身安全。

(注①:SF_6 六氟化硫,它是由两位法国化学家 Moissan 和 Lebeau 于 1900 年合成的人造惰性气体,具有良好的电气绝缘性能及优异的灭弧性能,是一种介于空气和油之间的新一代超高压绝缘介质材料,被广泛应用于高中压电力设备作为绝缘/灭弧材料,但使用中可能产生有毒气体。)

8.5.2 高压发电机保护

电力系统中,高压同步发电机是十分重要的电气设备,它的安全运行对电力系统的正常工作,用户的不间断供电、保证电能的质量等方面都起着极其重要的作用。

由于高压发电机是长期连续运转的设备,它既要承受机械振动,又要承受电流、电压的冲击,因而常常导致定子绕组绝缘的损坏。因此,高压同步发电机在运行中,定子绕组和转子励磁回路都有可能产生危险的故障和不正常的运行情况。

为了使高压同步发电机能根据故障的情况有选择地、迅速地发出信号将故障发电机从系统中切除,以保证发电机免受更为严重的损坏,减少对系统运行所产生的不良后果,使系统其余部分继续正常运行,在发电机上装设能反映各种故障的保护装置是十分必要的。

一般来说,高压发电机的内部故障主要是由定子绕组及转子绕组绝缘损坏而引起的,常见的故障有:

①高压发电机内部定子绕组相间短路;

②高压发电机内部定子绕组同一相的匝间短路;

③高压发电机内部定子绕组的单相接地;

④高压发电机内部转子绕组的一点接地或两点接地。

因此,船舶高压发电机除了与船舶低压发电机具有相同的短路、过载、欠压、逆功率保护外,针对船舶高压发电机内部可能出现的故障,还应设置船舶高压发电机的纵联差动保护、高压发电机定子绕组的零序电压保护、高压发电机转子接地等保护,以实现对船舶高压发电机内部故障的保护。

8.6 船舶高压电力系统安全操作

8.6.1 安全操作规程

对于船舶高压电力系统,操作人员即使没有直接接触带电设备,如果不慎距离带电设备太近,小于规定的安全操作距离,也可能发生严重的触电事故。船舶高压电力系统的变压器、电流互感器、电压互感器、断路器等设备一般要求安装在完全封闭的开关柜中。当需要带电操作某些设备时，要严格按照安全操作规程，戴绝缘手套，穿绝缘鞋，使用专用的绝缘工具进行。

1. 船舶高压发电机检修操作规程

船舶高压发电机只有做备用机时才能进行检修，以保证船舶电站供电的连续性。检修船舶高压发电机前，必须将发电机组方式选择开关打到"手动"位置，防止发电机组误起动。断开船舶电压发电机主开关，关闭励磁电源，合上接地开关，才能进行检修。如果需要测量船舶高压主发电机绕组的绝缘，必须将发电机中性点接地电阻断开。

检修时，操作人员必须戴绝缘手套，穿绝缘鞋。

2. 船舶高压主开关检修操作规程

高压配电盘通常分为左右两侧，分别放置在不同的高压配电箱中，高压配电室都配有高压绝缘地面，并且高压配电盘都具有非常高的防护等级，保证操作人员的安全。船舶高压主开关检修的流程：将船舶高压主开关置于断开位置，断开相应的隔离开关。闭合接地开关，打开隔离开关，方可检修船舶高压主开关。检修完毕后，首先关闭开关柜，断开接地，闭合相应的隔离开关，将船舶高压主开关置于工作位置。主开关、隔离开关与接地开关和柜门之间都有电气或机械联锁，以防止误操作。尽管如此，操作人员也要严格按照操作流程逐步操作。

3. 船舶高压隔离开关操作规程

船舶高压隔离开关是船舶高压电力系统中重要的开关电器，需与高压断路器配套使用，其主要功能：保证高压电器及装置在检修工作时的安全，起隔离电压的作用，仅可用于不产生强大电弧的某些切换操作。由于断路器的断开点在外是看不见的，为了保证在检修船舶高压电力系统时操作人员的人身安全，在船舶高压主发电机断路器与高压汇流排之间，在分断高压汇流排的断路器两端，以及在高压变压器的断路器与高压汇流排之间，都串联了隔离开关。隔离开关是具有可见断开点的开关，由于隔离开关没有灭弧装置，因此不能带电进行分合闸操作。由于有机械或电气的联锁，操作船舶高压隔离开关时，要与断路器的分、合闸操作相配合，只有当断路器断开后，才能进行断开船舶高压隔离开关的操作。断路器在合闸位置时，无法分断船舶高压隔离开关。同样，必须先合上船舶高压隔离开关，之后才允许合上高压断路器。其操作规程如下：

（1）操作前应确保断路器在相应分、合闸位置，以防带负荷拉合隔离开关。

（2）操作中，如发现绝缘子严重破损、隔离开关传动杆严重损坏等严重缺陷时，不得进行操作。

（3）如隔离开关有声音，应查明原因，不得硬拉、硬合。

（4）隔离开关、接地开关盒断路器之间安装有防误操作的闭锁装置时，倒闸操作一定要按顺序进行。如倒闸操作被闭锁不能操作时，应查明原因，正常情况下不得随意解除闭锁。

（5）如确实因闭锁装置失灵而造成隔离开关盒接地开关不能正确操作时，必须严格按闭锁要求的条件，检查相应的断路器和隔离开关的位置状态，只有在核对无误后才能解除闭锁进行操作。

(6)解除闭锁后应按规定方向迅速、果断地操作,即使发生带负荷关合隔离开关,也禁止再返回原状态,以免造成事故扩大,但也不要用力过猛,以防损坏隔离开关;对单极刀闸,合闸时先合两边相,后合中间相;拉闸时,顺序相反。

(7)拉、合带负荷和有空载电流的刀闸时应符合有关规定。

(8)对具有远程控制操作功能的隔离开关操作,一般应在主控室进行操作,只有在远控电气操作失灵时,才可在征得技术负责人许可,并有现场监督的情况下在现场就地进行电动或手动操作。

(9)远程控制操作完毕,应检查隔离开关的实际位置,以免因控制回路中传动机构故障,出现拒分、拒合现象,同时应检查隔离开关的触头是否到位。

(10)发现隔离开关绝缘子断裂时,应根据规定拉开相应断路器。

(11)操作时应戴好安全帽、绝缘手套,穿好绝缘靴。

(12)操作隔离开关后,要将防误闭锁装置锁好,以防下次发生误操作。

4. 高压接地开关的操作规程

为了维修操作人员的人身安全,确保他们接触的线路无电,不同于传统的船舶低压电站,船舶高压电站供配电线路上还安装了多处接地开关。接地开关的一端与母线(线路)相连,另一端与接地点可靠相连。在停电维修某段线路和设备时,应合上相应的接地开关,以保证被维修线路和设备可靠的接地,防止线路上积累的电荷对维修操作人员造成影响,或者在断路器意外合闸时,由于线路三相接地,造成三相短路,使断路器立即跳闸。

5. UPS管理操作规程

不间断电源UPS是高压电站控制系统的应急供电设备,如果UPS不能正常工作,在船舶失电后,高压电站控制系统将不能工作,导致高压电站处于瘫痪状态。因此,对UPS的操作和管理应予以重视,同时UPS的功能试验也是高压电力系统船舶的必检内容。

平时保持电瓶间整洁,并确保通风良好。保持电瓶以及接线柱清洁,确保接线紧固。日常经常检查UPS设备各参数是否正常,平日UPS设备采用浮充电制,每月充分放电一次,然后手动充足,再转浮充。检修UPS时,应用其他电源代替UPS供电,保证高压电站控制系统的供电。

8.6.2 船舶高压开关柜的"五防"措施

随着船舶高压电力系统的不断发展,特别是控制技术的不断更新,船舶高压电力系统防误操作装置得到不断改进和完善。防误操作装置的设计原则:凡有可能引起误操作的高压电气设备,均应装设防误装置和相应的防误电气闭锁回路。为保证安全及各联锁装置可靠不至损坏,必须按联锁防误操作程序进行操作。船舶高压开关柜的"五防"措施是船舶高压电力系统安全生产的重要措施之一。

船舶高压开关柜的"五防"措施的具体内容如下:

(1)为防止误分、合闸按钮做防护设计,防止在正常运行下误分闸操作或不具备合闸条件下误合闸。

(2)防止带负荷分、合隔离开关。隔离开关无灭弧装置,因此不能带负荷分、合隔离开关。隔离开关与相应的高压断路器有机械或者电气的联锁,只有在高压断路器分闸后,才能分、合隔离开关。

(3)防止带电挂(合)接地线(接地开关)。仅当相应的高压断路器处于试验位置时,接地开关才能进行合闸操作,实现防止带电误合接地开关。

(4)防止带接地线(接地开关)接通高压断路器。仅当接地开关处于分闸位置时,相应的高压断路器才能从试验位置移至工作位置,防止接地开关处于闭合位置时接通高压断路器。

(5)防止误入带电间隔。接地开关处在分闸位置时,高压开关柜的下门及后门都无法打开,防止人员误入带电间隔。

8.7 高压岸电连接

重油或柴油在燃烧过程中会产生大量的氮氧化物 NO_x 和硫化物 SO_x。相关研究数据表明:NO_x 和 SO_x 是燃烧过程中产生的重要污染物,污染物通过气候作用可以传播至1000 km 以外的地区;船舶使用发电机和柴油机产生的噪声也会对环境造成污染。因此,解决船舶的港口环境污染问题越来越受到重视。美国率先提出:凡是新建码头,船舶靠港期间均要停止使用船上的发电机,而改用岸电供电,以减少污染。目前,这种被称为 AMP(Alternative Marine Powered)或 Cold Ironing 的码头岸电技术已在美国的洛杉矶等港口应用。码头高压岸电的容量一般与一台船舶高压主发电机的容量相当,如洛杉矶港的高压岸电电源规格为"6600 V、60 Hz、2700 kW"。当然,船舶靠岸时也可以使用低压岸电。

8.7.1 高压岸电系统的组成

船舶高压岸电设施主要包括:高压岸电电缆绞车;高压岸电连接屏(MV shore power connection panel);高压岸电接受屏(MV shore power receive panel),如图 8-3 所示。

两套高压岸电电缆绞车分别位于船艉左右舷(upper deck 层)。连接岸电时,先将绞车的移门打开,然后用手动液压泵将电缆搁架向船舷方向完全放出,再通过电机转动电缆绞车将电缆徐徐放到码头上,由码头工作人员将电缆插头与码头上的岸电插座相连,岸电首先被引到岸电连接屏。

岸电连接屏位于机舱,由左舷岸电连接屏、右舷岸电连接屏和高压岸电配电屏组成。电机员在岸电配电屏检查岸电相序是否正确(若不对,通知码头换相),并分别检查岸电的电压、电流、频率、功率等参数,若参数正常,就可以在左舷(或右舷)岸电连接屏上闭合断路器,将 6600 V 的岸电送至位于集控室高压主配电板上的岸电接收屏。

岸电接收屏用来将岸电通过主汇流排向船舶电网供电。岸电接收屏上有真空断路器 VCB、接地开关、相序指示仪、数字式多功能表(可进行电压、频率、电流和功率指示)等,并通过数字式继电器实现岸电的过电流保护(长延时、短延时)和欠压/断相保护。

8.7.2 AMP 岸电系统的安全操作

整个操作过程必须有两名以上专业人员参加,应该由轮机长现场指挥,电机员具体操作,一名轮机员协助;现场人员配备对讲机,保持船舶内部指挥协调以及与岸上人员的沟通

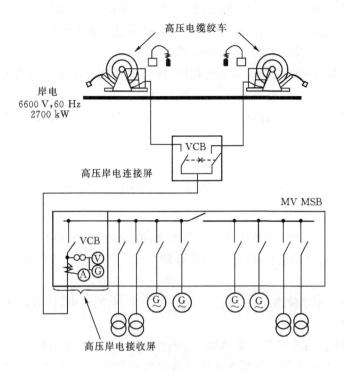

图 8-3 高压岸电系统

联络,确保操作安全顺利进行。在 AMP 岸电系统操作之前,首先校对岸电与船电基本参数要一致。

其安全操作共分以下六个步骤。

1. 岸电连接前的准备

接岸电前,岸上专业人员要上船接洽,并要求船舶 AMP 岸电系统进行接地放电。

在岸电专业人员见证下,船员在 SC 连接屏上完成接地放电程序。

2. 电缆的送岸连接

电缆绞车有自动张紧功能(类似自动绞缆车),能够保证电缆在设定张力下伸出一定的长度,间隔一定时间自动收绞一次,可有效保护电缆不受外力损坏。

必要时可适当调节电缆绞车自动力矩和设定的绞缆时间。调定后的电缆应该是不吃紧也不松弛外溜,10 分钟左右自动绞缆 3 秒钟。如果原设定的自动力矩偏大、时间设定偏长等,均有必要调小和调短。

船员操纵船舶尾部两舷 AMP 岸电箱内的 6600 V 高压电缆专用收放装置,依次进行:
① 放出液压电缆导缆托架;
② 操作电缆绞车,将两根 6600 V 高压电缆顺着导缆托架逐步送出;
③ 岸上人员接到电缆后,将其接妥岸上电源。

3. AMP 应急断电线路的连接和试验、送电

AMP 应急断电线路的原理:将连接电缆中的应急停止控制回路接入 AMP 高压真空开

关合闸线圈(串联,电压 110 V),当船舶任何一个应急按钮按下,或船上 AMP 电缆绞车送出到仅存最后一圈电缆时,自动断开岸电高压开关,起到应急保护作用。

①岸上人员接妥电缆接口后,连接应急断电线路。

②船员配合,在艉岸电箱、SC 岸电连接屏、MM 高压配电板上的岸电控制屏等三处,按照岸上人员指挥操作应急断电按钮,做应急断电试验。

③岸上人员确认试验成功,就完成了 6600 V 高压电 AMP 的全部供电准备工作,随时可通知岸上合闸供电。

4. 同步检验

在 SC 连接屏上检验相序,进行同步检测。待确认后可以合闸,向高压配电板送电。

5. 高压配电板合闸送电

高压配电板的合闸送电有多种方法和模式(船舶供电的断电和不断电合闸;船舶供电不断电合闸中又分自动同步合闸和手动同步合闸)。岸方一般为了安全起见要求船舶断电合闸。

船舶断电合闸:相序检测后,按下发电机分闸按钮,全船失电,接着按下 AMP 的合闸开关,恢复船舶供电。

若选用自动同步模式只要按下 AMP 合闸按钮,自动同步并电后供电发电机自动进行负载转移、分闸,机舱在不断电的情况下完成岸电供应转换(类似发电机转换操作)。然后记下电度表的读数,以便结算。

6. 岸电供电结束的恢复程序

先起动一台副机,选择确定并电方式和模式。

若选用不断电自动同步模式,只要按下待并发电机合闸按钮,自动同步并电后岸电负荷自动转移到船舶发电机,岸电分闸,机舱在不断电的情况下完成岸电供应转换(类似发电机转换操作)。

船舶断电合闸与上述相同,起动船舶发电机后,先岸电分闸,全船失电,接着按下发电机的合闸开关,恢复船舶供电。然后记下电度表的读数,以便结算。接着在 SC 连接屏上分闸一次:

①通知岸上人员停止供电(当然,船舶此时也可以按下应急断电按钮,遥控岸上分闸断电);

②配合岸上人员脱开电缆连接;

③操纵 6600 V 高压电缆专用收放装置,逐步收起电缆;

④操纵收起液压导缆托架,关上舷门。

8.7.3 高压岸电的连接方式

1. 断电方式

断开船上大容量的用电设备,切断并停止船舶主发电机。然后,按下岸电接收屏上的"CLOSE"按钮接通岸电。

2. 同步并车方式

此种方式可以实现船电和高压岸电的不间断转换。

在确认岸电相序正确后进行并车操作,并车的条件包括:①船舶主发电机单机运行;②电压相等;③频率相等;④相位相等。并车方式(手动或自动准确同步)可以通过同步屏上的转换开关进行选择(通常选择"AUTO")。并车操作可按发电机的并车操作规程进行,但在并车过程中只能调节船舶发电机的电压、频率和相位。

若选择"AUTO"方式,电力管理系统将视岸电为另一台船舶发电机,进行岸电和船电的自动并车、负荷转移、发电机自动解列及自动停车的控制。自动并车和负荷转移的过程延续约 10 s,10 s 后发电机的 VCB 将自动分闸。当负荷增加到最大值或岸电突然消失的时候,应立即起动一台船舶发电机。

8.7.4　AMP 岸电系统的日常管理

(1)定期测试系统绝缘,抵港准备接岸电前一周测试一次。

(2)对电缆专用收放装置进行定期检查和效用试验,即将液压导缆托架放出、收起,将电缆送出和收回;抵港准备接岸电前一周检查和进行效用试验一次。

(3)岸电绞车室内装有 220 V 电加热器,电源开关不能关闭,室内应保持干燥。岸电绞车控制箱 440 V 电源开关不能关闭。

(4)恶劣天气停止后,尽快检查岸电绞车室内和设备状况。

复习与思考

1. 船舶配电系统按电压等级如何分类?
2. 对交流高压电气设备有什么特殊要求?
3. 什么是船舶高压电力系统?高压电力系统有哪些优缺点?
4. 船舶高压电力系统的具体组成结构如何?
5. 除严格遵守一般安全用电要求和操作规程外,管理高压电力系统还需注意什么?
6. 为什么在船舶高压电力系统中要使用隔离开关和接地开关,它们有哪些作用?
7. 什么是接触电压?什么是跨步电压?
8. 高压电的安全操作规程是什么?
9. 五防措施具体内容是什么?为什么说它是安全操作的基本原则?
10. 高压岸电系统的组成是什么?为什么要使用高压岸电系统?
11. 高压岸电连接的安全操作规程是什么?
12. AMP 岸电系统的日常管理有哪些?

第9章 自动化电站

前几章介绍了船舶电力系统的基本结构和原理,如发电机自动并车、自动调压及无功分配、自动调频调载及继电保护等方面的内容,都属于电站自动化范畴。随着船舶自动化程度的不断提高,电站自动化由局部、就地的控制必然发展到综合、集中的自动控制;并逐步发展为分布式的微机电站、智能电站。

9.1 概述

9.1.1 机舱自动化等级

电站自动化从属于轮机自动化,后者通常也叫机舱自动化。我国《钢质海船入级规范》对船舶的机舱自动化划分为四个级别:

MCC标志级:它是指机舱集控站(室)有人值班,对推进装置和机电设备进行操作和监控。

BRC标志级:它是指推进装置由驾驶室控制站遥控(通常叫主机遥控),机器处所(机舱)有人值班。

AUT-1标志级:它是指推进装置由驾驶室控制站遥控,机舱集控站(室)至少有一人值班,对机电设备进行监控。

AUT-0标志级:它是指推进装置由驾驶室控制站遥控,机器处所包括机舱集控站(室)周期无人值班。周期通常有16、24、36、48 h等几种。

AUT-0标志级是机舱自动化最高级别,通常也叫无人机舱。要求船舶自动电站保证在无人值班的周期内连续正常运行,要保证以下工作正常。

(1)若由一台发电机组运行供电,在该机组发生故障时,备用发电机组应能在45 s内自动起动合闸,向重要负载供电。

(2)若由二台以上的发电机组并联供电,在其中一台机组出故障时,应有措施保证对重要负载的连续供电。

(3)因短路故障停电后,备用机组的自动合闸只允许进行一次,合闸失败后应报警。

(4)当运行发电机组超负荷时,应能自动卸除非重要负载,保证对重要负载供电;或自动起动备用的发电机组并网供电。

(5)自动电站应显示电压、频率及应急蓄电池组向临时应急照明供电的指示。

(6)自动电站应实现电压过高或过低报警、频率过低报警、自动卸载动作报警、自动合闸失败报警、主开关脱扣报警、对地绝缘电阻低报警、应急蓄电池组向临时应急照明供电时报警等。

9.1.2 船舶电站自动化的技术特征

(1) 自动化装置采用计算机技术,包括可编程逻辑控制器(PLC),使控制部分的体积重量大大减小,工作可靠性大大提高,控制方式也由硬件控制变为以软件控制为主,使功能的组合、扩展或修改变得容易。维护方便,模块通用性好。

(2) 计算机控制由大型机集中控制方式发展到多微机分散控制方式,使工作可靠性大大提高;进而出现由多级计算机构成的分布式控制系统,以及大量应用光纤通信和网络技术。

(3) 信号处理由模拟量信号处理发展到尽可能多的数字量信号处理和通信。

(4) 由就地人工分散控制发展到集中控制,特别是由驾驶室控制站对机舱的遥控,实现了无人值班机舱。

(5) 机电一体化。自动电站属于自动机舱的一部分。就机舱自动化的内容来说,除了自动电站外,还有机舱参数的集中监测报警、主机遥控(由驾驶室遥控)、辅助设备如辅助锅炉、分油机、泵、空压机、油水分离机和焚烧炉等的控制,一些重要工况参数如温度、压力、液位、流量、黏度和转速等的自动调节,火灾自动报警等。自动机舱又属于自动船舶的一部分。全船自动化除了自动机舱以外,还有装卸和船舶状态的自动控制、航行自动化(包括自动驾驶系统、自动定位和导航系统及自动通信系统)、舾装自动化(包括绞缆、防火和救生等)、船舶管理系统和专家系统。

(6) 从提高运行的经济性出发,更注重使用电能的经济和环保,目前正研究开发更节能环保的电站。

(7) 可靠性和生命力,目前船舶电站正研究船舶在所处的环境、运行条件和工作方式下,能够完成在全寿命期内功能不至于明显下降从而提高可靠性,以及在局部故障或事故中,仍能保证不间断供电的生存能力。

9.2 船舶自动化电站的组成及其基本功能

船舶电站在船舶上有着重要的地位,电站供电的可靠性、连续性和安全性将直接影响到船舶能否改善机舱管理人员的劳动条件和提高电站运行的经济性。在具有要求多台机组并联供电的电站中,实现电站的自动化,必须将各个自动功能单元(模块)有机地联系起来,组成一个总体控制系统。这个系统能收集来自各台柴油发电机组、断路器、汇流排以及各主要负载的必要信息及参数,并加以分析、判断,在一定的条件下,自动地采取符合逻辑的措施,处理电站运行中可能出现的各种情况,确保电力系统安全可靠、经济地运行。系统控制功能框图如图9-1所示。

船舶自动化电站的基本功能主要包括以下10个方面。

1. 发电机组操作方式的选择

自动电站中每一台发电机组应有三种可供选择的操作方式:"机旁""遥控""自动"。并且按次序前者应优先于后者。仅当某机组确定为"自动"方式时,它才纳入总体控制系统的范围。在机组发生故障的情况下,应能自行"退出自动"(即所谓"阻塞"),未经管理人员排除故障并将自动控制"复位",不得自行恢复"自动"功能。

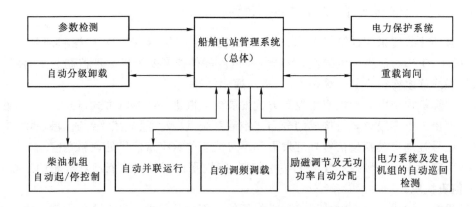

图 9-1 船舶自动化电站系统控制功能框图

2. 发电机组的自动起动

当柴油发电机组处于停机备用状态时,如接收到命令发电机起动的信号时,该机就能实现自动起动。

3. 自动准确同步并车

当装置接到合闸指令后,就自动进入并车程序,通过升速(或减速)控制使待并机组频率高于电网频率在 0.1~0.5 Hz 范围内,再进行发电机与电网相位差检测,当相位差角 δ<±10°时,发出超前时间为 0~1 s 的合闸信号,使待并发电机投入电网运行。

4. 自动恒频及有功功率自动分配

当两台机组并联运行时起动调频调载装置与原动机调速器配合工作,使电网频率维持恒定,偏差不大于±0.25 Hz,并使两台机组承担的有功功率按机组容量成比例分配。

5. 自动恒压及无功功率自动分配

无论单机还是并联运行,励磁自动调节装置总能保持电网电压恒定,误差不大于±2.5%U_N。同时能调整并联运行发电机的无功分配,使之合理分担。

6. 自动分级卸载

当电网负载超过额定负载时,可分一次或两次卸掉次要负载。

7. 重载询问

当需要起动大负载时,应先询问运行发电机(电网)功率贮备是否满足其用电和起动要求,若不能满足时,则应先起动备用发电机组并车后才允许该负载接入电网。

8. 重要负载分级起动

当船舶电网因故障失电后又获电时,为避免因负载同时起动造成的电流冲击,甚至使发电机 ACB 再次跳闸,自动电站能够对重要负载进行分级起动,按照在紧急状况下各负载的重要性排好先后次序,并按其起动电流大小分组,然后按程序逐级起动,每两级之间起动的时间间隔为 3~6 s。

9. 自动解列

当装置接到解列指令后,进入解列程序,此时如电网总负载大于在网发电机额定功率的85%时,则自动取消解列指令;反之则进入负载转移控制,当负载转移到额定功率的10%以下时,延时1 min后发出分闸信号,解列成功。若在负载转移过程中,在网发电机负载大于额定功率的85%时,自动取消解列指令,重新进入原来的调频调载工况。

10. 巡回检测及保护

为了对电站运行状况做到适时控制,电站自动控制系统通常依靠各种传感器对电力系统中的大量参数连续且自动地进行巡回检测、数字显示、报警和记录,同时输出信号,通过计算机或其他相应的自动控制设备去控制有关设备的运行与停止。柴油发电机组巡回检测、报警及保护的内容有以下几个方面。

①对于柴油机:零转速、点火转速、中速运行、额定转速;润滑油压力的低和过低;冷却水出口温度高和过高;各缸排烟温度;柴油机运行时数累计等。

②对于发电机:电压、频率、功率、电流、功率因数;ACB的储能、合闸、断开。

③对于电网:汇流排电压、短路故障、绝缘状态。

④对系统状态及工作过程的监视与指示:原动机的预热、预润滑;起动空气压力;运行控制方式选择;正在起动;起动成功或失败;正在停机过程中;停机成功或失败;控制系统的工作电源等。

自动电站控制系统的每一个功能单元都有相对的独立性,由总体控制系统将各部分工作有机地协调起来,在系统的安排上,应充分利用各功能单元的独立性,使系统运用起来更加灵活。例如,当某部分出现故障时,仍可利用其他单元实现局部自动化或半自动化。

9.3 船舶发电机的自动起动与停机

9.3.1 备用机组的自动起动

船舶电站中各台主发电机组一般都是采用互为备用的原则,备用机组的燃油、压缩空气备好、有预热和预润滑、无阻塞、操作选择开关置于"自动"位置则认为机组已进入"备好"状态。

1. 起动前的预润滑

在船舶自动化电站中,处于备用状态的机组都具有滑油循环系统,包括由本身的动力带动的润滑油泵(机带泵)、管路、过滤器和冷却器等。在运行时,能自行建立一定的滑油压力,保证自身的滑油循环,使各主要润滑部位都有良好的润滑;停机后,滑油系统也停止工作。因此,经较长时间停机后,应有起动前的预润滑程序,确保在起动时,各相互接触的运动部位有必要的滑油,避免发生干摩擦。自动控制预润滑有周期性自动预润滑、非周期性预润滑和一次性注入式预润滑等方式。

周期性自动预润滑是在柴油机滑油泵之外,另设一电动油泵,作为柴油机润滑油循环系统的另一个动力源。该电动油泵,应能实现自动控制,当柴油机停机后,就开始工作,保证每隔一定时间(例如 4 h)接通电源使油泵工作一段时间(如 10 min),周期性地实现预润滑,以待机组随时起动。当柴油机投入运行后,自动预润滑油泵的控制电源立即断开,由柴油机自动润滑。

对于非周期性预润滑,只要机组一停,预润滑油泵就开始打油,直至机组起动成功油泵才停止运行。

一次性注入式预润滑是在柴油机润滑系统中,接入一个柱塞式滑油泵,其中贮满滑油,当机器接到起动指令时,压缩空气先作用到柱塞式油泵,推动活塞,将其中所贮滑油,通过滑油管系,注入到机器需要润滑的各部位,然后再开始起动柴油机。

2. 预热(暖机)

当起动成功后,柴油机将运行在略高于最低稳定转速上,称为点火转速,以后再予以升速,一般为了减少热应力,让机器先在中速下运行一段时间进行预热,预热所需时间根据机型和辅机冷却系统的设计而不同。在自动电站中,通常是将各台柴油机的冷却淡水管系连成一个整体,运行机组的冷却水(约 65℃)也循环于备机的冷却系统中,使备用机组处于预热状态,当备用机组起动成功后,可以较快地加速(甚至无需暖缸)直到额定转速运行,这对于增强自动电站的功能,保证供电连续性、可靠性是很有帮助的。

3. 机组自动起动控制装置功能

主柴油发电机组自动起动控制装置必须具有以下功能。

(1)应有"自动""机旁""遥控"操作方式的转换,并能满足"机旁"优先于"遥控","遥控"优先于"自动"。"优先"是当转换开关置于"自动"时,也应能做"遥控"或"机旁"操作;置于"遥控"时,也可实现"机旁"操作,但不能有"自动"的功能;置于"机旁"时,"自动"及"遥控"功能均被取消。

(2)对自动起动的各种准备工作进行逻辑判断和监视。例如:需确认机组已检修完毕、转换开关已置于"自动"位置、有预润滑、预热、有足够起动动力、本机是处于静止状态等才能自动起动。

(3)接到起动指令时能自动起动柴油机。当转速和滑油压力在限定的时间内达到规定值时,发出起动成功信号。

(4)一个起动指令,可以允许三次起动,若三次失败,应给出起动失败信号,并向总体逻辑控制单元发出"起动失败"信号,以便由"总体"判断采取其他措施。

(5)适当控制起动时的给油量,柴油机自行发火后,应切断起动动力源。

(6)"中速运行"和"加速"控制。若柴油机需要有"暖缸运行"的程序时,应将油门控制于"暖缸转速"下进行暖缸,并给予一定的"暖缸时间"控制,待时限到达后,再予以加速,直到接近额定转速。对于不需要暖缸的机器,可直接加大油门,使转速迅速上升到额定转速附近。

(7)当转速上升到设定的起动成功转速时,应自动切断本机的预润滑系统,并经适当延时(约几十秒)以后,接入对本机的滑油压力监视。这是因为柴油机自带的滑油泵,在润滑系统中建立必要的油压需要一定的时间,刚起动时,滑油压力尚未达到应有数值,这是正常现象。若不经延时接入监视,它将立即发出"滑油压力低"的错误信号,造成不必要的报警,甚至自动停机。柴油机所需的其他监视,无需延时。

(8) 具有超速保护。即当柴油机转速超过额定值15%时，延时2～3 s停机，同时发出报警信号，禁止柴油机再次起动。

(9) 如果因为柴油机本身的故障（一般有起动失败、滑油压力低、冷却水高温、曲轴箱油雾浓度高、超速等）而导致停机时，应发出"阻塞"信号，使该机的自动起动控制程序阻塞，并发出声光报警。待轮机员排除了故障，手动"解除阻塞"后，才能恢复自动功能。

(10) 自动起动、停机控制器，具备"模拟试验"的功能，使运行管理人员能在不影响柴油机的原始状态下，校核控制器的工作是否正常。通常用组合开关和指示灯来实现。

柴油发电机组的自动起动程序如图9-2所示。流程包括了"暖缸"工况，某些柴油机可能不需要暖缸。某些柴油机的流程可做如下处理：将"起动"指令安排成两种方式，一种是"正常起动"指令，让机组有"暖缸"工况；另一种是"紧急起动"指令，例如航行中电网突然失电，要求备用机组立即起动供电，当程序控制器接到这种指令时，可以自动越过"暖缸"程序。

柴油机起、停程序可归纳为三种基本原则：①按时间原则控制，即模仿人的实际操作过程，按时间拟定控制程序；②按速度原则控制，即直接按速度拟定控制程序；③按滑油压力控制，即根据不同转速时滑油压力的变化拟定控制程序。一般采用综合方式控制，即在整个控制系统中，把以上三种控制原则都考虑进去。

4. 备用机组起动条件

当出现下述任一条件时，自动控制系统就应发出"增机"指令，起动备用机组。
(1) 经延时判断，确认运行机组重载；
(2) 运行机组的滑油压力低；
(3) 运行机组冷却水出口温度高；
(4) 电网突然断电；
(5) 经重载询问，贮备容量不够；
(6) 正要起动的备用机组阻塞；
(7) 备用机组起动失败或合闸失败。

9.3.2 运行机组的自动解列与停机

1. 发电机组的解列

当两台及以上发电机组并联运行时，若因电网负荷降低到可以停掉一台发电机组时，应自动发出"解列"指令。或者运行中的某台发电机组因发生运行不正常（例如冷却水出口温度偏高等）时，自动控制系统可以先起动备用发电机组，并车后再转移负载，解列指令发出后，通过自动调频调载装置将待停发电机组的负载转移给其他运行发电机组后，再将该机ACB分闸。

对于因电力系统负荷降低而形成的解列指令，究竟解列哪一台发电机组好呢？自动控制系统会停掉备用级别最低的发电机组。

对于运行中的某台发电机组因发生运行不正常情况的解列指令，为了尽可能地不中断供电，对于"运行不正常"现象的识别信号，可以分为两级：一级作为预报；一级作为保护装置的动作极限。预报级信号可以用来要求起动备用机组，以便赢得时间，等待备用发电机组起

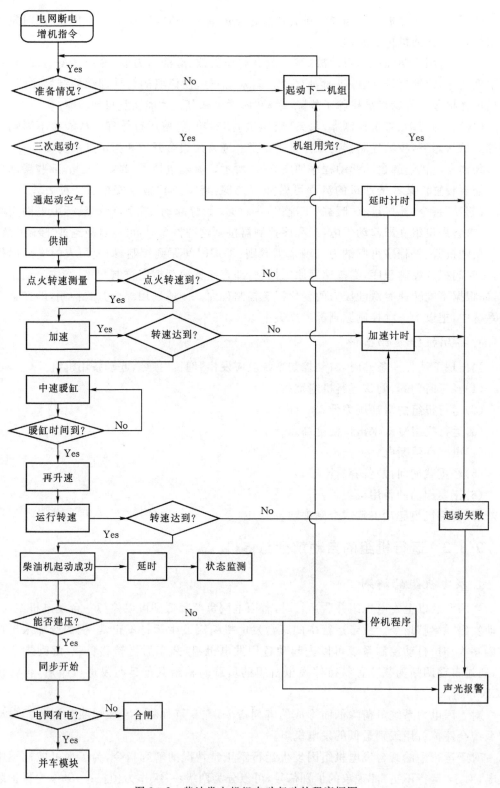

图 9-2 柴油发电机组自动起动的程序框图

动和并车后再解列"不正常"的发电机组。当然,这种期望是建立在不正常的发电机组还可以坚持运行一段时间的基础上。显然,这一段时间决定于两方面:一方面是备用发电机组的起动、加速、并车和负载转移所需的总时间,当然越短越好;另一方面是不正常现象发展的速度,当它发展到保护装置的动作极限时,如果并车尚未成功。则会造成因保护装置动作而电网失电。

2. 运行机组的停机

控制柴油机停机时,只需切断燃油供给,机器即可自行停下来。但也需注意,不同型式的机器可能有不同的要求。突然停机也许是某些机器的性能所不能接受的,一般要求在中速下先运行一段时间(180 s),待温度逐渐降低,然后才允许断油停机。

柴油发电机组的自动停机程序,如图 9-3 所示。

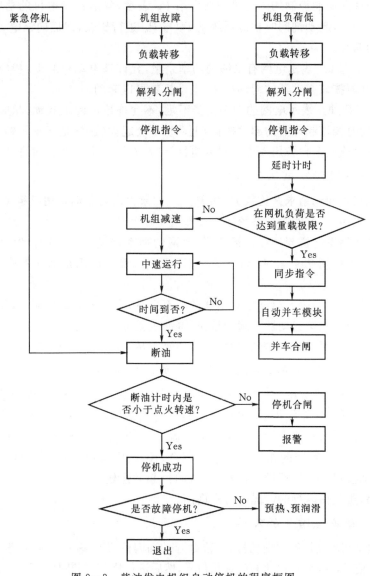

图 9-3 柴油发电机组自动停机的程序框图

9.3.3 重载询问的功用及实现重载询问的基本原理

重载询问就是指大功率负载投入电网时，必须首先判断电网中的功率是否允许直接进入。列入大功率负荷管理的负荷，是指在任何船舶工况下偶然使用的大功率负荷，如压载泵等。对有特大负荷的船舶，当特大负荷请求时，可能要增两台备用机组的请求，如集装箱船上的侧推器等。在大功率负荷起动箱上，按下起动按钮，这一起动信号不是送入控制箱内的控制电路，而是送入自动电站管理系统中，管理系统经过判断是否有必要起动备用机组，只有在电网上功率余量足够时，才由管理系统发出起动这一大功率负荷的指令，此大功率负荷才可投入运行。

1. 允许起动信号

纳入重载询问功能控制的电动机的功率用 P_m 表示，各运行发电机的功率余量（剩余功率）总和用 P_s 表示，起动询问时控制系统把 P_s 与 P_m 进行比较，然后向该电动机起动器发出是否允许起动信号。

(1) 当 $P_s \geqslant P_m$ 时：表示电网有足够的功率余量，允许该电动机起动，相应的允许起动信号触点接通，此时按该起动器的起动按钮，电动机就可以起动。

(2) 当 $P_s < P_m$ 时：表示电网的功率余量不足，不允许该电动机起动，相应的允许起动信号触点断开，此时按该起动器的起动按钮，电动机不会起动（这就是起动闭锁）。这时控制系统自动起动一台或更多台备用发电机投入电网运行，然后发出允许起动信号。

2. 确定投入运行发电机的台数

控制系统接到起动请求并比较 P_s 和 P_m 后，如果得出要起动备用机组投入运行，究竟是起动一台还是更多台，有的管理系统还可以作进一步判断。

当第一台备用发电机起动投入运行后，电网的功率余量增加了这台发电机的额定功率 P_{g1}，现以 P_{ss} 表示预期功率余量，则有 $P_{ss} = P_s + P_{g1}$，现在再用预期功率余量 P_{ss} 与 P_m 相比较。

(1) 当 $P_{ss} \geqslant P_m$ 时：表示电网已有足够的功率余量，允许该电动机起动，相应的允许起动信号触点接通，此时按该起动器的起动按钮，电动机就可以起动。

(2) 当 $P_{ss} < P_m$ 时：表示电网的功率余量还是不足，应再起动一台备用发电机组。

3. 大功率电动机起动器的起动询问电路工作原理

起动询问电路原理如图 9-4 所示。在原来的起动线路中串入"允许起动"触点，这对触点可以直接由自动控制系统提供；也可以通过继电器扩展。考虑到一般自动控制系统只输出一对触点，所以在起动器中设一个扩展继电器 K_2。起动按钮 S_2 有两对常开触点，某一对允许起动时自动控制系统的相应输出触点闭合，K_2 线圈得电动作，指示灯亮，表示可以起动，再按下起动按钮 S_2，K_1 线圈得电动作，电动机起动运转。同时 K_1 的辅助常闭触点动作断开询问线路，避免在运行的情况下再次询问。

4. 重载起动询问信号的处理

起动询问是在起动运行之前的操作，重载起动询问信号只是一对触点，没有具体数量，因此需要把触点信号转换成可以比较的数量信号，然后进行比较，判断是 $P_s \geqslant P_m$ 还是 $P_s < P_m$。

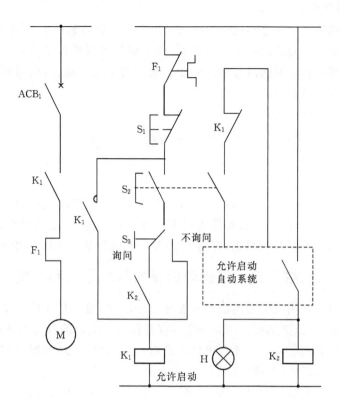

图 9-4 起动器起动询问原理电路图

(1)模拟运算。

执行"备用发电机组的起动需求"功能,自动控制系统需要测量并计算运行发电机的额定功率总和与实际负载功率总和,并计算出电网或发电机的实际功率余量。

纳入这个功能的每台起动器的询问按钮信号代表了一个确定的功率值,自动控制系统根据每个按钮所代表的电动机功率,设定一组模拟的功率值与之对应,起动询问时取出进行比较。通常有两种比较方法:一种是用对应的模拟功率值与测得的电网功率余量相比较;另一种是把对应的模拟功率值作为实际负载加入总和,得出模拟的实际负载功率与设定的允许值相比较。前者较经济,后者较可靠。

(2)负载限定。

实际上,大多数船舶电站都是在一台发电机运行的情况下进行起动询问的,需要起动询问的大功率电动机数量也很少,同时起动几台大功率电动机的情况更少。有的电站采用对发电机的负载限定来实现起动询问功能。负载限定并不是限制发电机的负载,而是指负载在这个限定值以下允许起动,负载在这个限定值以上不允许起动,只有在备用机组投入后才允许起动。

每台发电机都设置一个功率继电器或电流继电器,它的动作值为:功率动作值＝发电机额定功率－设定功率余量－最大电动机功率或电流动作值＝发电机额定电流－设定电流余量－最大电动机电流。

(3)运行台数判别。

有些船舶选用的大功率电动机的容量几乎达到发电机容量的50%左右,必须在两台发电机并联运行工况下才允许这些电动机起动,起动询问可以看作是判别一台发电机运行还是两台发电机并联运行。询问信号输入时如果是一台发电机运行,则需起动备用机组投入并联运行后才允许电动机起动。

5. 起动询问的功率值

需要起动询问的电动机的容量由设定的电网负载余量决定。起动小于电网负载余量的电动机有可能引起起动备用机组,不会引起分级卸载或跳闸。起动大于电网负载余量的电动机应纳入起动询问。

例如发电机对备用机组的起动需求负载为85%,则大于发电机额定容量15%的电动机起动应纳入起动询问。为了可靠起见也可取大于10%。例如某船电站的发电机容量为440 kW,设定在85%起动备用机组,把两台55 kW压载泵电动机纳入起动询问。

9.3.4　发电机组自动顺序起动选择的基本原理和方法

自动电站中对于备用机组的起动必须安排一个顺序,通常是在控制系统中设置固定的顺序,可按机组的编号依次循环。例如一个具有三台发电机组的自动电站按1-2-3-1的循环来决定备用机组的起动。只要在电网上已有一台机组在运行,即可按负荷的需要或按运行机组的技术状态产生的"增机指令",顺序起动下一台机组。

在电站中有三台机组的情况下,需要增机的情况大约有以下几种:

(1)单机运行不正常或重载,要求增机,按顺序起动下一台。例如电网上1号机组在运行,控制系统按负荷的需要或按运行机组的技术状态发出"增机指令"时,按顺序起动2号机组。

(2)单机运行,突然跳闸,电网失电,起动下一台。

(3)单机运行,要求增机,但第一备用机组"阻塞",或起动、合闸失败,"增机指令"应递续给最后的一台。例如电网上1号机组在运行,若发出"增机指令"后,2号机组起动失败,则控制系统应递续起动3号机组。

(4)并联运行,要求增机,则起动最后一台备用机组。

上述后两种情况发生时,则是系统的机组"已经用完",故自动电站还应设置监视"系统用完"的信号指示电路,以便引起管理人员的注意。

9.4　电站监控及故障处理

9.4.1　船舶电站监控系统的组成、功能

现以微机控制三台发电机组组成的电站为例,简要地说明自动电站控制系统的基本功能,其原理如图9-5所示。图9-5中三台发电机分别记为G_1、G_2、G_3。原动机各带有调速器,其中调速电机(M_2)由微机输出(DO)控制,实现对电站母线频率、运行机组间有功功率分配及转移的控制。

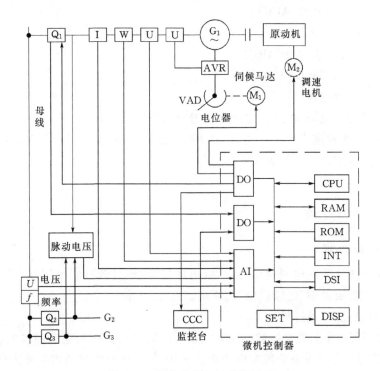

图 9-5 微机控制电站单线原理

发电机励磁系统采用可控相复励自励恒压无刷系统,相复励部分为电流叠加,校正器(AVR)控制交流侧分流,既提高了静态调压精度,又满足了运行发电机之间无功功率的合理分配。AVR 为电子式电压校正器,其中专设了一个电压值整定电位器(VAD),它由微机输出(DO)控制伺服电机(M_1)来驱动,实现对发电机端电压、运行机组间无功功率的合理分配与转移控制。

以微型计算机为主的控制器是由中央处理器(CPU)、随机存储器(RAM)、只读存储器(ROM)、数字输入单元(DI)、数字输出单元(DO)、模拟量输入变换器(AI)、中断输入单元(INT)、设定器(SET)、显示单元(DISP)及数字量调节输入单元(DSI)等构成。

所有经检测得到的信号,经过 DI、AI,送入 RAM,然后根据 ROM 中已存入的有关控制程序进行控制,信息在 CPU 中进行算术或逻辑运算,结果又送入 RAM 或 DO,最后按时间原则由 DO 输出信号控制执行机构,实现对电站相应参数的控制。

执行机构由 ACB、继电器和伺服电机等组成。检测元件有功率变换器(W)、频率变换器、脉动电压检测器、电流表、电压表等。

自动电站的计算机软件系统应该具有以下 10 种功能:
(1)母线电压自动控制(AVC);
(2)发电机无功功率自动控制(ARPC);
(3)母线频率自动控制(AFC);
(4)发电机有功功率自动控制(APC);
(5)发电机自动准同步并车控制(ASYC);

(6)故障机组自动解列(ACC);
(7)负载分级切除(PTC);
(8)发电机运行台数控制(ARC);
(9)原动机自动起动(EASC);
(10)故障监视及报警(MONIT)。

微机控制的船舶电站,程序按时间原则管理,即把任务编成号码,每个任务按给定的时间值运行一次,如此轮流执行。上述10种功能的控制程序,都由实时操作程序(RTOSM)统管,它们的执行间隔为4 s。轮流法实际上是一种循环调度法。

9.4.2 故障处理

1. 电网故障处理

属于控制系统处理的电网故障有三种:电压过高(或过低)、频率过高(或过低)和失电。对电网故障的处理要遵循"连续供电"的原则。

(1)电网电压过高(或过低)。

发电机由 AVR 保证的电压调整率要求在±2.5%以内;作为电源的发电机电压应比设备额定电压高5%;电器设备应能在电压变化-10%～+6%的范围内正常运行。

如果电网电压超过 AVR 所保证的静态指标数据,可认为是故障。考虑到与设备承受能力的协调,一般把电压故障的监测值定在±5%,即电网电压超过+5%或低于-5%,并持续一段时间即作为故障处理。确认的时间一般都定为5 s。处理的方式是报警、起动备用机组。

(2)频率过高或过低。

柴油机由调速器保证的静态调速率为5%,所对应的频率变化也是±5%;电气电子设备应能在频率静态变化±5%的范围内正常工作。一般频率的检测值定在±2.5%,当频率超过这个检测值并持续一段时间后作为故障处理。确认的时间一般定为5 s。处理的方式是报警、起动备用机组。

通常把故障分为两级,1级故障的检测值,电压是±5%,时间5 s;频率是±2.5%,时间5 s;2级故障的检测值,电压是±10%,时间5 s;频率是±5%,时间5 s。1级作为轻度故障;2级作为严重故障。发生1级故障,备用机组起动,经同步操作投入并联运行,故障机组解列退出运行。实现不停电状况交换机组。发生2级故障,备用机组起动,故障机 ACB 分闸,备用机 ACB 合闸投入运行,实现短时停电交换机组。

(3)电网失电。

电网失电后,备用机组起动成功、电压建立可以供电时,还要满足所有发电机 ACB 都在分闸位置才允许合闸。

2. 发电机故障处理

处于备用状态的发电机组,柴油机起动成功后,发电机应能自动投入电网运行,若起动成功后的发电机不能投入电网运行,则由控制系统根据检测的故障信号进行相应的处理。

(1) 起励失败。

起励失败故障也称为电压不能建立故障。柴油机起动成功后在规定的时间内电压不能建立,应作故障处理。检测值与电网电压、频率的1级故障检测值相协调,即起励失败的检测值:电压≤95%,频率≤97.5%,时间3 s。处理的方式是报警和起动后续备用机组。

(2) 自动同步失败。

发电机电压建立后系统发出自动同步合闸指令,如果在规定的时间内控制系统发不出合闸指令,说明系统自动同步操作有故障。一般设定的允许操作时限是60 s。处理的方式是报警、起动后续备用机组。

(3) 合闸失败。

系统发出合闸指令后在规定的时间内ACB不能合闸,按照合闸失败处理。一般设定允许操作时限是3 s。处理的方式是报警、起动后续备用机组。

上述三种故障通常组合成一个报警信号"起励、合闸失败"输出。

若处于运行状态的发电机组,发生故障(过电流、短路、过载、逆功率、过电压、欠电压、频率高、频率低和ACB异常脱扣等)。系统处理的原则:电压和频率故障表现在电网上,由电网检测处理;过电流和过载的处理方式是根据过载的数值起动备用机组以及卸去部分次要负载、跳闸。

(4) ACB异常分闸。

ACB正常分闸是由手动分闸操作或解列时的自动分闸操作,由于保护动作或其他原因引起的脱扣都算异常分闸,按照故障处理。单机运行时异常分闸引起的故障是电网失电;多机并联运行时异常分闸引起的是运行机过载。处理的方式是报警、起动备用机组投入运行。

3. 柴油机故障处理

必须处理的故障通常有:滑油压力低(也称油压低)、冷却水温度高(也称水温高)和超速。

超速是严重故障,ACB必须跳闸、机组必须停机。一般整定在额定转速的1.15～1.20倍。

滑油压力和冷却水温度的检测,一般把故障分为两级,发生1级故障以不断电交换机组的方式处理;发生2级故障以短时断电交换机组的方式处理。从有人值班的机舱对这两个故障处理的方式看,大多是只报警,呼叫值班人员处理。因此现在的设计较多的是只设1级故障处理。

滑油一般是由机带油泵输送,发电机组起动运转后才能建立压力,机组不运行和起动过程中必须对滑油压力信号的作用进行闭锁。柴油机的控制系统独立设在机旁控制箱内,滑油低压信号经处理后输入电站自动控制系统;柴油机由自动控制系统控制时,信号由压力开关直接输入。由于冷却水温度的升高需要一定的时间,机组起动时无需闭锁。

4. 自动控制系统控制流程

1级故障的处理流程如图9-6所示。

如图9-6所示中三台发电机组,1号机组在运行,备用机组选择2号机组。当发生1级故障需用时间t_1来确认(不同参数的故障确认时间不同)。确认后发出备用机组起动指令,2

号机组被选择接受指令起动。在时间 t_2 内转速达到点火转速（假设是 33%）以上，说明起动成功（否则失败）。调速器作用使转速上升接近额定转速。经过一段时间 t_3，发电机起励，电压应上升至额定值左右，即超过额定电压的 95%（否则失败）。自动同步进入操作运行，即自动同步调速，检测到符合同步条件时发出 ACB_2 合闸指令。

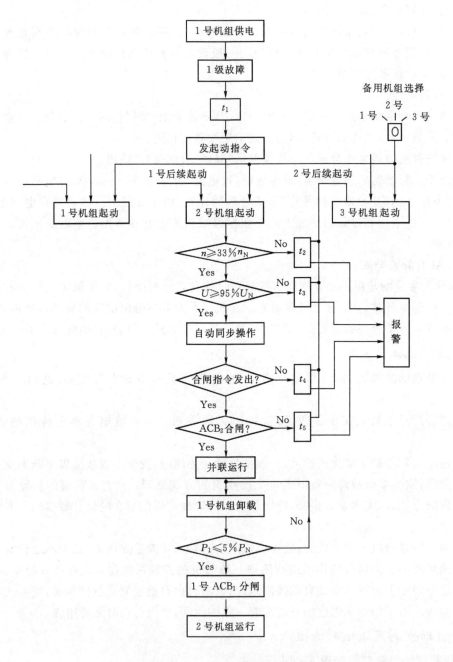

图 9-6 1级故障处理流程图

同步操作的时限为 t_4，在这段时间内发不出合闸指令，按照同步失败处理。合闸指令发出后2号机组ACB_2应合闸。如果经过t_5时间未合闸,按照合闸失败处理。合闸后进入并联运行状态。有故障的1号机组进入卸载操作,把负载转移给接替的2号机组。当1号机组的负载卸到小于等于5%时,1号ACB_1分闸,退出运行。2号机组供电,完成不断电交换机组。

图中每一判别出现"否"时,一方面把起动指令转移给后续机组,一方面发出报警。

2级故障的处理流程如图9-7所示,仍假设有三台机组,1号机组在运行,备用机组选择2号机组。2级故障有的需要时间确认,有的不需要。故障发生后发出备用机组的起动指令,机组起动成功建立电压后,发出故障机ACB_1分闸指令,有故障的1号机ACB_1分闸,然后发出备用机ACB_2的合闸指令使其接替1号机组供电,完成短时断电交换机组。

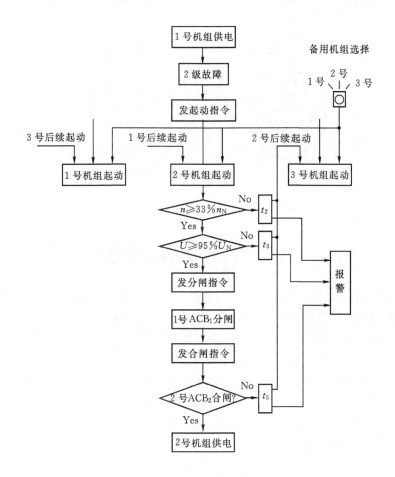

图9-7 2级故障处理流程图

失电故障的运行流程如图9-8所示。仍假设有三台机组,1号机组在运行,发生1号机的ACB_1异常分闸,电网失电。这时两台机组同时起动,起动和建压过程与上述一样。图9-8中表示,2号机组从起动到建压过程比3号快,先发合闸指令,使2号机的ACB_2先合闸,同时阻塞3号机的ACB_3合闸,2号机组向电网供电,完成断电后的机组交换。

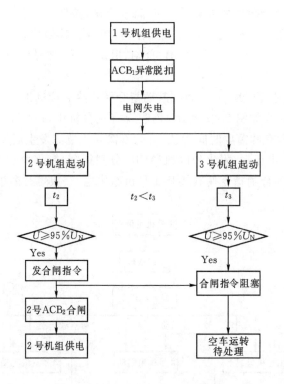

图 9-8 失电故障的处理流程图

9.5 无人值守电站自动化系统

无人值守的船舶电站自动化系统是以计算机为基础的现代船舶电力系统的综合自动化系统,有时也称为船舶电力管理系统 PMS(Power Management System)。"管理系统"指的是对不同的自动化模块的综合管理,其特征是以数字计算技术代替模拟计算技术,大部分功能由软件实现,这是现代船舶电力系统自动化技术方面的一次飞跃。

PMS 源于陆地电网能量管理系统的概念,由船舶电站自动化系统发展而来。早期的 PMS 仅对船舶电站主发电机功率进行调节和控制。随着船舶向大型化、现代化发展,对船舶电站的管理提出了更高的要求,特别是船舶电力推进系统的广泛应用及大型高性能设备的使用,具有一般意义的传统船舶电站自动化系统已不能适应这一发展的需求,而一个拥有 PMS 的大型船舶电力系统是这一变化发展的趋势。

PMS 自动控制船舶电站可以控制电能的产生、分配及消耗,包括控制主发电机的起停、主开关合分闸、负载功率的限制,同时通过电子调速器、电子调压器保证船舶电站频率、电压的稳定,提高船舶电能的质量;PMS 还可以实时地对船舶电站的状态进行监控,并通过人机界面显示,船舶操作人员通过人机界面可以操作船舶电站各设备并检查各设备的状态;如果船舶电站出现故障,PMS 会自动检测并发出警报,并且通过保护系统自动控制防止故障的扩大,最大限度地减少损失。PMS 能够综合考虑并实现发电自动化、配电监控保护、用电设备监控管理、系统监测报警、综合优化船舶电力系统的经济性、可靠性及安全稳定性,PMS是船舶电站自动化的技术核心,它的功能越来越全面,已发展成为现代化船舶电站自动化系统的具体体现形式,为现代大型船舶提供了稳定、可靠、经济的电力能源。

9.5.1　PMS的组成

PMS是一个集控制、监测、保护和管理于一体的综合性系统,该系统包含了多项先进技术,如传感与变送技术、计算机与网络通信技术、控制与调节技术、信息处理与显示技术、系统决策与管理技术等。

PMS主要由发电系统管理模块、配电系统管理模块、用电设备管理模块、系统监测报警管理模块、电力优化分配和管理模块组成,PMS组成框图参见图9-9所示。

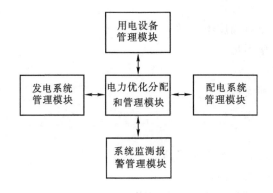

图9-9　PMS组成框图

9.5.2　PMS的功能

狭义的PMS专指船舶发电控制和发电计划,一般PMS应包括数据收集、船舶电力管理和网络分析三大功能,广义的PMS还应该包括船舶电子员培训系统功能。PMS的具体功能按其组成分别描述如下。

1. 发电系统管理模块

发电系统管理模块主要针对船舶柴油机、船舶发电机和船舶发电机组控制屏(包含主开关)等进行控制与管理。一般船舶电站由2台、3台或更多发电机组组成,根据船舶布置要求,船舶电站可分成1个、2个或更多个发电区,发电系统管理模块的主要功能如下:

(1)发电机组操作方式的选择。

船舶自动电站中,每一台发电机组应有三种可供选择的操作方式:"机旁"操作,"遥控"操作以及"自动"操作,并且按次序前者应优先于后者。仅当某机确定为"自动"方式时,它才被纳入PMS控制的范围。在机组发生故障的情况下,应能自行"退出自动"(即所谓"阻塞"),未经管理人员排除故障并手动控制"复位",不得自行恢复"自动"功能。这些要求在线路实现方面是较简单的,实船上,只需恰当地接入操作方式选择转换开关即可。

(2)备用发电机组的控制。

船舶电站中一般设3~4台主发电机组,且尽可能采用同容量、同型号机组,互为备用。

所谓备用机"准备好"可供备用的条件是一组"与"门条件,可表示为:

发电机组"准备好"可供备用的条件=("燃油、压缩空气已备好")·("有预热和预润滑")·("自动")·("未运行")·("非停机过程中")·("无阻塞")

备用机起动指令也应是一组"与"门条件,即:

"备用机起动指令"=("当前第一备用")·("本机准备好")·("系统要求增机")

其中对"系统要求增机"的条件如何处理,将在很大程度上决定PMS的控制方式。在多机组并联供电的船舶电站中,为了尽可能地保证电力系统供电的连续性,"系统要求增机"的条件就应考虑得复杂一些,可表示为如下一组"或"门条件,即当出现下述任一情况时,PMS的发电系统管理模块就应给出"系统要求增机"的指令。这些条件如下所示:

① 运行机组重载;
② 运行机组滑油压力不正常;
③ 运行机组冷却水出口温度不正常;
④ 电力系统储备功率不足;
⑤ 备用机组起动失败;
⑥ 备用机组并车合闸失败;
⑦ 电网电压或频率不正常;
⑧ 电网失电。

其中某些条件可经适当延时给予确认。

备用机组"备用顺序"的控制。

"备用顺序"的处理方式常用的有两种方案。

第一种方案:按船舶电站中发电机组的固定编号顺序循环,例如一个具有三台发电机组的船舶自动电站按1—2—3—1的循环来决定备用机组的"备用顺序"。在这个方案中,整个"备用顺序"的安排只需用一个选择开关,它覆盖了电站中所有各台机组。当1号机运行时,手柄开关置于2号机,即表示2号机处于第一备用,并按顺时针方向依次决定了其余各台机组的备用顺序。当"要求增机"信号出现时,该信号将和这个选择开关所处的位置,以及所有各台机组备用情况(即是否"准备好")的信息进行综合,从而选出被起动的机组。

第二种方案:每台发电机各设置一个选择开关(即"手动"/"自动"转换开关),由值班人员将确认"准备好"了的发电机组的选择开关置于"自动"。当"要求增机"的信号出现时,由PMS的发电系统管理模块按一定顺序对各台机组进行扫描搜索,确定备用机。

(3)机组的自动起动。

当船舶电网失电、船舶电站负荷增加达到增机条件、在网发电机组故障或者船舶电站未达到最少运行机组数等因素,发电系统管理模块可直接向发电机组发出起动指令,控制发电机组起动。另外,在机组起动过程中设有3次自动起动及起动失败报警。

(4)机组的自动投入及负荷分配。

机组的自动投入是指电网无电时的首机自动投入及电网有电时机组自动准确同步并车功能;当机组投入电网后,在网所有发电机组共同参与频率、电压、有功和无功的自动调节控制。

单一主发电机运行时,发电系统管理模块根据电网的频率,向调速器发出增速或减速指令,控制发电机组的转速,维持电网的频率恒定。

如果有几台发电机并联运行,备用机组主开关合闸完成并车操作的同时,发电系统管理模块给出信号使在网所有发电机组共同参与有功和无功功率的自动分配,维持电网的频率、电压恒定。

关于有功负荷分配和电力系统频率的调节在前面已详细分析。在实际系统应用中,按照构成主电站的各台发电机的形式不同,采用不同的控制方式。通常,船舶电站大多采用虚有差法实现调频调载,其最终结果都是恒频、均功。但在有废气涡轮发电机(或轴带发电机)与柴油发电机并联运行的船舶电站系统中,为了充分利用废气涡轮发电机(或轴带发电机)的功率,以便提高发电系统的经济效益,在负荷分配的方案中,可综合使用虚有差法和主调发电机法相结合的控制方案。其基本出发点是尽量利用废气锅炉或主机提供的能量来发电,不足部分则由柴油发电机提供。运行控制方式如图9-10所示。该运行方式是通过监视运行中每台发电机的负荷和系统频率来实现控制的。

系统由废气涡轮发电机 TG 和辅助柴油发电机 DG 组成。系统的总负荷用 P_L 表示,其中 P_{TG-R} 表示 TG 额定输出;P_{TG-O} 表示 TG 最大输出功率;P_{TG-H} 表示使 DG 起动时 TG 的输出功率;P_{TG-L} 表示设定的 TG 最低负荷极限;P_{DG-L} 表示设定的 DG 最低负荷极限。由图9-10可见,系统的运行方式按总负荷的变化范围(及趋势),可分为六个区域。

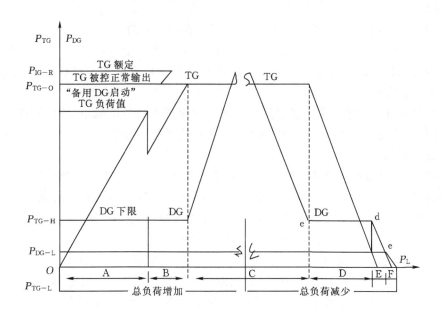

图 9-10 负荷分配控制器原理图

A区:为 TG 单机运行。当系统负荷增加到 P_{TG-H} 后,给备用的 DG 发出起动指令,经自动并车后与 TG 并联,从而进入 B 区。

B区:控制系统按主调发电机控制方式,使 DG 始终承担其低负荷限定值,其余负荷则由 TG 承担,其负荷分配方式为:DG 承担负荷恒定,大小为 P_{DG-L}(kW),为基载机。TG 承担的负荷随 P_L 而变为主调机。

C 区：当总负荷 P_L 进一步增加，TG 负荷到达 P_{TG-o} 时，控制系统发出指令，取消 DG 的低负荷限制，使 TG 恒定运行于 P_{TG-o}，而由 DG 承担其余的负荷。在 C 区内，不论总负荷增加或减少，负荷分配的方式是 DG 承担的负荷随 P_L 而变，为主调机。TG 承担负荷恒定，大小为 P_{TG-o}(kW)，为基载机。这仍为主调发电机控制方式，与 B 区比较，主调机和基载机发生了互换。必要时，可以由两台甚至更多台 DG 作为备用机投入并联运行，以分担有功负荷。而多台 DG 机可以按虚有差法控制原理实现有功功率均分控制。

D 区：在 C 区当总负荷减小时，作为主调机的 DG 负荷下降，当降到它的 P_{DG-L} 时，系统在控制装置作用下，进入 D 区运行。这时 DG 恒定运行于 P_{DG-L}。若 P_L 进一步减小，则 TG 的输出功率也相应减小。所以，在 D 区的负荷分配方式与 B 相似，即 DG 为基载机，TG 为主调机。

E 区：在 D 区，若 TG 的负荷降低到它的 P_{TG-L} 时，则进入 E 区。在 E 区，控制系统使 DG 的下限设定值取消，使 TG 恒定运行于 P_{TG-L}，所以 DG 变为主调机，TG 变为基载机。这样安排，可以防止因总负荷进一步下降而导致 TG 出现逆功率。该区负荷分配方式是 DG 承担的负荷随 P_L 而变，TG 承担负荷恒定，大小为 P_{TG-L}(kW)。

F 区：当 P_L 下降到使 DG 的负荷(率)与 TG 的负荷(率)相等(如不拟解列 DG)时，两机将按虚有差控制方式运行，这就是在 F 区将按虚有差准则均分负荷，以保证在低负荷下都不会出现逆功率。

上述曲线表明的方案是当 DG 并网后，不拟作自动解列的运行方式。

当然，也可以使系统设计成：在 D 区内，当 P_L 下降到一定值，以致全部负荷可以由 TG 承担，并经适当延时确认后，使 DG 解列。这样就取消了 E、F 区的工作状态，使系统直接返回到 A 区的运行方式。

总之，具体方案确定的主要思想是尽量使用发电成本最低的机组，从而提高经济效益，实现这种最佳方案是交替使用主调发电机法，也可以综合使用虚有差法和主调发电机法。

(5) 解列控制。

机组的解列是指系统负荷下降达到要减机的要求或机组产生一般故障时，发电系统管理模块根据程序设定自动转移某机组负荷，负荷接近空载时控制该机组分闸，若分闸无效，则发出报警。分闸后根据发电机组停机要求，发停机指令，停机无效则发出报警。当两台(以上)机组并联运行，若因电网负荷降低到可以停掉一台机组时，应自动发出"解列"指令，一般首先解列原来为备用的机组。对多机组并联运行的船舶电站系统，又产生了一个问题，即应当解列哪一台机组，如何进行选择和判断。若无特别设置，一般解列级别低的备用机组。或者运行中的某机组因发生运行不正常(例如冷却水出口温度偏高等)时，自动系统可以先起动备用机组，并车，转移负荷，然后解列。对于运行不正常的机组，毫无疑问就是解列的对象。在这种情况下，为了尽可能地不使全船停电，对于"运行不正常"(通常包括滑油压力低、冷却水温高等)现象的识别信号，最好分为两级：一级作为预报，一级作为保护装置动作的极限。预报级信号可以用来要求起动备用机，以便赢得时间，等待备用机组起动和并车而后取代"不正常"的机组。当然，这种期望是建立在不正常的机组还可以坚持运行一段时间的基础上。显然，这"一段时间"决定于两个方面：一方面是备用机组的起动、加速、并车所需的总时间，越短越好；另一方面是不正常现象发展的速度。当它发展到保护装置的动作极限时,如果并车尚未成功,则自动控制系统也就无能为力,势必造成保护系统动作而停电。

(6)停机。

发电机组的停机指令可以分为两种:

①紧急停机。当柴油机发生滑油压力过低、冷却水温过高或超速时,为了保护机器不至于损坏,应予以"紧急停机"。一般是控制柴油机直接断油而实现停机。在这种情况下,发电机的断路器可能是逆功率脱扣(发生于并联运行情况),也可能是失压脱扣(发生于单机运行情况)。

②正常停机。凡不属于"紧急停机"的停机操作均属于"正常停机"。除了机组起动、合闸失败或机组遥控停机外,还有机组解列、主开关分断后的停机。

如果柴油机在停机过程中有"中速运行"的程序,只有"正常停机"才能保证此程序的执行,而紧急停机就将越过这一程序直接停机。

(7)在网发电机最少运行机组数。

在网发电机最少运行机组数表示船舶电站要求运行发电机组的最少台数,可由操作人员通过发电系统管理模块手动设定,通过发电系统管理模块自动控制主发电机的起、停实现。当运行发电机最少台数设定后,即使电力负荷降至运行主发电机可以解列一台,运行发电机台数仍会保持最少台数设定值不变,这一数值最小设定为1。

(8)空气断路器的合闸与分断。

发电机空气断路器的合闸控制,有三种可能的情况,两种不同的结果。三种可能的合闸控制是:

①直接自动合闸。当电网无电时,刚起动的发电机起动成功并建立了电压,该发电机的空气断路器可以直接合闸。

②自动并车合闸。备用发电机已经起动成功,并建立了电压,而电网有电。这时,应接通自动并车装置,使待并发电机经自动准确同步而后投入。

③自动重合闸。由直接自动合闸的条件可知,当发电机在某些非正常情况下跳闸后,若使电网失电,就可能又构成了直接合闸的条件,这就自然地可能发生"重合闸"。作为船舶自动化电站,可以设计成具有自动重合闸的功能,也可以不设置这一功能。若有重合闸的功能,应保证只有一次重合闸,以免在永久性故障的情况下,发生一再重复合闸的有害过程。同时应防止在这种情况下一连起动两台以上的机组去做合闸的尝试。

若不拟设置自动重合闸的功能,则在自动控制合闸的电路中应防止出现自动重合闸的操作。

不论哪种合闸方式,都有"成功"或"不成功"两种可能的结果。这两种情况的信号都应设法取得,因为它是"指示"和"控制"两种功能都必不可少的信息。

发电机主开关分断大都采用失压脱扣方式,所以"分断"指令可以作用于空气断路器ACB失压脱扣线圈的电路(使之断开电源),从而分断ACB。自动电站中发电机ACB的分断可分"正常分断"和"保护性分断"两类。

"正常分断"是指由值班人员用按钮操作使ACB分断,或者是经自动解列的分断,后者的分断信号可取自调频调载系统中的功率变换器。当功率转移,使拟停车的发电机的负荷(有功功率)被转移至接近空载(如$\leqslant 5\% P_e$)时,发出ACB分断指令。

"保护性分断"是指因保护装置动作而引起的跳闸。这已在第 6 章"电站运行的安全保护"中讨论过了,这里不再重复。

2. 配电系统管理模块

(1) 电网失电监测与失电恢复。

船舶电网失电是船舶电力系统最严重的故障,PMS 应设有船舶电网失电监测与失电恢复的功能。一旦船舶电网失电,PMS 会自动判断故障性质,如果不是短路引起的跳闸,通常所有正常的备用发电机组均会自动起动,只要发电机建压达到某一设定值(通常为 85% 的额定电压),该发电机就会合闸供电,如需其他发电机并联供电,则按准确同步并车条件与在网发电机并车后供电。

对于短路故障造成的全船电网失电,通常自动化电站的控制系统会自动切换至手动状态,且发出"阻塞"信号。此时,即使各台发电机的方式选择开关仍在"自动"位,由于阻塞信号的作用,各台发电机实际已处于"手动"状态。值班人员只有找到并排除故障,手动按下"复位"按钮,才能解除"阻塞"信号,使发电机恢复"自动"状态。

(2) 配电开关的集中监控及联锁功能。

配电系统管理模块能对主配电系统和分配电系统的主要配电开关进行自动合、分控制及状态监测,并对其进行必要的联锁保护功能的控制。

(3) 配电系统的其他保护功能。

配电系统设短路、过载及绝缘监测等保护功能。

3. 用电设备管理模块

由于船舶电站负载的功率以及数量不断增加,主推进装置、侧推装置、日用变压器等船舶大功率用电设备的起动、停机以及负荷的变化都会对船舶电站造成很大的影响,因此,对船舶用电设备科学管理越来越重要。

(1) 重载询问功能。

现代大型船舶上,单机功率达数百千瓦的动力负荷已屡见不鲜,例如主推进装置、侧推装置、大型绞缆机、大型消防泵、大型提升机以及工程船舶上某些特殊用途的动力负荷,其容量往往可与发电机的单机容量相比拟。在需要使用任何一种这样的大负荷时,都应事先询问一下船舶电站中已供电的发电机组,现有的功率储备是否能满足大负荷的起动和用电的要求,若不能满足时,则应先起动备用机组、并车,并经确认功率储备足够时,才允许该大负荷接入电网。这就是重载询问功能,其基本原理如图 9-11 所示。

按发电机功率变换器(即有功功率测量单元)的功率变比(伏/千瓦),在电位器的动触头上取一电压信号,使之相当于准备投入的大负载额定功率(应考虑到起动时的冲击),这就是所谓"模拟负载",经按钮 A 接到运算放大器,与发电机测功器的输出信号(它对应了发电机的实际负载功率)相加,再由鉴幅器来检测求和的结果,鉴幅器的鉴幅电平,可以设定在相当于发电机容量的某一百分值(例如 $85\% P_e$)。当鉴幅器动作时,表示船舶电站储备功率不够,即可给出"要求增机"的信号;当按下按钮 A 时,鉴幅器没有动作,即表明船舶电站储备功率够用,大负载可以用电。如果船上有几个不同功率值的大负荷,可以相应设置几个模拟负载,用各自的按钮进行询问。

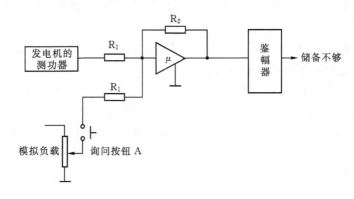

图 9-11 重载询问功能原理图

（2）次要负荷自动分级卸载功能。

这是尽可能保证重要负载供电连续性的一种措施。当运行机组出现过载时，如果无备用机组或备用机组不在自动位，或者船舶副机起动时间较长，经延时确认后，已达到次要负荷自动分级卸载保护的起动值，保护动作，自动卸掉部分次要负荷，以缓解运行机组的过载压力，可在一定程度上暂时解除过载，使运行机组不致过载跳闸，从而保证供电的连续性。

（3）重要负荷分级自动起动功能。

当船舶电网处在某些故障状态（例如突然短路）时，可能导致发电机跳闸，电网断电。船舶电站恢复供电以后，为了迅速地恢复电力系统的正常运行，用电设备管理模块应具有"重要负荷自动分级起动"功能。之所以要"分级起动"，是为了限制每级起动的电流值，以防起动时，电网的瞬时压降过大，或恢复时间过长，甚至使自起动成为不可能。考虑"分级"的问题，就必须对船舶电站的负荷进行分析，按照在紧急状况下各电能用户的重要性排好先后次序，并按其起动电流值分成组，然后按程序逐级起动。每两级起动之间的时间间隔为 3～6 s。

依负荷的重要性排列顺序大致是照明、通信、导航、为主机运行服务的辅机、舵机等。

（4）船舶大负荷设备功率限制功能。

对船舶大负荷设备（如船舶推进装置），在其运行过程中，如果其负荷已达到供电系统设定的上限值时，用电设备管理模块将对该船舶大负荷设备实行功率限制，使其功率不超过设定的允许值。

另外，如果供电系统发生故障，用电设备管理模块也会限制船舶大负荷电力设备，控制其快速降低负荷，实现船舶电力系统的大负荷设备功率限制保护功能。

（5）供电的平衡性。

在分区供电时，主要设备可根据左、右舷电能的配置状态，自动选择其供电电源，从而使电能分配合理、平衡。

4. 系统监测管理模块

（1）系统运行参数的监测。

船舶电力管理系统 PMS 设立了信号采集单元，可以实时地采集船舶电站各设备运行的参数，这些信号参数不仅用于对船舶电站的控制，而且也用于对船舶电站设备运行状态的监测。各种信号参数通过传感器转换为电信号,数字信号直接传给主控制模块,模拟信号通过A/D转换为数字信号然后传输给主控制模块。

为了获取系统控制所需的信号,也为了对系统的运行情况作必要的观察和分析,通常对船舶电站的设备进行如下的检测和监视:

①柴油机。应得到其转速信号,包括零转速、点火转速、中速运行转速、运行转速信号;润滑油压力信号,包括润滑油压力低和润滑油压力过低信号;冷却水出口温度信号,包括冷却水出口温度高和冷却水出口温度过高信号;各缸排烟温度信号;柴油机运行时数累计信号等。

②发电机。应得到其电压、频率、功率、电流、功率因数等信号以及断路器的储能状态、合闸、断开状态等信息。

③电网。应得到其汇流排电压、频率、绝缘状态以及系统是否有接地(对于三相绝缘系统)等信息。

④船舶电站系统的状态及工作过程的监视和指示。包括机组的预热,机组的预润滑,起动空气压力,各机组的控制方式选择,正在起动,起动成功或失败,合闸成功或失败,正在停机过程中,停机成功或失败,机组用完以及控制系统的工作电源等信息。

⑤电力负载的电压、电流、功率等模拟信号。

(2) 参数的显示、打印、报警功能。

PMS 的彩色显示器以图形及字符表格方式动态直观地显示系统的工作状态及各测点参数值,对于所有的监测点 PMS 都可以设定状态自动记录报警记录和消警记录等。

PMS 外接打印机,可以自动打印各种故障、报警,以备操作者检查和处理故障,可进行运行参数全段、分段打印,并且可以对故障报警、故障恢复进行打印记录。

当检测到系统运行参数不正常或船舶电站系统出现故障时,PMS 将立即发出声光报警,并设有消声、消光及试灯按钮,提示船舶操作者采取应对措施,同时,PMS 会按故障性质对船舶电站进行相应的保护。对系统设备正常起、停等过程中引起的异常参数应自动屏蔽,防止误报警。所有检测点均可设定定时自动记录,报警和消警记录功能。

(3) 模拟试验、自检及其他。

所谓模拟试验是断开控制系统(或某些局部环节)的输入和它的输出(执行机构),以虚拟的信号代替其输入,在系统(或局部环节)的输出端接入相应的指示灯或仪器、仪表,用来观测该系统(或局部环节)的工作是否正常的一种试验。有了这一功能,就可以在系统正式投入工作前通过模拟试验来判断系统是否完好,甚至在系统故障时,能提供故障的位置、性质等信息,以利于检修和排除故障。

为了便于检查某些逻辑功能,最好能使控制系统的各主要部分都可以进行模拟试验。

以上所列的一些检测和监视的内容,有的可以用指示灯来表明其状态或用仪表指示其数值。在自动化船舶上,有时还采用模拟板来表明系统运行情况或故障所在位置。此外还用巡回检测装置,配以打印机、模拟板巡检各主要检测点的数值,越限时发出报警,打印机定时将巡检装置送来的各主要数据打印出来,越限时,还可以用红字打印,以备检查和分析。

(4) 船舶电力优化管理模块。

船舶电力优化管理是一门综合性管理技术,它需要考虑多方面的因素,如电力管理的经济性、电能供给的主动性等。

船舶电力优化管理通常根据电网运行所需要的功率确定应投入并网运行的发电机组的台数,使电网上运行的发电机组的总功率与电网实际消耗的功率相适应。在电网功率储备不足时起动备用机组投入运行;功率储备过剩时发出解列指令,退出多余机组。一般当发电机的负荷率达到发电机额定功率的70%～90%时,就要考虑起动备用机组。

确定备用发电机组的起动值一般是以功率储备为依据的。

对单机运行的船舶电网,功率储备就是发电机的额定功率减去发电机实际承担的功率,此时电网的功率储备就是发电机的功率储备。

对多机并联的船舶电网,电网的功率储备等于各运行发电机功率储备的总和。

实现船舶电力优化管理的主要策略:

(1)恒定平均功率增减机管理原则。

该电力管理原则是指事先设定好增加或减少运行机组的功率值。一般运行机组的平均功率大于$85\% P_e$时,增加机组;运行机组的平均功率小于$30\% P_e$时,减少机组。这种方法易出现多台机组低负荷并联运行工况,经济性差,参见图9-12中的曲线(1)。

(2)恒储备功率增机管理原则。

该原则是指设定电网的储备功率为恒值,一般为单机组额定功率的1/3,根据并联机组数不同,计算出增机平均功率值,具体计算方程如下:

$$nP_e - \sum_{i=1}^{n} P_i = \frac{1}{3}P_e$$

$$\overline{P} = \sum_{i=1}^{n} \frac{P_i}{n} = \left(\frac{3n-1}{3n}\right)P_e$$

式中:n——并联运行机组数;

$\overline{P}$——增机平均功率。

若并联运行机组的额定功率相同,则增机平均功率值见表9-1,参见图9-12中的曲线(2)。

表9-1 增机平均功率值计算表

并联运行机组数	1	2	3	4	5	6	7	8
增机平均功率($\%P_e$)	67	83	89	92	93	94	95	96

(3)恒平均功率减机管理原则。

该原则是指在n台机组并联运行时,当一台机组解列后其余$n-1$台机组的平均功率小于一恒值,一般为单机额定功率的1/2,则该机组解列,具体计算方程如下:

$$\frac{\sum_{i=1}^{n} P_i}{n-1} = \frac{1}{2}P_e$$

$$\overline{P} = \sum_{i=1}^{n} P_i \frac{P_i}{n} = \frac{(n-1)}{2n}P_e$$

式中:n——并联运行机组数;

$\overline{P}$——增机平均功率。

若并联运行机组的额定功率相同,则减机平均功率值见表 9-2,参见图 9-12 中的曲线(3)。

表 9-2 减机平均功率值计算表

并联运行机组数	2	3	4	5	6	7	8
增机平均功率(%P_e)	25	33	38	40	42	43	44

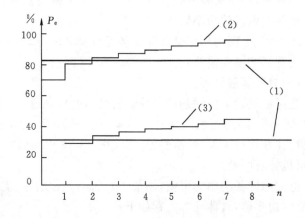

图 9-12 不同功率增减机管理原则对照图

以上叙述了 3 种不同的船舶电力优化管理原则,可以看出,恒储备功率增机管理原则和恒平均功率减机管理原则联合使用,能达到较为理想的经济效果。

从实现这些功能的电路来看,恒定平均功率增减机管理原则较方便,各发电机的设定独立;恒储备功率增机管理原则和恒平均功率减机管理原则较复杂,必须对运行的发电机的容量和各发电机承担的负载分别进行计算求和。一般船舶航行时,多是一台机长期运行,在某些情况下才需要两台机并联运行,而只在进出港等特殊工况下才进行 3 台机的并联运行。这决定了大多数船舶都采用恒定平均功率增减机管理原则实现船舶电力的优化管理。

(4)电能供给的主动性及船舶操纵的机动性。

在船舶综合电力推进系统中,电能供给的快慢直接决定了船舶操纵的机动性,系统的操纵状态变量和运行状态变量之间有一定的时间差,而船舶电力管理系统 PMS 应充分利用这个时间差,根据操纵状态变量对能量的需求进行超前预测并主动管理配置,从而满足船舶综合电力推进系统对能量的快速需求,实现船舶操纵的机动性。

9.6 船舶电站自动控制实例

丹麦 DEIF 公司生产的发电机并车及保护核心控制器 PPU(Generator Paralleling and Protection Unit)是一个基于微处理器(16 位单片机 HBS/2655)实现发电机并联运行及保护功能的船舶电站核心控制器,目前广泛应用于船舶电站自动化系统中。如果仅具有发电机并联运行控制器功能,则称为 GPC(Generator Paralleling Controller)。

PPU控制器可控制发电机进行准确同步并车,并在同步运行后实现所有必需的发电机控制和保护功能,比如对发电机三相电压进行检测,并且在液晶显示屏LCD(Liquid Crystal Display)上显示所有的测量值和报警值。各项保护的设定值既可通过LCD的按钮在线修改,也可通过RS232与PC机相连,利用操作软件进行编写和修改。

PPU控制器与PLC配合使用,实现对船舶电站的控制。可通过数字和模拟I/O检测端口,采集系统各运行参数并进行运算,输出至PLC、继电器等报警单元,也可通过串行通信接口与其他控制器交换数据。

PPU控制器内部有循环自检功能,可通过文字显示出错误的信息,当有任何错误出现时,可通过相应的配置继电器输出指示错误。

9.6.1 PPU主要功能介绍

PPU控制器主要用于多台发电机组的自动同步并车及负载分配和转移控制,并对船舶电站运行过程进行实时地检测和保护,下面对其控制功能分别加以说明。

1. 自动同步并车功能

自动同步并车功能是PPU控制器的主要功能之一。PPU控制器可以自动进行频率、电压调节,并可通过软件程序进行编程,设定模拟主开关固有动作的时间,使得待并发电机与电网同步时刻准确合闸,实现自动控制船舶发电机准确同步并车操作。

2. 功率和频率控制功能

PPU控制器可以按照四种模式控制发电机的功率和频率,模式的选择可通过二进制数字输入,也可通过串行通信选择,从而实现在各种不同的应用环境下对发电机进行适当的控制。具体可分为:

模式一:恒频率模式,即控制发电机的频率保持恒定(适用于单机运行);

模式二:恒功率模式,即控制发电机的负载保持恒定(适用于发电机与电网并联运行);

模式三:频率下倾模式,即控制发电机负载变化时频率的变化值,以保证负载变化时频率的基本恒定;

模式四:负载分配模式(适用于发电机之间并联或解列运行时进行负载分配和转移),这也是一般船舶电站的控制模式。

3. 保护及显示功能

PPU控制器具有标准的发电机保护功能,如过流保护、逆功率保护等,这些标准保护功能均可设置成反时限特性,并可通过对相应的继电器输出进行配置,实现报警或断开主开关等功能。

此外,还可通过上位机软件选择发电机及汇流排进行过压、欠压、过频、欠频等其他保护功能。

PPU控制器可以通过串行通信将检测到的系统运行参数送至LCD液晶显示屏,使得在操作的过程中可实时获取和监测系统运行参数。

9.6.2 PPU 硬件电路及外部接线

1. 硬件电路

PPU 控制器采用模块化的设计思想,其内部硬件电路包括 10 块印刷电路板(S1~S10)和 1 块底部连接电路板。其中标准配置电路板为:S1—电源及继电器配置板;S2—负载分配、工作点设定及继电器控制板;S3—发电机电流检测及通信串口板;S4—电压检测及核心控制板;S7—通信模块板;S8—发电机电压、转速控制输出板。同时 PPU 控制器还具有许多扩展功能,如输出 PWM 信号至转速控制器、扩展 I/O 端口等。如若需要实现这些扩展功能,则需在内部配置相应的印刷电路板(即 S5、S8、S9、S10 板)。每块印刷电路板均完成各自不同的功能,彼此又可通过底部印刷电路板相连,进行内部信号的传输。选择不同的印刷电路板进行组合,PPU 控制器能够实现各种所需完成的功能。

PPU 控制器的核心控制单元是瑞萨(RENESAS)公司生产的 16 位单片机 HBS/2655 系列,该系列单片机具有 16 个 16 位的内部寄存器,最大时钟可达 20 MHz,可以很好地实现实时控制。

2. PPU 外部接线端子

PPU 外部接线端子主要由 8 个插槽组成,如图 9-13、9-14 所示,各插槽的具体连接分布为:

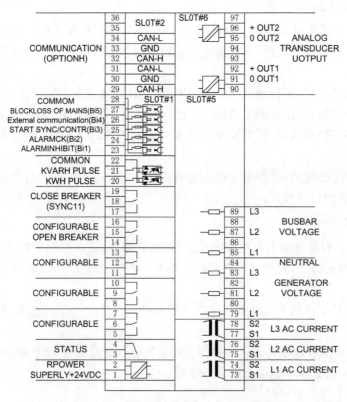

图 9-13 PPU 插槽 1、2、5、6 端子分布图

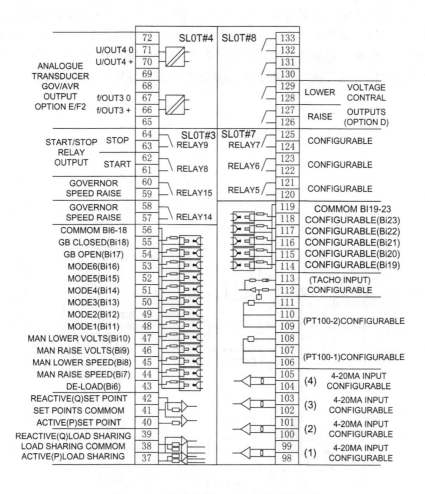

图 9-14 PPU 插槽 3、4、7、8 端子分布图

插槽 1(包括接线端子 1～28)：与电源及继电器配置板 S1 相连；

插槽 2(包括接线端子 29～36)：与通信模块板 S6 相连；

插槽 3(包括接线端子 37～64)：与负载分配、工作点设定及继电器控制板 S2 相连；

插槽 4(包括接线端子 65～72)：与发电机电压、转速控制输出板 S7 相连；

插槽 5(包括接线端子 73～89)：与电压检测及核心控制板 S4 相连；

插槽 6(包括接线端子 90～97)：模拟量输出端子；

插槽 7(包括接线端子 98～125)：用于检测柴油机运行参数的端子；

插槽 8(包括接线端子 126～133)：输出增加、减小电压的控制信号端子。

3. PPU 外部接线

(1) PPU 主要三相交流量测量电路。

PPU 具有检测发电机及电网的电压、电流信号的功能，检测到的电压、电流信号用于控制、显示、保护等。

图 9-15 为 PPU 测量发电机电压、发电机电流以及电网电压的外部接线图。其中，接

线端子 73~78 的输入信号分别是发电机三相电流经过三个电流互感器转换的电流信号;接线端子 79~84 的输入信号是发电机三相电压信号,其电压可以在 100~690 V 范围内变化;接线端子 85~89 的输入信号是电网三相电压信号,电压范围同样为 100~690 V;而接线端子 14~18 的输出信号是控制主开关分闸、合闸动作的控制信号。

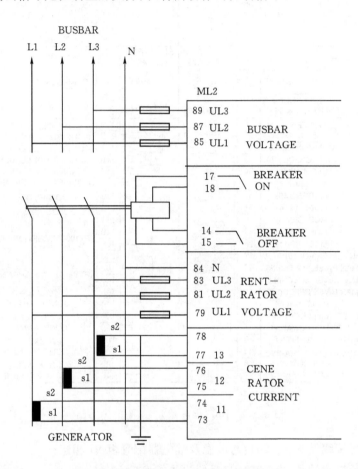

图 9-15　PPU 主要三相交流量测量电路

(2)PPU 外部接线及工作原理分析。

某轮船舶电站的 PPU 控制器是与 PLC 配合进行自动控制。PPU 控制器利用微处理器将检测到的电路的各个参数进行运算,获得控制信号后,通过数字和模拟 I/O 端口输出至 PLC 和继电器等处,用于进一步控制船舶电站。

①两台柴油发电机并联运行及负荷分配。图 9-16 为某轮船舶电站中任意两台并联运行柴油发电机的 PPU 控制器外部连线示意图。PPU 控制器对两台柴油发电机进行并车及负荷分配的自动控制。

a. 自动并车过程。假设 2♯发电机为运行发电机,1♯发电机为待并发电机。

PPU 控制器若想进行模式选择、频率调节、并车、合闸等控制操作,则 PPU 控制器的 25 号端子必须为高电平。当 1♯PPU 控制器的 25 号端子为高电平时,即对 1♯PPU 控制器发

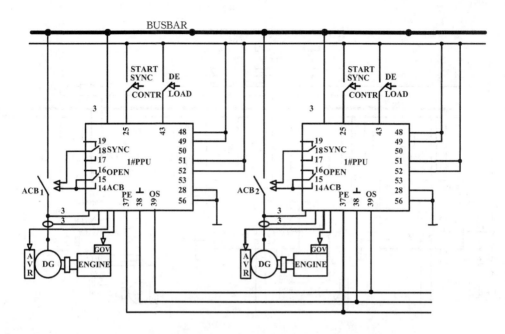

图 9-16 两台柴油发电机的 PPU 控制器外部连线示意图

出并车指令,此时 1#PPU 控制器输出控制信号至 1#发电机的调速器 GOV,调节 1#发电机的频率,将其控制在设置的频率范围内。同时实时检测并车条件,比较发电机与电网的频率、电压、相位之差,当处于设置的允许范围内时,1#PPU 控制器的内部核心单片机将根据主开关固有动作时间和实际频差进行计算,发出合闸脉冲信号,通过 1#PPU 控制器的 17、18 号端子输出,控制 1 号主开关 ACB_1 动作合闸,实现并车。

b. 负荷自动分配。当 1#发电机主开关合闸后,两台发电机并联运行,此时 1#和 2#发电机的 PPU 控制器同时通过内部继电器,将 PPU 控制器本身自动连接至有功功率负载分配线(PS)和无功功率负载分配线(QS),通过 37、38、39 号端子进行负荷自动分配。

② 轴带发电机与柴油发电机并联运行及负荷自动分配。由于某轮的推进采用变距桨,主机转速基本恒定,因此轴带发电机的电源频率恒定。只在切换发电机时,轴带发电机才与柴油发电机作短暂并联运行,用以进行负荷转移。因此轴带发电机的 PPU 控制器便无需控制其功率和频率,只需对其进行并车、负荷转移及保护控制。

图 9-17 为船舶电站中两台柴油发电机、一台轴带发电机及其各自的 PPU 控制器的连线示意图。其中 1#和 2#发电机为柴油发电机,3#发电机为轴带发电机。从连线图中可以看出,轴带发电机的转速直接由主机转速决定,为定值。下面分析并车和负荷转移具体工作过程。

a. 并车操作。假设此时 1#柴油发电机和 2#柴油发电机已经工作在电网上,轴带发电机处于待并状态。此时要求 PLC 程序控制 SYNC SG 动作,使继电器 C_1 得电,辅助触点 C_1 闭合,控制 C_1 线圈在轴带发电机主开关 ACB_3 闭合之前一直处于得电状态。

当继电器 C_1 动作时,3#PPU 控制器的端子 25 为高电平,此时 1#和 2#PPU 控制器的端子 50 接至+24V,使得其工作在外部设定工作点状态,同时由于轴带发电机的频率受

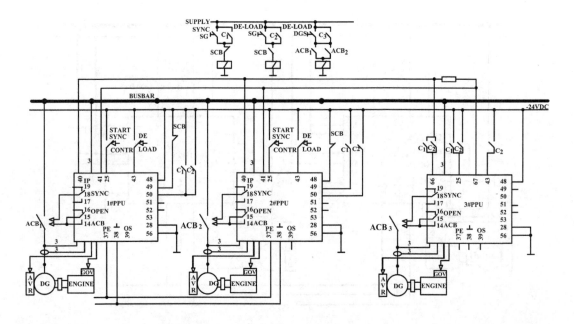

图 9-17 两台柴油发电机、一台轴带发电机及其各自的 PPU 控制器的连线示意图

主机转速控制,3#PPU 控制器端子 66、67 便对 1#和 2#PPU 控制器的端子 40、41 输出转速调节模拟量信号,改变 1#发电机和 2#发电机的频率设定值,由 1#和 2#PPU 控制 1#发电机和 2#发电机的频率,使之满足并车条件,实现轴带发电机的并车操作。

b. 柴油发电机向轴带发电机转移负荷。当轴带发电机并网运行后,柴油发电机需要向轴带发电机转移负荷。

此时要求 PLC 程序控制 DE-LOAD DGS 动作,使继电器 C_3 得电,1#和 2#PPU 的端子 43 有高电平输入信号,控制 1#和 2#发电机调速器的油门减小,它们各自承担的负荷减少,使得轴带发电机承担负荷增大。直至 1#发电机和 2#发电机的主开关断开,继电器 C_3 失电,负荷转移结束。

c. 轴带发电机向柴油发电机转移负荷。当轴带发电机准备解列时,轴带发电机需将负荷转移至柴油发电机。

此时要求 PLC 程序控制 DE-LOAD SG 动作,使继电器 C_2 得电,1#和 2#PPU 的端子 50 为高电平,1#和 2#PPU 控制器均工作在外部设定工作点状态。同时 3#PPU 控制器的端子 43 有高电平输入信号,端子 66、67 输出转速调节模拟量信号至 1#和 2#PPU 的端子 40、41,控制 1#和 2#发电机频率设定值增大,使得 1#和 2#发电机的调速器油门增大,各自承担的负荷增大,相应的轴带发电机承担负荷减少。直至轴带发电机的主开关 ACB_3 断开,继电器 C_2 失电,负荷全部转移至柴油发电机。

9.6.3 系统运行参数的显示及保护参数的在线修改

PPU 控制器的显示与操作单元通过 9 针的串行通信线与 PPU 控制器的主体部分通信并获得电源,系统运行参数的显示及操作界面如图 9-18 所示。

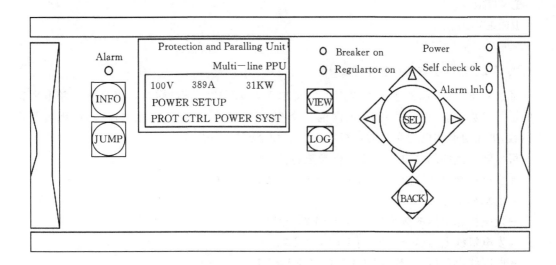

图 9-18 PPU 显示及操作界面

1. 按键及菜单功能简介

(1)按键。

PPU 控制器的显示及操作界面上共有 10 个按键,具体作用分别如下:

INFO:显示报警信息。

JUMP:快速进入某一功能界面。

VIEW:显示系统各个参数值。

LOG:在显示界面的下面三行显示事件和报警条目。

▲▼◀▶:"上""下""左""右"功能选择键,操作中可以将光标上下左右移动,进行功能选择的切换、改变相应的参数设置值等。

SEL:确认。

BACK:返回,返回至上一级操作。

(2)菜单。

SETUP:菜单设置。

PROT:保护功能设置。

CTRL:控制功能设置。

INPUT:数字输入量响应设置。

SYST:系统参数设置。

SP:保护动作值设置。

DEL:响应时间设置。

OA:输出继电器 A 设置。

OB:输出继电器 B 设置。

ENA:使能设置。

C:保护特性设置。

ENTER：确认。
RESET：取消。
SAVE：确认并保存。

2. 系统运行参数的显示

通过对 PPU 控制器主工作界面上的菜单 V1、V2、V3 进行操作，可以观察船舶电力系统的运行参数，其中包括发电机、电网的三个相电压、三个线电压、三相电流、功率因数等重要参数，进而对船舶电力系统的运行状态有更加全面的了解。

可以观察到的船舶电力系统运行参数包括：

* 发电机相电压、电流(G-L1,I-L1,I-L2,I-L3)；
* 电网相电压(B-L1)；
* 发电机相电压的频率(f-L1,f-L2,f-L3)；
* 发电机线电压(U-GEN L1 L2,L2 L3,L3 L1)；
* 电网线电压(U-BUS L1 L2,L2 L3,L3 L1)；
* 发电机有功功率、无功功率、视在功率以及功率因数(P,Q,S,P-factor)；
* 发电机电能(E)；
* 电网与发电机电压的相位差(Angle Bus-Gen)；
* 发电机两相电压之间的相位差(Angle L1 L2)；
* 电网两相电压之间的相位差(Angle Bus L1 L2)；
* 电站运行时间(Run Time)；
* 主开关操作次数(CB operations)。

系统运行参数的显示操作过程如下：

(1)电站正常运行以后，按动 PPU 控制器操作面板上的"左""右"功能选择键，使光标（菜单下的短横线）选中"V3"，即可进入了 V3 参数显示界面，如图 9-19 所示。V3 菜单的显示参数包括发电机相电压的频率值、发电机相电压值、发电机的功率因数，有功功率。（这些参数项是系统默认的，操作人员无法改变。）

	MANUAL		
G-L1	0Hz		0V
GPF	0		0kW
SETUP	<u>V3</u>	V2	V1

图 9-19　V3 参数显示界面

(2)按动 PPU 控制器操作面板上的"左""右"功能选择键，使光标选中"V2"，即可进入 V2 参数显示界面。V2 菜单的显示参数包括汇流排相电压的频率值，汇流排的相电压值；发电机相电压的频率值，发电机相电压值；发电机的功率因数，有功功率。（这些参数项也是系统默认的，操作人员无法改变。）

(3)按动 PPU 控制器操作面板上的"左""右"功能选择键，使光标选中"V1"，即可进入

V1参数显示界面。V1菜单由14组显示参数组成,每组显示几个不同的运行参数。各组具体内容:

第一组参数包括汇流排的单相频率值,电压值;发电机单相的频率值,电压值;发电机的功率因数,有功功率。

第二组参数包括发电机的功率因数,有功功率;发电机的单相频率值,电压值;汇流排单相的频率值,电压值。

第三组参数包括汇流排的单相频率值,电压值;发电机的功率因数,有功功率;发电机的视在功率,无功功率。

第四组参数包括发电机的三相电流;发电机的功率因数,有功功率;发电机的视在功率,无功功率。

第五组参数包括汇流排的三相电压;发电机的功率因数,有功功率;发电机的视在功率,无功功率。

第六组参数单独显示发电机的三相电流。

第七组参数单独显示发电机的三相频率。

第八组参数单独显示发电机的有功功率,无功功率,视在功率。

第九组参数显示功率因数,消耗的总电能。

第十组参数显示发电机的线电压。

第十一组参数显示发电机的线电流。

第十二组参数显示电站运行时间,主开关的操作次数。

第十三组参数显示当前时间。

第十四组参数显示相位角。(汇流排与发电机间,发电机两相间,汇流排两相间。)

可以通过按动操作面板上的"上""下"功能选择键在各组之间进行切换,进而观察各组不同的参数值。

3. 系统保护参数的在线修改

系统保护参致的在线修改是通过菜单进入的,第一次进入菜单时需输入操作密码,输入密码后即可对系统各项保护参致进行显示、在线修改。下面介绍逆功率保护参数的显示、在线修改,其他保护参数的显示、在线修改与此类似。

(1)接通电源,使 PPU 控制器得电工作,此时显示面板上为主工作界面,如图 9-20 所示。

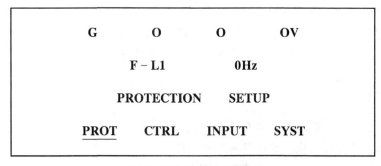

图 9-20 功能设置界面

(2)按动操作面板上的"左""右"功能选择键,使光标选中"SETUP",接下"SEL",即可进入功能设置界面,如图9-20所示。

移动光标选择"PROT"(保护功能),按下"SEL"进入保护功能设置界面,按动操作面板上的"上""下"功能选择键,选择"1010 Reverse Power"(逆功保护设置),即可进入逆功率保护功能设置界面,如图9-21所示。

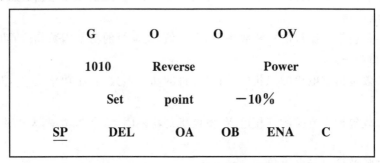

图9-21 逆功率保护功能设置界面

最下面一行的六个菜单选项对应着逆功率保护的六个不同的参数设置,第一次进入参数设置菜单时需要输入操作密码(* * * *),移动"上""下"功能键输入密码"* * * *"按下"SEL"即可对各个参数进行设置。

①"SP"(保护动作值设置)。选择"SP"进行保护动作值设置,在输入正确的密码后可进入其设置界面。

保护动作值的设置范围是$-50.0\%\sim0.0\%$,"上""下"功能键可以改变其动作值,例如设置为-10%,将光标移至"SAVE",按动"SEL",新的设置将被保存。

如果改变了动作值,但没有进行保存确认,则设置值仍为原始值。

如果将光标移至"RESET",按动"SEL",新的设置将被取消。

②"DEL"(响应时间设置)。与动作值的设置方法类似。进入"DEL"设置界面以后,可以通过"上""下"选择键改变动作时间,例如设置为"5s",之后将光标移至"SAVE",按动"SEL",新的设置将被保存;将光标移至"RESET",按动"SEL",新的设置将被取消。

③"OA""OB"(输出继电器设置)。"OA""OB"对应着两个输出继电器(其中一个进行报警指示,另一个进行报警响应动作),进入"OA""OB"的设置界面后,可以通过"上""下"键选择某一继电器(R0~R16),之后按"SAVE"以及"SEL"确认保存。

④"ENA"(使能设置)。进入"ENA"菜单后,可选择"ON"(使能有效)或"OFF"(使能无效)来控制系统是否对逆功率进行保护。

⑤"C"(保护特性设置)。进入"C"界面后,通过"上""下"键选择"Inverse"(反时限特性)或"Definite"(正时限特性),对逆功率保护的时限特性进行设置。

 复习与思考

1. 自动化机舱分为哪几类?各有什么特点?
2. 船舶电站综合自动化一般应具有哪些功能?
3. 试述船舶电站综合自动化装置的结构原理。

4. 柴油发电机组自动起动、停机装置一般应具有哪些功能？起动、自动停机流程是什么？
5. 试简述柴油发电机组的自动起动程序。
6. 试简述柴油发电机组的自动停机程序。
7. 自动化电站在"机旁手动""半自动""自动"不同的运行模式下，对某台柴油发电机组的起动、停车操作的方法有什么不同？
8. 概述微机在船舶电站自动化装置方面的应用。
9. 自动化电站中，在哪一个部件上设置备用机组的起动顺序和机组停机的解列顺序？
10. 试介绍一种通用性较强的电站自动控制装置（如丹麦 DEIF 公司生产的发电机并车及保护核心控制器 PPU 装置）。
11. PPU 装置常用的逻辑控制元件有几种？其工作原理如何？
12. PPU 装置的起动程序是怎样进行的？
13. PPU 装置安全保护系统的功能有哪些？其工作原理如何？

第10章 GAC-21型电力管理系统

GAC-21系统是船舶电力管理系统的典型,通过对系统的简介(由于篇幅限制,详见具体说明书),更全面地理解船舶电力系统自动管理的基本功能、基本原理和使用操作维护等常识。

10.1 GAC-21系统的组成和特点

10.1.1 系统的组成

GAC-21系统是一个PLC控制的分布式系统,主要由GAC-21发电机自动控制器和EAS-101数字同步器两大单元组成,最多可以控制5台发电机组。

1. GAC-21发电机控制器

通过PLC自动控制发电机,实现自动负荷分配、自动起动、自动合闸、功率管理等完整的电站控制功能。

2. 数字同步器(EAS-101)

数字同步器是一个使用单片CPU的小型装置,其具备两个功能:同步合闸控制功能和同步检测控制功能。GAC-21系统使用同步合闸控制功能。

10.1.2 GAC-21系统的特点

1. 发电机组的分布式控制

每台发电机组采用集中控制、功能分散的控制方案,每台机组用GAC-21控制器的一个单元进行控制,简化了控制电路和其他相关电路。

作为设计的一个原则,系统保证手动操作的优先权以及独立的子系统(诸如安全子系统、报警子系统)功能。因而,如果GAC-21控制器有故障,电力系统以及船的安全是能得到保证的。

NO.1发电机,NO.2发电机,NO.3发电机分别为三台发电机组。

GAC-UMS控制功能:

发电机监视、BUS监视、备用发电机控制、负荷自动分配控制、自动同步控制(EAS-101)。

GAC-PMS控制功能:

PMS-G:在网发电机台数控制；
PMS-TG:负荷最佳分配控制；
PMS-M:大功率电机起动闭锁控制。

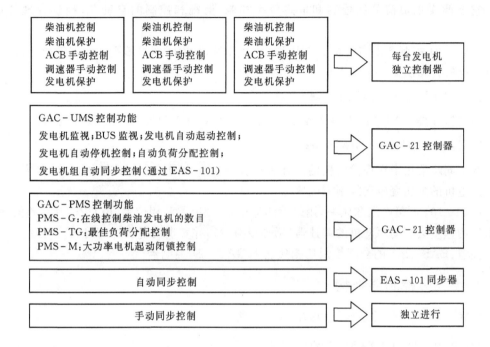

2. 调节功能方便

通过设定器可以方便地检查与控制相关的各种设定参数和测量值，并能方便地修改设定值。

3. 自诊断功能完善

GAC-21 控制器能恒定地监视任意模块的系统故障、通信故障和传输系统故障。若有故障发生，模块面板上的警报指示灯发光。所有的故障都将作为 GAC-21 的系统故障信号输出。

4. 配电板空间(尺寸)的节省

由于每台发电机组的集中控制可以单独实现，因此 GAC-21 系统不需要安装同步屏，配电板的总长度得以缩短，空间有所减小。

10.2　GAC-21 的系统结构

10.2.1　概述

GAC-21 主要由以下三个部件组成。

1. GAC-21 控制器

GAC-21 控制器用来实现整个电站系统的管理。

控制器接收自动控制信号,实现原动机的控制、发电机的控制、ACB 的合闸和跳闸控制。它还能实现负荷分配控制和恒定频率控制、监视和控制的自动化,提供合理的功率控制。

GAC-21 控制器由多模块的 MICREX-SX 系列 SPH 型可编程控制器组成,这种 PLC 由富士电气公司制造。

2. 带 LED 显示器的设定器

设定器连接到 PLC 的 I/O 模块上,设定值(功率、电压和频率)可以显示和修改。

3. EAS-101 型数字同步器

数字同步器用来实现发电机的同步合闸控制。作为同步合闸的输入信号,来自于汇流排和发电机的降压变压器的副方电压。

EAS-101 测量电压和频率,用来检测电压差、频率差和相位差,由 CPU 计算差值,然后以恒定的速度去驱动原动机的调速器(增加或减少),并实现发电机 ACB 的合闸控制。

注意:EAS-101 的合闸控制功能独立于 GAC-21 控制器。

10.2.2 控制器结构

GAC-21 控制器的系统结构如图 10-1 所示。

10.2.3 带 LED 显示的设定器

(1)通过键入或寻找 4 位设定值地址,设定器可以显示各种设定值或测量值。
(2)设定器提供用于 24 V 直流电源和数字 I/O 组件(用于设定器)的连接器。
(3)设定器位于发电机控制屏下部公共区域门板的背面。

10.2.4 功率/电压/频率变送器

变送器的输出电流均为 4~20 mA,输入信号送至 GAC-21 控制器的模拟量输入模块。其功率、电压、频率变送器的输入输出值如表 10-1 所示。

表 10-1 变送器输入输出值

变送器	型号	测量点	输入	输出	备注
功率	MT-2-1	每台发电机	110 V AC,5 A	4~20 mA	*1
电压	VGS-1A-1-8	每台发电机	150 V AC	4~20 mA	
频率	FGS-1LA-22-8	主汇流排	110 V AC,55~65 Hz	4~20 mA	*2

注*1:如果输入逆向,则输出维持在 4 mA;

注*2:如果辅助电源起作用、输入小于 55 Hz 或为零,则输出维持在 4 mA。

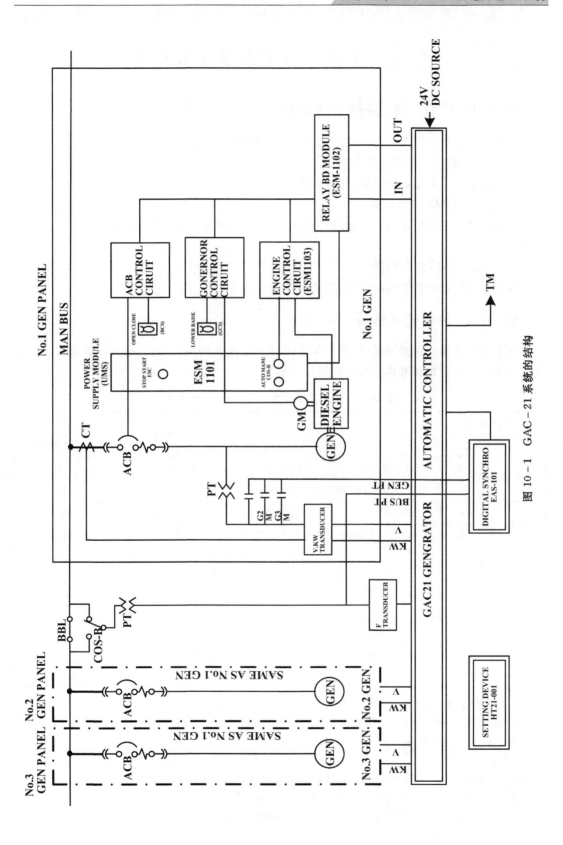

图 10-1 GAC-21 系统的结构

10.3 GAC-21系统的主要功能

10.3.1 GAC-21系统主要功能

发电机的自动控制是GAC-21系统的主要功能之一,可以粗略地归纳成以下3项:
(1)半自动控制功能和监视功能。
包括电站的半自动运行控制、各种监视功能、故障检测功能、警告指示器输出功能等。
(2)GAC-UMS控制功能。
包括诸如备用发电机的自动起动等功能,保证供电的连续性,实现船级社关于无人机舱的要求。
(3)GAC-PMS控制功能。
包括实现"节约燃油消耗"和"电源和负荷的有效管理"在内的电力管理功能。

10.3.2 控制模式选择

发电机控制模式选择开关(COS-A)用来选择发电机的控制模式,表10-2显示了模式选择开关的设定位置和基本的发电机控制方案。

表10-2 模式选择开关设定位置和控制方案

控制和运行 开关设定位置		动/停车控制	同步合闸控制	频率控制	自动控制 GAC-UMS/PMS
A系统	手动	用ECS执行	用BCS执行	用GCS执行	不执行
A系统	自动	作为GAC-UMS/PMS的一部分自动执行		自动执行	执行
B系统	手动	用ECS执行	用BCS执行	用GCS执行	不执行
B系统	自动	作为GAC-UMS/PMS的一部分自动执行		自动执行	执行

控制和运行 开关设定位置		负荷分配控制	负荷分配的并联运行	自动控制 GAC-UMS/PMS
A系统	手动	用GCS执行	用GCS、BCS执行	不执行
A系统	自动	自动执行	自动执行	执行
B系统	手动	用GCS执行	用GCS、BCS执行	不执行
B系统	自动*3	自动执行	自动执行	执行

注:"A"系统:模式选择开关(COS-A) (MANU-AUTO切换);
每台发电机配一个(TERASAKI标准)。
"B"系统:模式选择开关(COS-A) (MANU-G1,G2,G3AUTO转换);
所有发电机合用一个。
ECS:"ENGINE CONTROL"开关—(START-STOP)转换,或按钮开关。
BCS:"ACB CONTROL"开关—(CLOSE-OPEN转换)。
GCS:"GOVERNOR MOTOR"开关—(RAISE-LOWER转换)。

10.3.3 遥控手动控制功能

1. 柴油机起动/停车控制和故障跳闸

"ENGINE CONTROL"开关用来起动和停止发电柴油机。

GAC-21控制器不执行柴油机的控制,柴油机控制由其他的柴油机控制模块实现。

2. 发电机ACB合闸/分闸控制

"ACB CONTROL"开关能用来闭合或断开ACB,GAC-21控制器与ACB的手动控制无关。

(1)手动控制。

如果由于GAC-21控制器有故障,GAC-21系统无法工作,则应通过手动控制模式进行同步合闸操作。此时,通过同步表和同步开关进行同步合闸操作。

(2)半自动控制。

如果需要,每台发电机都可以配置一个"AUTO SYNCHRO"按钮开关,此开关可以激活EAS-101装置的同步合闸功能,来执行ACB的自动同步合闸。

发电机ACB和岸电连接断路器之间的联锁由硬接线逻辑提供,与GAC-21控制器无关。

10.3.4 GAC-UMS控制功能

1. 发电机监视

(1)发电机电压监视。

(2)发电机控制系统的故障检测。

在发电机系统有故障的情形下,GAC-21系统将输出如下相关信号给外部装置或系统。

如果是柴油发电机系统,GAC-21将使发电机组无法自动起动,并将其从备用发电机清单中清除。

①ACB故障跳闸。如果发电机的ACB不是由于通过ACB CONTROL开关的操作而跳闸或在完成负荷转移控制后自动跳闸,就输出此信号。

②发电机无法起压。如果发电机不能在预定的时间内达到所要求的电压,就输出此信号。计时是从柴油机的低速测速探头检测到规定值(通常为300 rpm)的时刻开始的。

发电机无法起压检测定时(VOLT NON EST TIME):0~30 s。

③自动同步失败。如果不能在预定的时间内完成自动同步(发电机同步,其ACB合闸),就输出此信号。计时从发出自动同步开始的指令信号开始计算。

自动同步失败检测定时(AUTO SYNCHRO FALL TIME):0~240 s。

④ACB无法合闸。如果在预定的时间内发电机的ACB无法完成合闸,就输出此信号。计时从GAC-21系统发出合闸指令给ACB开始计算。

⑤发电机系统故障指示和复位。

2. 汇流排监视

GAC-21 控制器监视汇流排的电压和频率,以检测汇流排故障。

(1) 汇流排电压监视。

这个功能可以监视汇流排电压是否在预设的限值范围内,当汇流排电压低于 BUS VOLT LOW 或高于 BUS VOLT HIGH 的设定值时,经过一个延时向外部装置或系统输出汇流排低压或汇流排高压的信号。需要时,这些信号可以用来自动起动备用发电机。

(2) 汇流排频率监视。

这个功能可以监视汇流排频率是否在预设的限值范围内,当汇流排频率低于 BUS FREQ LOW 或高于 BUS FREQ HIGH 的设定值时,经过一个延时向外部装置或系统输出汇流排低频或汇流排高频的信号。

(3) 汇流排两级监视。

上述汇流排电压和频率可以分两级进行监视,即轻度故障和重度故障,向外部装置或系统输出相应的报警信号。

3. 发电机自动起动控制

发电机自动起动控制是由汇流排故障、在网发电机组数量控制或外部自动起动指令信号触发的,这个控制包括从发电机组自动起动到发电机 ACB 自动合闸的过程。

备用发电机通过 GAC-21 控制器选择,备用选择与"MODE SELECT"开关(COS-A)无关。

(1) 每台发电机一个选择开关(标准)。

备用发电机选择功能检查每台发电机的"准备自动起动"条件,选择哪一台自动起动的发电机作为第一备用、第二备用等,如图 10-2 所示。

图 10-2 方式选择开关

由于将方式选择开关从"MANU"转到"AUTO"位置是"发电机准备自动起动"的条件之一,备用发电机的顺序通常是由将设定开关从"MANU"转到"AUTO"位置的时间顺序确定的。

(2) 单个模式选择开关包含所有发电机(按照要求排列)。

当"STANDBY SELECT"开关位于主配电板或发电机控制台上时,如图 10-3 所示,备用发电机模式功能检查开关的位置及每台发电机准备自动起动的条件,选择发电机自动起动的第一、第二、第三备用顺序等,并从选择开关设定的位置开始进行发电机备用编号的升序(上述选择开关按顺时针方向)。

(3) 备用发电机起动控制方案。

作为对自动起动指令信号的响应,备用发电机的起动控制方案有三种,应选择最合适的

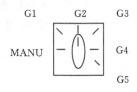

图 10-3　方式选择开关

一种。

4. 发电机自动停车

发电机自动停车是作为"在网柴油发电机数目控制"的一部分来执行的。

由 GAC-PMS-G 功能产生的自动停车指令信号会导致负荷转移、发电机 ACB 分闸、原动机停车的自动控制顺序。

5. 自动负荷分配控制

GAC-21 控制器监视汇流排频率和每台在网发电机的有功负荷,根据监视值输出调速信号给原动机的调速器,将频率维持在额定值上,并根据预先确定的负荷分配模式对在网发电机进行总负荷的分配。

(1) 负荷分配控制的类型。

①按比例分配负荷控制。将在网发电机的总有功负荷除以台数,这样发电机的负荷百分比值将与负荷分配率设定值成比例,负荷百分比定义如下:

$$负荷百分比 = \frac{发电机的有功负荷}{发电机的额定负荷} \times 100\%$$

②最佳负荷分配控制。在负荷最佳控制方式下,每台发电机的负荷分配率应该设为相等。

③负荷转移控制。当在网发电机在一台以上时,若自动起动/停车控制功能块或外部信号源给出一个负荷转移信号,则预先确定的一台发电机的负荷将转移至在网的其他发电机。当这台发电机的负荷减少到接近 0(或小于输出有功负荷的 5%)时,其 ACB 就会自动分闸。

如果期待其他发电机的负荷超过"取消负荷分配"设定值(负荷限制),则负荷转移信号将不会导致负荷转移。

(2) 自动频率控制。

无论在网发电机有几台,都可通过控制每台发电机的调速电机,维持电网频率在额定值。

在单机运行的情形下,假设"MODE SELECT"开关已经设定在"AUTO"位置,GAC-21 控制器将提供包括调速器电机控制在内的控制功能。

(3) 调速器控制。

每台在网发电机的实际有功负荷与目标有功负荷分配值进行比较:

$$功率偏差 = 目标有功负荷 - 实际有功负荷$$

监视汇流排频率以进行计算:

频率偏差＝额定频率－实际汇流排频率

根据这些偏差是正值或是负值,可以选择两种调速器控制信号中的一种:

①正偏差调速器加速(UP)信号;

②负偏差调速器减速(DOWN)信号。

6. 自动同步合闸控制功能

为了完成自动合闸控制,可以使用 EAS-101 数字同步器。如果频率差或电压差比预设值小,EAS-101 装置就通过 GAC-21 控制器向外输出 ACB 合闸信号,当汇流排的相位和调速器的相位一致时,ACB 就合闸。

(1)同步检测功能。

将发电机电压与汇流排电压进行比较,以检查以下条件是否满足:

①电压差:汇流排和发电机之间的电压差在允许的限值范围内(通常设定为 3%)。

②频率差:汇流排和发电机之间的频率差在允许的限值范围内(通常设定为 0.3 Hz)。

如果以上条件都满足,EAS-101 将在先于发电机电压和汇流排电压的相位差严格一致的时刻,提前一定时间(ACB 合闸时间,通常设定为 75 ms),输出一个 ACB 合闸指令信号给调速器的 ACB 合闸电路。

(2)速度匹配功能。

将发电机电压与汇流排电压进行比较,以检测两者之间的频率差,根据差值输出调速器增速(UP)和调速器减速(DOWN)的控制信号。

调速器控制信号从 EAS-101 装置通过 GAC-21 控制器输出到原动机的调速器电机。

7. 发电机低负荷检测功能

该功能可以检测发电机的低负荷运行状态,输出检测信号给外部的监视器作为报警信号。

8. 报警指示灯信号输出

显示程序在 JISP0412 的运行模式"AM2"下提供与发电机相关的报警输出和公共信号。

10.3.5 GAC-PMS 控制功能

GAC-PMS 功能由 GAC-21 控制器功能完成。

1. 在网发电机台数的控制(GAC-PMS-G)

该功能可以控制在网发电机的数目,并对船舶电力需求的变化做出反应。

该功能趋于通过最少程度使用优先脱扣和发电机过载保护以保证"供电的连续性",并在高燃油效率区域运行发电机组。

(1)起动请求(自动起动)。

假定有功负荷增加。当在网发电机的负荷百分比达到 K1(%)后,这种状况持续由 K1 定时器设定的一定时间,就形成了自动起动指令。作为对这个信号的响应,备用发电机自动起动、同步,随后和已经在网的发电机并联运行。

(2)停车请求(自动停车)。

如果有功负荷减少到要撤除第一备用发电机的程度,又不会导致剩余的在网发电机的负荷百分比大于K2(%),这种状态持续由K2定时器设定的一定时间,就会产生一个自动停车指令信号。作为对这个信号的响应,第一备用发电机承担的负荷就转移到网内的其余发电机上,此时第一备用发电机的ACB就分闸,其原动机就停车(经过一个预定的空转时间之后)。

2. 大功率电机起动闭锁控制(GAC-PMS-M)

大功率电机起动闭锁控制电路如图10-4所示。

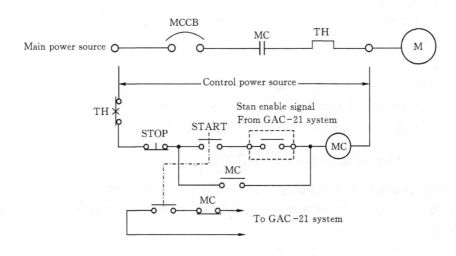

图10-4 大功率电机起动闭锁控制

对于每台在此种方式下控制的大功率电机,要设定所需的起动功率 P_{Mn}(kW)。P_{Mn} 和剩余功率 P_S 比较后,再送出使能信号给马达起动电路。

(1)若 $P_S \geqslant P_{Mn}$,则使能信号为"ON",按下电机起动按钮,便可起动电机。

(2)若 $P_S < P_{Mn}$,则使能信号为"OFF",按下电机起动按钮,电机起动被闭锁,备用发电机起动。

10.3.6 与监视报警系统的通信

GAC-21控制器的TM接口模块通过TM多路传输输出报警信号给机舱监视报警系统。

10.3.7 各功能的标准运行设定值和设定范围

GAC-21控制器功能的标准运行设定值读者可以参考相关说明书,在此不再赘述。

10.3.8 GAC-21系统故障时的监视和控制功能

在正常状态下,由GAC-21控制器向整个系统提供各种监视和控制功能。如果GAC-21控制器出现故障基本上就只能利用手动控制了。然而,故障-安全功能将停止有故障装置的输出信号,以维持GAC-21控制器出故障之前电站的运行状态。

10.4 设定器的数据显示和设置

10.4.1 概述

为了满足输入和设置不同的参数值、同时显示测量值的需要,GAC-21系统配备了带LED屏的便携式设定器。

GAC-21系统与设定器之间的通信是通过设定器上的数据线连接GAC-21控制器内的开关量I/O模块实现的。只有在相关控制模块和开关量I/O模块工作正常的时候才会与设定器通信。

除了参数值以外,设定器还可以显示发电机的电压、功率以及汇流排的测量值。

设定器配备两个带有1米插线的插座,一个用于连接24 V直流电源,一个用于连接开关量I/O模块,设定器的电源位于GAC-21控制器的旁边。

10.4.2 标准设定值和设定值的地址

设定值和测量值可通过在设定器上键入一个4位数字进行观测。

一旦键入一个4位数字,仪器就会自动搜寻相应的设定值或测量值。搜寻数字的所用格式根据每一组设定值来确定。

标准设定值以及设定值的编号(以下称为"地址")如下所示。

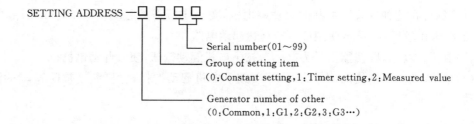

10.4.3 按键开关和滑键开关的功能

这部分描述了设定器(如图10-5所示)的按键和滑键开关的功能,读者可参考相关说明书。

10.4.4 修改设定值的步骤

在为一个设定值键入地址前,应先进行以下检查。

(1)检查滑键开关的设置位置:
Add. No. ←→Value; Add. No. Position
Now. ←→New; Now Position

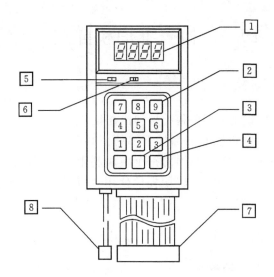

①：LED Display(Red) 4 character ⑤：Add. No. Value Change over slide switch
②：TEN Key(0~9) ⑥：Now New Change over slide switch
③：CANCEL(C) ⑦：I/O Module connector (40P)
④：ENTER Key (ENTER) ⑧：Power source connector (2P)

图 10-5 设定器

(2)将连接器与设定器连接：

①首先将 I/O 模块与连接器(40P)连接；

②然后将连接器(2P)与 24V DC 电源连接，若要断开连接器，则按反顺序执行，若按反顺序连接连接器，则不会损坏设定器和相应模块；

(3)连接 24 V DC 后，检查 LED 显示屏是否显示为"0000"；

(4)检查如图 10-6 所示的阴影部分，应无诸如"ERR"或"ALM"之类的报警。

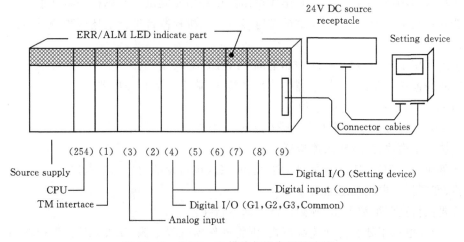

图 10-6 GAC-21 模块与设定器的连接

10.5 检查维护和自检

10.5.1 概述

GAC-21控制器和手持式设定器使得维护和检查变得简易。

GAC-21控制器位于发电机控制屏面板下部的公共区域内,可从控制器前面进行维护、检查和更换。若要让GAC-21控制器的每个模块利用自诊断功能检测任何出现的异常,则需将位于前端的ERR指示器打开以便提醒使用者有异常。设定器没有自我诊断功能,若出现异常,可在连接设定器时从显示的初始信息中寻找。

10.5.2 维护和检查

1. GAC-21控制器模块的检查

1) 日常检查

(1) 目测检查每个模块的运行状态,包括:

①每个模块的ERR或ALM指示灯都不亮;

②CPU模块上表示电池异常的"BAT"指示灯不亮。

(2) 检查每个模块的LED显示,包括正常和不正常的状态,细节参见相关说明书。

(3) 按下列顺序检查安装状态。

①每个模块都已安装。

②外部接线的端部螺钉没有松开。

③用于连接电缆的连接器都已稳固插入。

(4) 检查CPU模块的电池是否需要更换(电池上有使用寿命的标识,一般为制造后5年)。

2) 注意

严禁对GAC-21控制器进行绝缘电阻测试和耐压测试!否则模块将会损坏。

若要对装有GAC-21控制器的配电板或发电机控制台进行上述两种测试,需执行如下步骤:

①断开用于连接GAC-21控制器的24V DC输入端(电源模块)的连接电缆;

②断开连接GAC-21控制器各模块的输入/输出电缆和连接器。

3) GAC-21系统组件的维护

• 断开和连接用于连接GAC-21控制器的配线。

• 从每个模块移除/插入连接器。

• 更换与GAC-21系统相关的连线和设备(包括设备的功率变送器、电压变送器、频率变送器、变压器和电流互感器)。

若要执行这些维护工作,则必须遵守如下指导:

(1) 若发电机正处于自动控制模式,则将操作模式设定为"MANU"。强行在AUTO模式下更换设备,将导致系统故障。

(2)若要更换 GAC-21 控制器的模块,则需断开 24 V DC 电源。

(3)若要更换电缆、连接器或变送器,则需断开 24 V DC 电源。

(4)更换电缆、连接器、变送器或模块后,将模块上的开关和电缆连接端放置在和移除前相同的位置上,并将连接器插入正确的位置。

(5)每个模块都易受静电影响,因此在操作模块前,应通过接触附近合适的金属来释放静电。

2. 功率变送器、电压变送器和频率变送器的调整

功率、电压和频率变送器都由 GAC-21 供电,变速器将发电机的功率、电压和频率信号转换成能通过模拟多路技术传送的 4～20 mA 电流,这些信号经 CT/PT 输入,再输出给 GAC-21 控制器。

- 功率变速器:型号为 MT-2-1(1 套/每台发电机);
- 电压变送器:型号为 VGS-1A-1-8(1 套/每台发电机);
- 频率变送器:型号为 FGS-1LA-22-8(用于汇流排,1 套)。

警告:调整变送器输出时,若发电机正处于 AUTO 模式,则将其改为 MANU 模式。

每个变送器都有一个调整器(VR)用于调整输出,如图 10-7 所示。在读取发电机控制面板仪表的同时,手动调整功率、电压和频率额定值,然后按照以下步骤调整变速器。

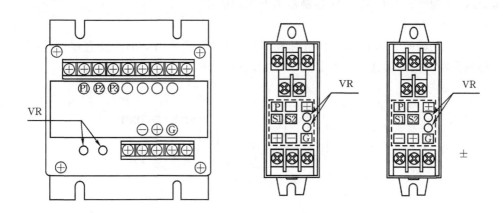

图 10-7 功率、电压和频率变送器的调整器 VR

调整方法 1:使用具有低输入阻抗(最大 500 Ω)的 DC 电流表测量变速器的输出电流,并调整 VR,使得输出等于:

$$变速器输出电流 = \frac{(20-4) \times 输入变量的额定值}{最大测量值(满量程)} + 4 \quad (mA)$$

调整方法 2:按照设定器的"显示功能"的读数通过调整器 VR 设定额定值。

3. 模块的更换

由于 GAC-21 控制器的模块安装在 GAC-21 控制器的基板上。若要更换一个模块,需执行以下步骤:

(1)停止 GAC-21 控制器。

①若发电机正处于自动模式,请改为手动模式。在自动模式下更换模块会导致发电机故障。

②断开 GAC-21 控制器的 24V DC 电源(在电源模块上)。关闭电源,移开熔断器(铭牌:GAC-21(DC SOURCE))。

(2)断开所有带电导线。在移除模块前,先要检查电源模块上的"PWR"LED(绿色)已经熄灭,然后再开始移除。

(3)移除用于连接模块和接线端的连接器或连接电缆。完成更换工作后,请按照接线端序号正确连接。若不知道连接方向,请参阅主配电板资料。

4.更换 CPU 模块上的 ROM 卡

通过设定器只能改变设定值,如果自动控制流程也发生改变,则需要更换 CPU 模块上的 ROM 卡。

若要更换 ROM 卡,需执行以下步骤。

1)停止 GAC-21 控制器

(1)若发电机正处于自动模式,请改为手动模块。强行在自动模式下更换会损坏发电机。

(2)切断 GAC-21 控制器的 24V DC 电源。GAC-21 的 DC 电源接到电源模块,为了断电,要拔出配电板上 GAC-21 控制器边上的熔断器。

2)移除 ROM 卡

(1)在使用新的 ROM 卡之前,请释放静电。然后,握紧 Knob,不要直接触及印刷电路板上除写保护开关外的任何带电部件,如图 10-8 所示。

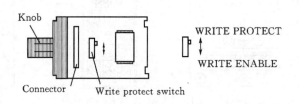

图 10-8 移除 ROM 卡

(2)不要断开或接通带电导线。在确认电源模块上的"PWR"指示灯已熄灭后,再开始移除模块。

(3)在更换 ROM 卡以前,必须检查当时的"CHANGED SETTING VALUE"。

(4)更换 ROM 卡后,请将新的 ROM 卡设置成更换前检查时的"CHANGED SETTING VALUE"。

3)更换 ROM 卡(步骤如图 10-9 所示)

(1)将 ROM 卡放入 CPU 模块中

第一步:关闭 GAC-21 控制器电源并打开电池盖。

第二步:取下电池夹,将 ROM 卡从图 10-9 中 CPU 模块的位置插入背面。

第三步:推动把手使 ROM 卡卡到固定位置。

第四步：①合上电池夹，注意不要挤压电池导线；②关闭电池盒盖。

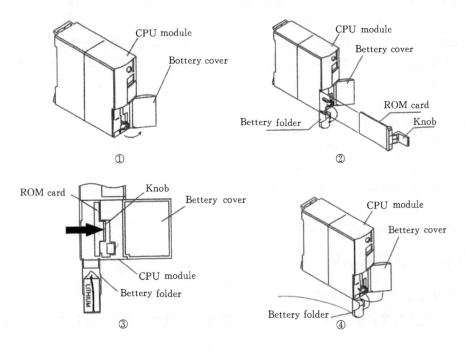

图 10-9 ROM 卡的更换步骤

(2)移出 ROM 卡(与插入步骤相反)。

5. 备件模块

1)以下模块需要备件

- 电源模块——NP1S-42；
- CPU 模块——NP1PH-16(CPU No. setting key switch"0"position)；
- TM 接口模块——NP1L-TMB；
- 模拟信号输入模块——NP1AX04-MR；
- 开关量输入/输出模块——NP1W3206T；
- 开关量信号输入/输出模块——NP1W1606T；
- 数字信号输入模块——NP1X1607-W。

2)电源模块备件的维护

注意：为防止电源模块中使用的铝质电解电容电容量的减少，每隔 6 个月要接通一次 24V 电源。

3)更换 CPU 模块上用于数据备份的电池

CPU 模块配套有锂电池来实现数据备份(没有备件电池，因为就算不使用，电池的电量也会消耗)。

(1)更换电池的注意事项。

①就算没有低电量警示，也必须按规定时间(一般为生产后 5 年)更换电池。

电池类型:NP8P-BT 正常电压:3.6 V。

②若 CPU 模块上的"BAT"LED 发光,则需立即更换电池。若警示已经产生,CPU 模块还可持续在 25℃环境下工作约 1 周的时间。

③要在 5 min 内快速更换电池,若长时间移除电池,就会造成数据的丢失。

当 24 V DC 电源长时间断电及电池有故障时,则在重新接通 24 V DC 电源时,可能会发出系统故障报警。在这种情况下,可对电源再执行一次开关复位操作,系统就会恢复正常。

(2)更换电池的步骤。

①关闭用于 GAC-21 控制器的 24 V DC 电源。若只需更换电池,则可不关闭。

②打开位于 CPU 模块前下部的电池盒盖。

③移出电池连接器,并更换电池,同时放入新电池。

④关闭电池盒盖。

⑤打开 GAC-21 控制器电源。

10.5.3 自诊断功能

1. 使用 LED 指示器检查

每个模块的工作状态都可通过位于模块前方的 LED 指示器进行检查。各指示如表 10-3 所示。

表 10-3 模块正常工作状态下的 LED 指示器

Modules		LED indicator								
SX BUS No.	Name	PWR	ALM	ONL	ERR	RUN	SD	RD	BATT	Remarks
—	Source supply	○	●							
245	CPU		●	○	●	○			●	
1	TM			○	●		◎	◎		
2,3	Analogue			○	●					
4,5,6,7	Digital I/O			○	●					
8	Digital input			○	●					
9	Digital I/O			○	●					Setling device

○:Turn ON ●:Turn OFF ◎:Blink(Data input/output in progress)

2. 异常处理措施

若模块上的 LED 指示器显示发现异常,可采取下列措施:

(1)CPU 模块异常。

LED 指示灯不仅可显示 CPU 模块异常,还可显示 CPU 控制的系统异常。

在表 10-3 所示的"RUN"LED 灯熄灭的情况下,说明检测到某个模块出现了异常。若异常出现在 CPU 模块,确定原因后应进行必要的更换。

(2) 除 CPU 以外其他模块的异常。

若某个模块上的"ERR"或"ALM"LED 指示灯亮了,则确定原因后进行必要的更换。

3. 引起故障的原因

GAC-21 控制器故障的原因如表 10-4 所示。

表 10-4　GAC-21 控制器故障的原因

故障模块或设备	可能引起故障的原因
CPU 模块	CPU 不正常、电源不正常、内存不正常、SX 汇流排不正常、I/O 模块不正常、公共模块不正常、硬件不正常等; 每更换一个模块,都须通过关闭-打开 DC 电源的方法复位 GAC-21 控制器
电源模块	
模拟输入模块	
开关量 I/O 模块	
数字信号输入模块	
TM 模块	ROM/RAM 不正常,SX 总线不正常,SX-CPU 不正常,设置不正常,TM 线路不正常(计时器不正常,信号故障,检查位不正常)等。 每更换一个模块,都须通过关闭-打开 DC 电源的方法复位 GAC-21 控制器
功率、电压、频率变送器	若输入信号为 4~20 mA、输出信号降到 0 mA 以下(不连续),此时将会输出传感器错误信号(上限无法检测)

4. 故障检修

若 GAC-21 系统在工作过程中输出故障信号,则可依据以下方法来恢复系统。

若故障出现在模块更换后,则根据故障检修图采取相应措施。在运行或检修中,GAC-21 系统故障检修流程如图 10-10、10-11 所示。

5. GAC-21 系统故障指示

若出现系统异常,每个模块的自诊断功能会通过 LED 显示器显示。另外,"GAC21 SYSTEM FAIL(GAC 21 系统故障)"或"TM UNIT ABNORMAL(TM 单元不正常)"信号会输出给外部监视器。

表 10-5、10-6 和 10-7 列出了这些故障信号的输出状态。

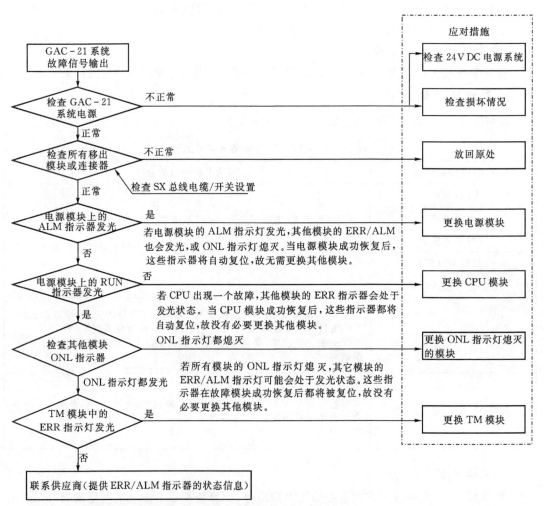

图 10-10　GAC-21 系统故障检修（在运行中发生异常）

表 10-5　GAC-21 系统故障信号的输出

故障信号输出	输出信号	GAC-21 控制器的模块故障					传感器故障
		电源	CPU	TM	模拟量信号	开关量 I/O（用于控制）	开关量 I/O（用于设定器）	
GAC-21 系统故障	若模块或传感器出现异常，则使用并行输出	输出	输出	输出	输出	输出	没有输出	输出
		监视器可探测到 TM 单元的异常						

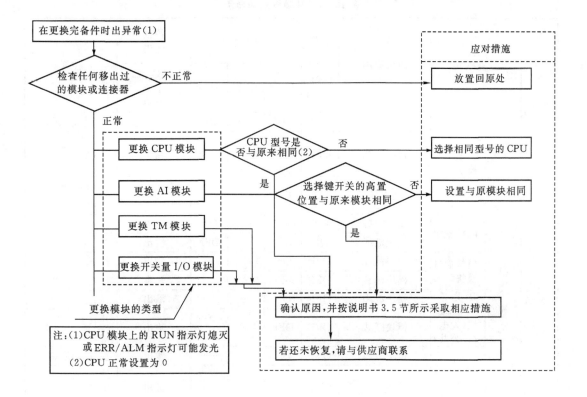

图 10-11 GAC-21 系统故障检修（在更换备件后出现异常）

表 10-6 TM 模块出现异常时的 LED 状态

状态		ONL(绿色)	ERR(红色)	SD(绿色)	RD(绿色)
正常运行	正常运行	ON	OFF	OFF	OFF
	输出数据传输	ON	OFF	闪烁	OFF
	输入数据接收	ON	OFF	OFF	闪烁
异常运行	致命故障	OFF	ON	OFF	OFF
	非致命故障	ON	ON	OFF	OFF

表 10-7 故障模式的显示

No.	故障模式		故障原因	故障模块上的 LED 指示器				警报输出 GAC-21 系统故障	注释
				ONL(PWR)	ERR	RUN	ALM		
1	模块故障	CPU 模块	模块故障	OFF	ON	OFF	ON	输出	注:②,注:⑥
			模块断线	OFF	OFF	OFF	OFF	输出	注:①,注:②,注:⑦
			电池电压低	ON	ON	ON	ON	—	CPU 模块 注:⑫
		电源模块	模块故障	ON	—	—	ON	输出	注:⑧,注:②
			模块断线	ON	—	—	OFF	输出	注:⑧,注:②
		模拟信号模块	模块故障	OFF	ON	—	—	输出	注:⑨
			模块断线	OFF	OFF	—	—	输出	注:①,注:⑩
		开关量 I/O 模块(发电机/公共)	模块故障	OFF	ON	—	—	输出	注:⑨
			模块断线	OFF	OFF	—	—	输出	注:①,注:⑩
		TM 模块	模块故障	OFF	ON	—	—	输出	注:②,注:⑨
			模块断线	OFF	OFF	—	—	输出	注:①,注:②,注:⑩
		开关量 I/O 模块(设定器)	模块故障	OFF	ON	—	—	—	注:⑨
			模块断线	OFF	OFF	—	—	—	注:①,注:⑩
2	电源故障	24 V DC 电源	GAC 21 控制器的熔断器拔出	—	—	—	—	输出	注:②所有模块的 LED 都熄灭
		24 V DC 电源	TM 模块的电源关闭	ON	OFF	—	—	—	TM 模块 注:②
		12 V DC 电源(设定器)	设定器电源切除	—	—	—	—	—	注:⑤
3	TM 故障	错误设置	缺少通道	—	—	—	—	—	检测单元故障
		线路断开	抽出 TM 模块连接器	ON	OFF	—	—	—	TM 模块 注:②
4	传感器故障	线路断开	模拟信号模块输入线路故障	—	—	—	—	输出	注:③

续表

No.	故障模式		故障原因	故障模块上的 LED 指示器				警报输出 GAC-21 系统故障	注释
				ONL(PWR)	ERR	RUN	ALM		
5	连接器断开	线路断开	相关控制器模块的连接器抽出	—	—	—	—		注:④
		线路断开	设定器连接器抽出						注:⑤
		线路断开	扩展总线插头电缆断开	OFF	ON	OFF	ON	输出	CPU 模块注:②,注:①
6	设置错误	CPU 通道设置错误	CPU 模块上的 CPU 编号选择键开关设置成了除"0"以外的数字	OFF	ON	OFF	ON	输出	CPU 模块注:②,注:⑦

注:①若模块断开连接,则该模块的 LED 都熄灭。

②监视器可检测包含 TM 模块在内的所有单元的任何异常。

③若传感器产生故障(模拟输入线路故障),则用于设定器的开关量 I/O 模块的 I/O 状态 LED(输出侧)等开始闪烁。在这种情况下,采取下列步骤:

LED0:G1KW,LED1:G1V,LED2:G2KW,LED3:G2V,

LED4:G3KW,LED5:G3V,LED6:BUSF,LED7:NOTUSE。

④关于故障检修,可参阅诸如"主配电板上相关指示器已熄灭"和"尽管有异常但无警报信号输出"等选项的说明。

⑤正常情况下,该模块的连接器不会连接,除非正在使用设定器。若设定器的 24 V DC 电源已关闭,则设定器上的数据显示功能和设置改变功能将不起作用(GAC-21 控制器中没产生任何异常)。

⑥除 CPU 模块外,其他模块的 ONL 和 ERR 指示灯都将发光(电源模块上的 PWR 指示灯会亮,数字输入模块上只有 ONL 灯亮)。

⑦除 CPU 模块外,所有模块上的 LED 灯都将熄灭(电源模块上的 PWR 指示灯会亮,TM 模块上的 ONL 灯闪烁,同时 ERR 指示灯亮)。

⑧其他模块的所有 LED 指示灯都将熄灭。

⑨在 CPU 模块上,ONL、ERR、RUN 和 ALM 指示灯发光。其他模块上,ONL 和 ERR 指示灯发光(电源模块上的 PWR 指示灯会亮,数字输入模块上只有 ONL 灯亮)。

⑩若除 CPU 和电源模块外,其他模块断开连接,则可将异常按如下情况进行归类:

若在电源接通前模块断开连接:

CPU 模块——ONL 和 ALM 指示灯发光;

电源模块——PWR 指示灯发光;

TM 模块——ONL 指示灯发光,ERR 指示灯开始闪烁;

其他模块 ONL 指示灯发光。

若在电源接通后搓块断开连接:

CPU 模块——ONL,RUN,ALM 指示灯发光;

电源模块——PWR 指示灯发光；

其他模块——ONL 灯发光。

⑪除 CPU 模块外,其他模块上 LED 灯的开/关状态可根据是否出现下列情况来进行归类：

若在电源接通以前出现异常：

电源模块——PWR 指示灯发光；

TM 模块——ONL 指示灯开始闪烁,ERR 指示灯发光；

其他模块——ONL 指示灯开始闪烁。

电源接通后出现异常：

电源模块——PWR 指示灯发光；

其他模块——ONL 和 ERR 指示灯发光(数字输入模块上只有 ONL 指示灯发光)。

⑫CPU 模块上的 BAT 指示灯发光,用于故障监视的监视器检测到"BAT LOW"警报。

 复习与思考

1. GAC-21 的组成、特点是什么？

2. GAC-21 的主要功能有哪些？

3. 发电机自动控制装置 GAC-21 可设置哪些参数？

4. 发电机自动控制装置 GAC-21 由哪些环节组成？

5. GAC-21 系统可自诊断功能有哪些？

6. GAC-21 控制器故障的原因主要有哪些？

7. 试简述 GAC-21 控制器的故障查找流程。

第11章 船舶电站的管理与维修

对于船舶电气管理人员,最重要任务是维护管理好船舶电力系统,保证电站供电可靠、参数稳定、运行经济、使用安全;一旦发生故障能够迅速恢复供电,排除修复。为了降低事故率,预防故障的发生,船舶电气管理人员必须熟悉电站基本故障诊断与维修知识,对故障的诊断要做到理论联系实际,不断积累经验,逐步提高电站管理和维修水平。

11.1 概述

电气设备的管理要掌握资料,熟悉设备;严格操作规程,防止误操作;加强巡查,对设备进行有效的监控。要维修好设备,首先要熟悉其工作原理和工作流程,读懂工作原理图和安装图。

目前,常用的船舶电气设备故障分析方法:传统故障诊断法,故障树分析法、故障诊断专家系统诊断法。

11.1.1 传统的故障诊断法

传统故障诊断法也叫作经验诊断法,通过设备故障现象分析和以往的经验(这个经验可能是自己的切身体会,也可以是其他方面,如从书本或别人传授的),做出设备发生故障的点(或零部件)的判断,并加以排除,这种诊断的精确与否主要依赖于诊断人的素质。维修人员对设备技术性能、工作原理掌握越熟练、对设备故障诊断的经验越丰富,诊断出故障点的可能性就越高。这样,即维修人员提出了较高的要求。首先维修人员必须掌握设备的工作原理,各部件出现故障时所表现的特征,要有足够的设备管理维修经验,才能有效地、迅速地排除故障。这对于海上电气管理维修人员来讲,尤为重要。一般要通过问、看、摸、听、闻,以及仪器仪表的检测,了解故障现象,初步诊断故障所在或原因。在检查中,不作任何假设或推断性的结论,而是尊重实际,经过详细的检查、核实后才能出结论。

11.1.2 故障树分析法

故障树分析法简称 FTA(Fault Tree Analysis),上世纪60年代由美国贝尔研究所首先用在民兵导弹的控制系统设计上,为预测导弹发射的随机失效概率作出贡献。其后,波音公司研制出 FTA 的计算机程序,进一步推动了它的发展。到了60年代中期,FTA 从宇航范围进入核工业和其他领域。用 FTA 来预测和诊断电气故障,分析系统的薄弱环节、指导电站运行和维修。

故障树是应用图论概念的一种逻辑树,在图论中,一个树是由一些顶点(节点)和边构成,它是一种不包含闭环的连通图。图的任一顶点、节点都通过边的连接而通到任一其他顶点、节点。树中的有向边称为弧,代表事件,具有有向边的树称为逻辑树。故障树就是一种逻辑树,树枝代表系统或元件的事故事件,而节点代表事故事件之间的逻辑关系。故障树从顶事件的树根出发向下发展,顶事件的下一级事件是一些能够引起顶事件发生的事件,这些事件与顶事件之间的关系是逻辑关系。在故障树中最常用的逻辑关系是"与"和"或"关系。如此延伸下去,直到系统内部可导致顶事件产生的元件故障为止。

11.1.3 船舶电气设备专家诊断系统

随着船舶大型化和自动化不断提高,船舶设备和控制系统就越来越复杂,它们几乎包括陆地所有比较成熟的现代技术。船舶电力系统也不例外,由原来的电站容量几千瓦发展到现在几千千瓦。控制系统由原来的人工控制发展到微机控制、分布控制。发展方向是网络和人工智能控制。如果将来采用超导磁力推进,电站容量就更大,控制系统就更复杂了。由于船上的条件限制,要做到尽快地对故障进行诊断与维修已经不是一件很容易的事。

故障诊断专家系统是这样的一个系统:

(1)专家系统处理现实世界中提出的需要由专家来分析和判断的复杂问题;

(2)专家系统利用专家推理方法的计算机模型来解决问题,并且与专家分析的结果一样。

因此,船舶电气设备的故障诊断专家系统就是用于复杂的高度自动化电气设备的故障诊断的专门计算机系统。这种系统如要像专家们一样诊断电气设备故障,首先,就必须有像专家们所具有船舶电气领域的专业理论知识以及电气故障诊断的经验,把这些知识存放起来的地方称为知识库;其次,要有像专家们根据故障特征和有关的理论知识、经验作出的对故障点的逻辑推理过程—推理机构;再次,要有像专家那样把他的推理结论解释给询问者知悉,使人信服,或解释专家的建议—解释机构;最后,还有与开发者,用户发生联系的机构询问机构。因此,船舶电气故障诊断专家系统应该由知识库、推理机构、解释机构、询问机构、知识获取机构和存放故障特征向量机构等组成。

11.2 同步发电机维护及故障分析

11.2.1 船用交流同步发电机的分类

船用 50 Hz 或 60 Hz 交流发电机多为三相同步发电机。按拖动发电机的原动机可分为汽轮发电机和柴油发电机两种。在一些大型船舶及某些舰艇上,采用汽轮发电机或燃气轮机。一般船舶都用中速柴油发电机,还有一些船舶采用低速轴带发电机,大多为中型容量。

11.2.2 船舶发电机运行中的监视

运行中的发电机应根据配电板上仪表指示情况,对发电机不断进行监视,以便及时发现不正常现象,消除隐患,保证船舶正常供电。

1. 发电机温升的监视

发电机运行时,由于铜耗、铁耗及机械损耗等原因会使其温度升高。发电机各部分实际温度等于冷却介质的温度与其对冷却介质的温升之和。若发电机各部分温度过高,会加速绝缘老化,缩短发电机使用寿命,甚至会引起发电机事故。所以,对运行中的发电机必须严格监视各部分温度,使其不超过最高允许温度。

对无限航区的船用发电机,环境温度规定为45 ℃,但实际上由于季节变化,船舶航行海域和气候条件的不同,使环境温度有所变化。当机舱温度升高时,发电机的温升就应相应降低。温升的测量,可以用埋置在发电机定子槽内或定子绕组端部的测量元件来测取,也可以通过测量绕组的电阻值来求取绕组平均温升。日常检查时,可用手摸的方式粗略估计发电机温升是否正常。

2. 发电机电压的监视

运行中的发电机电压应达到额定值。其允许变化范围不应超过±2.5%U_e。若端电压过低,则影响船上电机、电器舱正常工作;若端电压过高,除影响电机正常工作外,尚由于激磁电流的增大而导致发电机温度增高。

船舶交流发电机的调压多采用自激恒压系统,但是当多台电动机同时起动时,也会引起电网电压波动,同时使发电机电流增大,因此,应当注意电压恢复情况。

3. 发电机功率因数与频率的监视

船用交流同步发电机的额定功率因数大多数定为0.8,但实际工作时,负载的功率因数是变化的。对于并联运行的多台发电机,希望它们的功率因数基本上一致,从而避免某台发电机功率因数太高,而另一台发电机功率因数太低,以提高电网系统的稳定性。交流发电机正常运行时,电网频率的波动范围应保证在额定频率的±1%以内,以免影响电动机、电器的正常运行。

4. 绝缘电阻的监视

船舶发电机在投入运行前必须测量定、转子绕组的绝缘电阻。测量时可用兆欧表(摇表),且每月至少一次。定、转子绕组的热态绝缘电阻值不应低于2 MΩ(规范要求0.5 MΩ),若低于此值,应当查明原因采取措施,提高使绝缘电阻的值。

5. 其他部分的监视与检查

对运行中的发电机还必须监视、检查滑环与电刷工作情况,滑环表面是否有电刷粉末和污垢聚集,刷架及刷握上是否有积灰,应经常吹拂、清洁电刷、刷握、刷架及滑环等,检查机组转动情况,检查轴承声音和温度。

11.2.3 发电机的日常维护与保养

1. 一般维护

为保证发电机正常工作,在它附近不应有水、油及污物堆积,不能有腐蚀性气体,以免损伤发电机绕组绝缘。在防潮防尘的同时,要注意不能影响发电机的正常通风冷却,要经常清洁通风过滤网及通风孔道内的灰尘污物,保持畅通无阻。冷却空气的温度不得过低,以免绕组及其它导电器件上凝结水珠。对因故短期停止运行的发电机,集电环可不必包扎保护,但要在电刷与集电环之间垫以绝缘纸板、石腊纸或沥青纸,以免电刷在集电环表面上形成斑点。发电机的加工面,如果由于油、漆脱落而锈蚀时,应及时除锈,并涂以防锈漆。

2. 拆装注意事项

发电机拆装方法与异步电动机大致相同,但由于发电机重量大,拆装时应注意不要碰伤。拆卸端盖时,注意不要碰伤凸出在机座处面的定子线圈;取出转子时,要在电机定、转子间垫以纸板,以防损伤铁芯和绕组;在用钢索绑扎转字时,钢索不得碰到转子轴颈、风叶、转子线圈和旋转整流器;绑钢索处必须垫以木板或橡皮;转子放置时,应放在硬木衬垫上,衬垫放在轴颈或转子的铁芯下面,不得垫在集电环下面,以防集电环被压变形;转子取出后,集电环要用绝缘厚纸包扎起来,以免碰坏。

3. 发电机的烘干

新安装好的同步发电机,在运行前,一般都应进行烘干。如果绝缘电阻满足要求,可以不进行烘干,但运行开始的 24 h 内负荷最好不超过额定容量的 50%。凡是运行中的发电机停车检修或停用时间超过规定的限度,绝缘电阻低于规定值时,必须进行烘干。如确定是表面受潮时,可以用带负荷干燥法进行烘干。凡是因水浸或蒸汽管道漏气而浸湿的发电机必须进行烘干。

1) 烘干的方法很多,在船舶上可用下列方法:

(1) 热风法:把主机产生的干燥清洁的废热风吹入发电机中,对定、转子绕组进行烘干。为防止转轴变形,应周期地把转子转过 180°。干燥时,应控制绕组表面温度。用温度计测量,绕组表面不得超过 85 ℃,进风口的风温不得超过 90 ℃。

(2) 带负荷干燥法:船用发电机如果仅为表面受潮时,可用带负荷干燥法烘干。干燥时,发电机可先带 50% 额定电流负载运行,然后按 65%,阻值、85%、100% 数值增加到额定电流。每一级负荷运行 24 h。在干燥的过程中应定时地测量各绕组的绝缘电阻。

2) 干燥时的注意事项

加热干燥应在清洁的空气中进行,干燥前用压缩空气将发电机吹拂干净。若绕组潮湿严重,则需先用热风法进行干燥,经一定时间干燥后,再带负荷干燥,以免绝缘被击穿。干燥时,应多放些温度计,分布在发电机的各部分,以便掌握各部分的温度,防止局部过热。加热应缓慢进行,以免线圈内部的潮气骤然蒸发而发生绝缘损伤。若干燥温度达不到要求的温度时,可在略低的温度下进行干燥,只是时间应适当加长。干燥开始后每隔 30 min 测量一次温度和绝缘电阻。当温度稳定后,每隔 1~2 h 测量一次,并作好记录。发电机干燥初期,由于绕组发热,水分蒸发出来,使绝缘电阻下降,然后又逐渐上升,上升的速度愈来愈慢,最后稳定在一定的数值上。在恒定温度下,绝缘电阻保持 3 h 以上不变时,干燥工作即可结束。不论何种方法,在干燥后,当线圈冷却到 60 ℃ 时,定子绕组和转手绕组的绝缘电阻以 500 V 兆欧表测量,应不低于 0.5MΩ。

4. 发电机轴承的维护与保养

在油环润滑的滑动轴承中,轴承的油量应一定,一般不在运行时注油。油量在规定液面下,轴承不应甩油,以免溅到绕组上。润滑油需定期取出样品检查。若油色变暗,混浊,有水或污物时,应予更换。轴承发热时,均应更换新油。一般每隔 250～400 工作小时,应换油一次,但至少每半年更换一次。换油时,应先用煤油洗净轴承,再用汽油冲刷干净后,才可注入新润滑油。采用滚珠或滚柱轴承的电机,当运行约 2000 h 时,即需更换润滑脂一次。轴承用于灰尘多而又潮湿环境中时,应根据情况经常更换润滑油。在起动长期停用的发电机前,如装有滚动轴承时,必须先检查其润滑状态,若原有润滑脂已脏或已经硬化变质,必须先将轴承冲洗干净,再用汽油清洗。最后填入清洁的润滑脂。填入量为轴承室空间的 2/3,不可填入过多。

5. 集电环与电刷的维护

集电环的表面应保持光滑,并呈圆柱形。如果表面有铜绿及灼痕时,应用 00 号细砂布研磨。研磨时,应把砂布装在直径与滑环相适应的弧形木瓦上进行,也可在运行中研磨。如果表面严重灼伤或集电环变形,应进行光车,光车可在船舶进厂检修时进行。电刷为易于损坏的部件,应经常检查。若电刷磨损过多,应更换新电刷,新电刷牌号必须与原来的电刷相同,在同一极性刷杆上的电刷应一起更换。新电刷应进行研磨,使其与集电环表面接触良好,再在轻负载下(额定负载的 1/3～1/4),运转到其接触面光滑为止。

11.2.4　发电机投入运行前的检查

对于新安装的发电机或经检修及长期停用的发电机投入运行前应进行检查,以保证发电机安全运行。

(1)仔细查看发电机内部,不得有杂物存在,防止落入螺钉,工具、抹布等异物。

(2)用大约两个大气压的干燥压缩空气或皮老虎清除发电机各部分的灰尘。为避免损坏线圈,不得使用金属吹管。

(3)检查发电机轴承的润滑情况。润滑油和润滑脂的质量与数量必须符合维护要求的规定。

(4)检查发电机与其原动机的连接情况是否良好,同时检查两机的轴线是否在同一直线上。

(5)检查转子是否灵活,同时检查轴承质量。

(6)清洁集电环。

(7)检查电刷装置。电刷压力为 14.7～19.6 kPa。

(8)测量绝缘电阻,用 500 V 兆欧表测量不得小于 0.5MΩ。

(9)如果发电机结构允许,可用塞尺测量气隙,其最大最小气隙之差与平均气隙之比一般不超过±5%,低速发电机不应超过±10%。

(10)检查励磁接线是否正确,引线是否良好。

(11)检查各紧固件,有松动者应上紧。

(12)正式运转前应进行试车,使发电机空转,达到额定转速后再停机检查转向、振动情况、轴承温度等是否符合要求。

(13)对于新安装的发电机,还要确认其相序是否与原船电的相序一致。

11.2.5 发电机故障诊断与排除方法

1. 发电机过热

(1)发电机没有按规定的技术条件运行,如定子电压过高,铁损增大;负荷电流过大,定子绕组铜损增大;频率过低,使冷却风扇转速变慢,影响发电机散热;功率因数太低,使转子励磁电流增大,造成转子发热。出现以上故障时应检查监视仪表的指示是否正常。如不正常,要进行必要的调节和处理,使发电机按照规定的技术条件运行。

(2)发电机的三相负荷电流不平衡,过载的一相绕组会过热;若三相电流之差超过额定电流的10%,即属于严重蛄相电流不平衡,三相电流不平衡会产生负序磁场,从而增加损耗,引起磁极绕组及套箍等部件发热。出现以上故障时应调整三相负荷,使各相电流尽量保持平衡。

(3)风道被积尘堵塞,通风不良,造成发电机散热困难。出现这种故障时应清除风道积尘、油垢、使风道畅通无阻。

(4)进风温度过高或进水温度过高,冷却器有堵塞现象。出现这种故障时应降低进风或进水温度,清除冷却器内的堵塞物。在故障未排除前,应限制发电机负荷,以降低发电机温度。

(5)轴承加润滑脂过多或过少,应按规定加润滑脂,通常为轴承室的1/2~1/3(转速低的取上限,转速高的取下限),并以不超过轴承室的70%为宜。

(6)轴承磨损。若磨损不严重,使轴承局部过热;若磨损严重,有可能使定子和转子摩擦,造成定子和转子避部过热。出现这种故障时应检查轴承有无噪音,若发现定子和转子摩擦,应立即停机进行检修或更换轴承。

(7)定子铁芯绝缘损坏,引起片间短路,造成铁芯局部的涡流损失增加而发热,严重时会使定子绕组损坏。此时应立即停机进行检修。

(8)定子绕组的并联导线断裂,使其他导线的电流增大而发热。此时应立即停机进行检修。

2. 发电机中性线对地有异常电压

(1)正常情况下,由于高次谐波影响或制造工艺等原因造成各磁极下的气隙不均、磁势不等而出现的很低电压,若电压在一至数伏,不会有危险,不必处理。

(2)发电机绕组有短路或对地绝缘不良,会导致电设备及发电机性能变坏,容易发热,应及时检修,以免事故扩大。

(3)空载时中性线对地无电压,而有负荷时出现电压,是由于三相不平衡引起的,应调整三相负荷使其基本平衡。

3. 发电机电流过大

(1)负荷过大,应减轻负荷。

(2)输电线路发生相间短路或接地故障,应对线路进行检修,故障排除后即可恢复正常。

4. 发电机端电压过高

(1)与电网并列的发电机电网电压过高,应降低并列的发电机的电压。

(2)励磁装置的故障引起过励磁,应及时检修励磁装置。

5. 无功功率不足

由于励磁装置电压源复励补偿不足,不能提供电枢反应所需的励磁电流,使发电机端电压低于电网电压,送不出额定无功功率,出现这种情况时应采取下列措施:

(1)在发电机与励磁电抗器之间接入一台三相调压器,以提高发电机端电压,使励磁装置的磁势逐渐增大。

(2)改变励磁装置电压磁通势与发电机端电压的相位,使合成总磁通势增大,可在电抗器每相绕组两端并联数千欧、10 W 的电阻。

(3)减小变阻器的阻值,使发电机的励磁电流增大。

6. 定子绕组绝缘击穿、短路

(1)定子绕组受潮。对于长期停用或经较长时间检修的发电机、投入运行前应测量绝缘电阻,不合格者不准投入运行。受潮发电机要进行烘干处理。

(2)绕组本身缺陷或检修工艺不当,造成绕组绝缘击穿或机械损伤。这时应按规定的绝缘等级选择绝缘材料,嵌装绕组及浸漆干燥等要严格按工艺要求进行。

(3)绕组过热。绝缘过热后会使绝缘性能降低,有时在高温下会很快造成绝缘击穿。应加强日常的巡视检查,防止发电机各部分发生过热而损坏绕组绝缘。

(4)绝缘老化。一般发电机运行 15~20 年以上,其绕组绝缘老化,电气性能变化,甚至使绝缘击穿。要做好发电机的检修及预防性试验,若发现绝缘不合格,应及时更换有缺陷的绕组绝缘或更换绕组,以延长发电机的使用寿命。

(5)发电机内部进入金属异物,在检修发电机后切勿将金属物件、零件或工具遗落到定子膛中;绑紧转子的绑扎线、紧固端部零件,以不致发生由于离心力作用而松脱。

(6)过大电压击穿。人为误操作,如在空载时,将发电机电压调得过高。发电机内部过电压,包括操作过电压、弧光接地过电压和谐振过电压等,应加强绕组绝缘预防性试验,及时发现和消除定子绕组绝缘中存在的缺陷。

7. 铁芯片间短路

(1)铁芯叠片松弛,当发电机运转时铁芯产生振动而损坏绝缘;铁芯片个别地方绝缘受损伤或铁芯局部过热,使绝缘老化,就按厂家要求的方法进行处理。

(2)铁芯片边缘有毛刺或检修时受机械损伤。此时应用细锉刀除去毛刺,修整损伤处,清洁表面,再涂上一层硅钢片漆。

(3)有焊锡或铜粒短接铁芯时,应刮除或凿除金属熔接焊点,处理好表面。

(4)绕组发生弧光短路,也可能造成铁芯短路,应将烧损部分用凿子清除后,处理好表面。

8. 发电机失去剩磁,起动时不能发电

(1)停机后经常失去剩磁,是由于励磁机磁极所用的材料接近软钢,剩磁较少。当停机后励磁绕组没有电流时磁场就消失,应备有蓄电池,在发电前先进行充磁。

(2)发电机的磁极失去磁性,应在绕组中通入比额定电流大的直流电流(时间很短)进行充磁,即能恢复足够的剩磁。

9. 自动励磁装置的励磁电抗器温度过高

(1)电抗器线圈局部短路,应检修电抗器。
(2)电抗器磁路的气隙过大,应调整磁路气隙。

10. 发电机起动后,电压升不起来

(1)励磁回路断线,使电压升不起来,应检查励磁回路有无断线,接触是否良好。
(2)剩磁消失,如果励磁机电压表无指示说明剩磁消失,应对励磁机充磁。
(3)励磁机的磁场线圈极性接反,应将它的正、负连接线对换。
(4)在发电机检修中做某些试验时误把磁场线圈通以反向直流电,导致剩磁消失或反向,应重新进行充磁。

11. 发电机的振荡失步

正常情况下,发电机发出的功率是和负荷功率相平衡的。当系统发生短路故障或发电机大幅度甩负荷时,发电机的功率就与用户的负荷不相平衡。要想调整负荷使其平衡,由于转子惯性和调速器延时需要一个过程,在此期间,发电机的稳定运行将被破坏,使发电机产生振荡。如果故事严重,甚至会使发电机与系统失去同步。发电机振荡失步时,值班人员应通过增加励磁电流来创造恢复同步的条件;也可适当调整该机的负荷,以帮助恢复同步。

12. 发电机振动

(1)转子不圆或平衡未调整好,应严格制造和安装质量或重新调整转子的平衡。
(2)转轴弯曲,可采用研磨法、加热法及锤击法等校正转轴。
(3)联轴节连接不正,应重新高速联轴节配合螺栓的夹紧力,必要时联轴节端面需重新加工。
(4)结构部件共振,可通过改变结构部件的支持方法来改变它固有的频率。
(5)励磁绕组层间短路,应检修励磁绕组,并进行绝缘处理。
(6)供油量或油压不足,应加大喷嘴直径升高油压,加大供油口减小间隙。
(7)供油量过大或油压过高,就减小喷嘴直径,降低油压,提高面积压力,增大间隙。
(8)定子铁芯装配松动,应重新装压铁芯。
(9)轴承密封过紧,使转轴局部过热、弯曲,应检查和调整轴承密封,使其与轴有适当配合间隙。
(10)发电机通风系统不对称,应注意定子铁芯两端挡风板及转子支架,挡风板结构布置和尺寸的选择,使风路系统对称,增强盖板、挡风板的刚度并紧固牢靠。

11.3 船舶电网故障分析与处理

11.3.1 船舶电网失电的原因

造成船舶电网失电的原因很多,但总的来说可分为三大类:
(1)发电机主开关 ACB 故障。ACB 故障分为 ACB 机械故障和 ACB 电气故障。ACB 电气故障又包括电气控制元件故障及整定值设定不准确等。

(2) 机、电故障。机械故障包括柴油机故障、调速器故障、燃油系统故障、润滑系统故障、冷却水系统故障等;电气部分故障包括发电机故障、调压器故障、调频调载装置故障等。

(3) 操作不当。多数发生在常规电站系统,在进行并车操作时发生逆功率;或者未观察在网运行机组的负荷率时,贸然起动大负荷设备。

船舶电站按其管理方式可分为常规电站和具有自动电力管理系统的电站。由于管理方式的不同,尽管都是船舶电网失电,对于常规电站的处理与具有自动电力管理系统电站的处理,两者有较大的不同。

11.3.2 船舶电站失电故障的判断

船舶电站一旦发生跳闸失电事故,船舶电气管理人员应能根据不同的故障现象,分析、判断其故障原因所在,从而进一步采取相关措施,尽快恢复舶供电。对于具有自动化电力管理系统的电站,一般不会发生船舶电站失电事故,或即使发生(除发生短路外),也会在短时间内恢复供电。在此,重点分析一下常规电站。

1. 发电机主开关故障的判断

对于常规电站,在跳电之前一时间无有关电站的报警,突然发生毫无预兆的发电机主开关跳闸,且发电机跳闸后,运行的发电机组的电压及频率均正常,且经检查确认未发生外部短路故障,则可判断一般是由于主开关本身故障引起的。

2. 发电机外部短路、过载、失(欠)压和逆功率故障的判别

1) 发电机外部短路故障的判别

这里指的是按规范要求的对发电机外部短路保护,即发电机电流大于等于 $200\%I_e$ 时,主开关跳闸这一故障的判别。

对于具有自动电力管理系统的电站,当发生发电机主开关跳闸、主电网失电除报警外机舱没有其他反应,且报警指示的是短路保护时,说明这时发生了发电机外部短路故障。

对于常规电站,当发生发电机主开关跳闸,这一跳闸不是出现在有关人员的操作失误上(如并车操作等),不是发生在同时起动几台大负荷时,不是出现在利用船上起货机进行装卸货作业时,不是出现在先出现转速下降后发生主开关跳闸,也不是出现在先发生电压下降后再跳闸(从照明灯的亮度可得到判别),这时一般可断定发生了发电机外部短路故障,但也不排除主开关本身故障引起跳闸。

2) 发电机过载保护的判别

发电机过载主开关跳闸一般是发生在发电机运行在较大负荷下,在不察看发电机实际功率对起动大负荷运行,如起货机、压载泵等致发电机过载而跳闸;也可能发生在并联运行时,其中一台机组因机电故障保护立即跳闸,而分级卸载装置失灵致运行机组出现过载而发生保护跳闸等场合。

对于具有自动电力管理系统的电站,由于具有重载询问、分级卸载等功能,基本上没有过载跳闸的可能。

3) 发电机失(欠)压保护的判别

发电机失(欠)压保护跳闸主要发生在调速器及燃油系统或调压器出现故障的场合。调

速器及燃油系统故障致失(欠)压保护的判断依据是先出现转速下降(这可从柴油机声音听到)后发生跳闸;调压器故障致失(欠)压保护的,可从先出现电压下降(这可从照明灯的亮度变化看出),后发生跳闸来判断。

4)发电机逆功率保护的判别

发电机逆功率保护跳闸主要发生在并车操作合闸时刻掌握不当,或并联运行时负荷分配操作调节方向反了,或并联时其中一台柴油机调速器损坏或燃油中断等场合。

3. 无功功率分配装置故障的判别

机组并联运行,当出现两台功率表指示基本相同而电流表指示相差太大的情况发生时,或当出现两台功率表指示基本相同而功率因数表指示相差较大时,均说明无功分配装置发生了故障。

4. 调频调载故障的判断

对并联运行的发电机组,如在运行过程中发现电网频率波动很大,且并联运行的发电机组间有功功率分配不均时,一般是由于自动调频调载装置故障引起的。

11.3.3 船舶电站失电的处理

1. 对于由主开关本身故障引起电站失电的处理

主开关误跳闸多由短路选择性保护不良引起,也可能由于内部机械故障引起。若确认电网失电是由于主开关本身故障所致,应立即起动另一台机组,待电压、频率正常后,进行手动合闸操作,然后再按负载的重要件及功率大小逐级起动各类负荷投入电网,最后根据具体情况进行故障检修工作。

2. 对于具有自动电力管理系统电站失电的处理

除因发生短路导致发电机主开关跳闸、电网失电外,对于其他各种机、电故障导致主开关跳闸,自动电力管理系统均能自动处理,不需要值班轮机员干涉,值班人员仅需按照报警指示故障进行相应检查、进行排除处理即可。若电网突然失电,除警报声外所有设备均停止运行,此时值班人员切忌起动机组、合闸供电,应首先查看报警指示。警报必定指示发电机短路,控制系统的控制模式由"自动"自动切换至"非自动(手动)"状态。在报警应答后,先到主配电板后面仔细检查汇流排是否发生短路。若发生短路,应找到短路点并排除故障后,方可进行故障复位,系统随即恢复到自动状态;若确认主配电板没有发生短路,可直接进行复位,同样可使系统恢复到自动状态。系统一旦恢复到自动状态,阻塞便得以解除。此时,值班轮机管理人员便可以进行正常的遥控操作。

3. 对于常规电站失电的处理

1)发电机外部短路故障引起的船舶电网失电

若是短路保护跳闸,则应检查主配电板汇流排是否短路,排除短路故障后方可恢复供电,然后再按功率大小及重要性逐级起动各类负荷投入运行。

2)发电机过载引起的船舶电网失电

若由于发电机过载而引起主开关跳闸。机舱报警则应先应答警报、消声,复位过流继电器(Over Current Relay,OCR,)(视具体发电机控制屏而定,有些不需要),然后合上发电机主开关,再按功率大小及重要性逐级起动各类负荷投入运行;然后根据电网负荷需要,确定是否需要起动备用发电机组进行并联运行(这种过载保护多数发生在起动大功率负荷时,如起货机、压载泵等,这里应询问一下值班人员当时的具体情况,以确定下一步操作)。

3)发电机失(欠)压引起的船舶电网失电

若确认是由于发电机失(欠)压而引起主开关跳闸,则应停掉这台失(欠)压机组,然后起动备用机组投入电网运行,再按功率大小及重要性逐级起动各类负荷投入运行。在停止已经跳闸的机组前,如果发现柴油机运行正常,则可断定为发电机故障或调压器故障,检修的重点是电气部分;如果发现柴油机运转不正常或已经停机,则可初步断定为机械故障,检修重点应为柴油机、调速器、燃油系统、滑油系统等。

4)发电机逆功率引起的船舶电网失电

若是由于发电机逆功率引起主开关跳闸,应首先检查原运行机组与待并机组的机、电状况,复位逆功率继电器(视具体发电机控制屏而定,有些不需要),一切正常时合上运行机组的主开关,然后按功率大小及重要性逐级起动各类负荷,待发电机组带上相当负荷时再将另一台机组按并车条件进行并车操作。

4. 无功功率分配装置故障的处理

对于常规电站,有的具有直流均压线或交流均压线,有的则具有(带差动电流互感器的)环流补偿装置。

(1)对于不可控相复励装置,采用均压线来分配无功功率,若无功分配不均,则应检查以下几点:

①均压接触器。检查均压接触器是否通电动作,检查接触器线圈及相应发电机主开关的常开辅助触点是否闭合到位、熔断器是否熔断,以进行修正或换新。

②均压接触器的主触点是否可靠闭合或研磨修理或换新。

③均压连接线是否中断及接线点是否接触良好并牢靠。

(2)对于可控相复励调压装置、可控硅调压装置,采用(带差动电流互感器的)环流补偿装置来分配无功功率,若无功分配不均,则应检查以下两点:

①相应发电机主开关的常开辅助触点是否闭合到位,或修正或换新。

②相应发电机 AVR 的输入信号(来自差动电流互感器)是否正常。

5. 调频调载装置故障的处理

(1)检查相应发电机组有功功率检测环节。

(2)检查相应发电机组自动调频调载装置的执行元件(如伺服马达)。

11.4 自动空气断路器常见故障的分析与检修

万能式自动空气断路器易损坏的元件主要有动弧触头、储能开关储头、失压脱扣器线圈、灭弧室、脱扣轴复位弹簧以及开关不能合闸、主触头接触不良和脱扣器噪声大、失灵等。

万能式自动空气断路器,若合不上闸,应主要检查失压脱扣器和自由脱扣器机构是否有毛病。若跳不开闸时，主要应检查合闸操作机构和电路是否有毛病，如储能开关、中间继电器的接点等。平时要注意主触头表面是否有灼伤，活动部分是否灵活等。

11.4.1 万能式自动空气断路器的抽出

断路器的型号、规格不同，万能式自动空气断路器的抽出手柄形式也不同，有手摇式、U型杠杆式等，抽出的具体操作也有差异，但原理基本相同。

1. 万能式自动空气断路器的抽出位置

断路器有"连接"、"试验"和"断开"三个位置，面板上有断路器抽出位置指示。

(1)"连接"位置，是断路器正常工作位置，断路器固定部分与可抽出部分之间的主电路、控制电路连接器均处于连接状态。

(2)"试验"位置，断路器固定部分与可抽出部分之间的控制电路连接器处于连接状态，主电路连接器处于断开状态。控制电路接通，可试验合闸、分闸和各种脱扣等控制功能，合闸试验时，即使断路器触头闭合，也不会接通断开的主电路。

(3)"断开"位置，断路器固定部分与可抽出部分之间的主电路、控制电路等的连接器均处于断开状态，整个断路器完全无电、可安全地维护、保养、检修断路器。若把断路器从"断开"位继续沿轨道拉出，可把断路器从轨道移下，放置到比较方便的地方或车间进行维护、保养或检修。

2. 抽出和装复自动空气断路器注意事项

1)联锁机构

断路器都设有联锁机构，可能包括：

(1)合闸状态不能抽出断路器或不能插入抽出手柄，只有分闸状态才可抽出断路器或插入抽出手柄。

(2)需根据说明书要求压下相应联锁杠杆才能开始抽出操作，否则不能插入抽出手柄或不能抽出断路器。

(3)大部分断路器，抽出或装复到某一个位置时联锁杠杆会自动复位，表示已到位。若需继续进行抽出或装复操作，需再一次压下相应的联锁杠杆。

(4)某些型号的断路器，插入抽出手柄时，需按下面板上的"TRIP"按钮。

(5)某些型号的断路器，在"连接"位有紧固螺丝固定，需先松开紧固螺丝才能开始抽出操作；检修完毕后要把紧固螺丝紧固到位。

(6)装复断路器，若未安装到"连接"位，机械联锁机构将使主开关不能合闸。

2)断路器抽出检查的次数

断路器的抽出检查不宜过于频繁。

为了保证主电路导体、控制电路连接器等在整个船舶使用寿命内连接的可靠性，有的厂家在说明书中规定断路器抽出次数的上限值(约100次)。

11.4.2 自动空气断路器的日常维护

1)断路器外表

定期(例如每季度)清除断路器表面及零件上的灰尘和黑烟,保持绝缘零件表面清洁,防止绝缘降低。

2)操作机构

定期(例如每季度)在传动机构摩擦部位涂油润滑以减少磨损。

3)螺丝、螺栓等连接件

定期(例如每季度)检查紧固,及时清除松动、异常磨损等,及时更换损坏的零件。

4)灭弧室

定期(例如每半年)清除灭弧室内壁和栅片上的金属颗粒和烟灰。若因短路而分断,应尽早清除。长期未使用的灭弧室(例如备件),使用前烘潮以确保其绝缘良好。

5)主触头

下列情况,拆下主触头,用 200♯ 细砂纸研磨,以保证良好的接触:

①定期(例如每半年);

②发现触头表面有毛刺,金属颗粒等;

③研磨后,触头厚度小于原来的 1/3,动静触头成组同时更换;

④过载保护、欠压保护及其延时装置。

定期(例如每半年)检查,确保正常可靠。有些新型断路器,可用面板上的试验按钮比较方便地检查和试验各种脱扣器,有的断路器需使用专用设备。

整定值,每 4~5 年校验一次,需由船级社认可的具有资质的单位校验,并出具校验数据报告。

11.4.3 故障检查

面对故障,应先判断是断路器自身机械机构故障,还是断路器外部的控制电路故障,然后再进一步分析。

(1)断路器自身的机械机构故障,往往是断路器内部螺丝松动/脱落、元件变形、断路器检修后装复不到位等所致,需要一边操作一边仔细观察。

(2)断路器外部的控制电路比较简单,一般只要分析电路图即可排除,但也要考虑到断路器内部电路例如断路器的一些辅助触点等可能出现的故障。

①寻找故障点的过程中可能需要合闸、分闸试验,所以最好把断路器拉出到"试验"位操作。

②空气断路器的常见故障,主要有断路器不能储能、不合闸、不跳闸等。

以下是这些常见故障的检查与排除。

1. 主开关不能储能

无论手动还是电动,都是利用储能弹簧释放的力量,在自由脱扣机构再扣时使主开关合闸,所以主开关合闸前必须先使储能弹簧储能。

1)合闸方式

(1)电动合闸方式。电动合闸方式是用配电板上的合闸按钮(或旋钮)或来自自动控制系统的信号,通过合闸控制电路使断路器合闸。其储能弹簧的储能,又分电动机储能、分闸电磁铁储能等两种方式。

①电动机储能方式,每次合闸后,储能电动机自动转动使储能弹簧储能(储能完成后自动停转),为下次合闸做准备。

②电磁铁合闸方式,在合闸瞬间完成储能。操作合闸按钮(或旋钮)后,先是合闸电磁铁线圈通电拉伸储能弹簧储能,同时脱扣机构再扣。然后,合闸电磁铁线圈断电,储能弹簧瞬间释放使断路器合闸,整个过程约0.1秒。

(2)手动合闸方式。其又分为电磁铁储能与电动机储能两种方式,手动合闸的操作不同:

电磁铁合闸方式的断路器,手动合闸是扳动前面板上的合闸手柄即可完成储能弹簧储能、脱扣机构再扣、储能弹簧释放等完成合闸动作。

电动机储能合闸方式的断路器,手动合闸需先大力反复压面板上的储能手柄使储能弹簧储能,然后按下前面板上的合闸按钮使机械装置动作合闸。

2)储能方式

(1)电动机储能方式。电动机储能时,能明显听到电动机转动的声音,且断路器面板上有储能弹簧是否可以储能的指示:

若是,则故障点在控制电路;

若否,则故障点在储能机构。

(2)电磁铁储能方式。电磁铁合闸方式,无论合闸成功与否,均可听到弹簧力作用下储能、电磁铁合闸的较大声响。

若电动合闸断路器无反应,则是电磁铁不储能、合闸,可进一步用手动合闸手柄操作,检查储能、合闸机械机构是否动作:

若是,则故障点在控制电路,可用万用表测量合闸信号是否到达断路器的相应接线端子来确认。若合闸信号到达断路器的接线端子,则可能是断路器内部控制电路故障。

若否,则故障点在机械机构,电动合闸时有时会听到合闸电磁铁稍微动作的声音。

2. 主开关不能合闸

断路器合闸操作时,可明显听到内部机构动作和触头闭合的声音。在断路器的前面板和配电板上有主开关合闸的指示。

(1)电动合闸,按下按钮后主开关毫无反应而手动方式合闸正常,则可认为故障点在合闸控制电路。可一边按合闸按钮,一边用万用表测量合闸信号是否到达断路器的相应接线端子来确认。若合闸信号到达断路器接线端子,则是断路器内部控制电路故障。

(2)电动和手动合闸,均能听到开关内部机构动作,但合不上闸,则可能是:

(1)故障点在主开关机械机构,需进一步检查。

(2)保护装置、电气联锁等在起作用。发电机的保护跳闸装置误动作或动作后未复位,与岸电互锁等,都会使主开关处于脱扣状态。保护跳闸、电气联锁等,一般通过使断路器的欠压脱扣器线圈断电或分励脱扣器线圈通电来实现,可用万用表测量欠压脱扣器线圈和分励脱扣器线圈的外部接线端子有无跳闸信号来确认。

3. 主开关不跳闸

万能式自动空气断路器的跳闸也有电动和手动两种方式。通常使用电动方式,即用配电板上的分闸按钮(或旋钮)或来自自动控制系统的信号,通过分闸控制电路使断路器跳闸。作为备用,一般主开关都保留手动分闸方式,通过断路器面板上的按钮直接驱动主开关的机械装置跳闸。

(1)若用电动和手动方式均不能分闸,则需进一步检查主开关机械机构。

(2)若可手动分闸而不能电动分闸,则故障点在分闸控制电路。电动分闸控制也是通过使开关的欠压脱扣器线圈断电或使分励脱扣器线圈通电来实现。可按住配电板上分闸按钮,用万用表测量欠压脱扣器线圈和分励脱扣器线圈的外部接线端子来确认。

分闸机械故障较少,多数是控制电路故障。

4. 使用岸电时如何保养和试验发电机主开关

发电机主开关与岸电开关之间设有联锁装置,不允许同时合闸供电。船电—岸电联锁,多数是电气联锁,即通过船电以及岸电双方开关的欠压脱扣器实现。

试验主开关功能,必须能给控制电路及主开关的欠压脱扣器线圈提供电源。此电源由该主开关控制的发电机组母线电压取得。

而船舶使用岸电,往往是在坞修或机组检修时,各发电机组均无法供电,且发电机主开关与岸电开关之间设有联锁装置也不允许同时合闸供电,主开关的控制电路及欠压脱扣器线圈无电源供应,则

(1)若发电机主开关拉出到"试验"位置,由于发电机主开关与岸电开关之间互锁,主开关不可能合上闸;

(2)若发电机主开关拉出到"断开"位置,发电机主开关常闭辅助触点电路因控制电路断开而断开,岸电开关会因欠压脱扣器线圈断电而脱扣跳闸,导致电网失电,影响船舶其他施工并可能导致安全事故。

上述情况下,必须采取适当措施,才可实施主开关的合、分闸试验和检修保养。

①主开关合、分闸试验的措施。临时调整船电/岸电联锁电路和控制电路的电源:撤销船电—岸电联锁,只需短接该主开关欠压脱扣器线圈回路中串联的岸电开关常闭辅助触点;

主开关的控制电路及欠压脱扣器线圈电源,临时改为从配电板上的岸电取得。

特别注意,自动断路器一定要拉出到"试验"位置才能进行合闸试验,若在"连接"位置会因为主电路处于连接状态而发生危险。

②检修和保养主开关的措施。自动断路器一定要拉出到"断开"位置;

撤销船电/岸电联锁,即短接串联于岸电开关失压脱扣器线圈回路中的此主开关的常闭辅助触点,以保证岸电开关不断开。

11.5 轴带发电机装置的管理与维修

11.5.1 轴带发电机装置的起动

轴带发电机装置的起动是按程序自动控制,整个系统的起动过程如下:

(1)接通可控硅轴带发电机系统电源、交流 440 V 和直流 24 V。

(2)检测起动条件

①整个系统无任何报警；
②主机转速大于"轴发"所允许的最小转速。

(3) 满足起动条件,在主配电板上"'轴发'电机可以起动"指示灯亮,按下起动按钮,起动程序自动执行,接通同步补偿器的拖动电动机。

(4) 检测同步补偿器的剩磁电压的频率,即检测同步补偿器的转速,当加速结束时,自动接通同步补偿器的励磁。

(5) 当同步补偿器建立电压后,自动接通轴带发电机的励磁,逆变器上加脉冲,为其投入运行做好准备。(若装置整流器是二极管整流到这里为止,系统就处于空载运行,完成第一阶段起动。)

(6) 检测起动条件
①轴带发电机的励磁电源开关是否闭合；
②逆变器是否有触发脉冲。

(7) 当条件满足,产生主整流器触发脉冲。

(8) 接通频率控制环节和逆变角控制环节,当主整流器整流电压略大于逆变电压时,逆变器开始工作,处于空载运行。

(9) 进行并车操作:可手动或自动并车,当 Δu、Δf、$\Delta \varphi$ 条件满足时就可合上"轴发"的断路器 ACB。

(10) 负荷转移。

(11) 根据选择单机,并联运行,进行负荷分配或解列辅柴油发电机组。

11.5.2 轴带发电机装置的维护

由于采用静止元件轴带发电机装置,其器件的失效率为常数不需要进行定期拆检维护,其维护就变为清洁、环境改善的工作,故日常保养要保持风冷系统工作正常、风道清洁、元器件表面清洁、检查接线头是否松动等。

11.5.3 轴带发电机装置的故障检修

轴带发电机装置都有巡回检测系统和模拟试验装置,维修管理人员借助这些系统和装置的指示,再根据具体轴发装置的原理,控制流程及各组件的功能,判定故障性质,缩小故障范围,确定故障点,排除故障。下面以"西门子"可控硅轴带发电机装置不能起动故障为例说明检修方法。

可控硅轴带发电机系统如果出现任何故障,起动程序则不能顺利执行,装置就无法起动。如同步补偿器不能建立正常电压,测量点置于 080 时,数字显示器无显示,如图 11-1 所示。

可控硅轴带发电机有三个起动条件,主机转速大于轴带发电机所允许的最低转速即满足起动条件,这时,在主配电板上"轴带同步补偿器运转"指示亮,当按下起动按钮,起动程序自动执行,拖动同步补偿器运转,同步补偿器输出剩磁电压,电压的频率与转速成比例,用图 11-1 线路检测同步补偿器的转速,当同步补偿器的转速上升到允许值(54 Hz)时,差动放大器 Z8 端输出"1"信号,如图 11-2 所示,此"1"信号送到 R-S 触发器 $D_{301/6}$,S 端输出"1"信

第11章 船舶电站的管理与维修

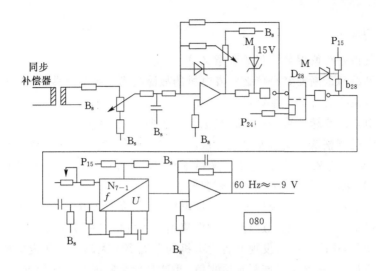

图 11-1 同步补偿器频率监视电路

号、起动单稳态触发器 D_{243},使 d_{10} 端输出一个持续 15 s 的"1"信号,送到与门 $D_{111/2}$ 的 d_{16} 端的输入,与门 $D_{111/2}$ 当主机的转速大于基速 n_{gr} 时,输入端 b_{18} 也为"1"信号,使得与门 $D_{111/2}$ 输出"1"信号,触发 R-S 触发器 D_{311},经驱动放大器 D_{821},继电器 K_{81} 通电动作,接通同步补偿器的励磁,使其起压。

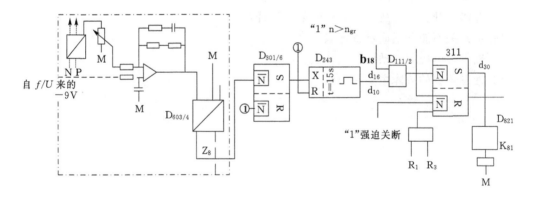

图 11-2 同步补偿器励磁控制电路

起动时经观察,接通步补偿器励磁继电器 K_{81} 未动作,使起动程序无法顺利执行。继电器 K_{81} 动作与否取决于两个因素,同步补偿器频率监视环节与起动逻辑电路。正常情况下,080 测量点随着同步补偿器转速增加,而现在无显示,说明故障在 080 测量之前的环节。

同步补偿器的频率监视环节是一个组合插件,参见图 11-1,这个组合插件可分为两部分:b_{28} 前是波形变换,把正弦波变为方波,b_{28} 后是频率→电压变换器,输出电压随频率的增加而增加。当同步补偿器的频率为 60 Hz 时,输出为 -9 V。

经检查测量,同步补偿器频率检测环节中的波形变换正常。很显然,此故障就出于频率电压变换器工作不正常,最后,更换频率电压变换器 N_{8-1},系统就正常起动,一切正常工作。

复习与思考

1. 船舶电气设备维修保养的目的和意义是什么?
2. 船舶电站故障诊断要素是什么? 发电机的故障处理主要有哪些内容?
3. 船舶发电机要怎样进行维修保养?
4. 船舶发电机的绝缘要求是多少? 绝缘低了应如何处理?
5. 有一带电压调整器的交流发电机经检修后进行试车,当辅机转速达到额定值后,发电机电压只有 15 V,按充磁按钮后,电压下降到零又回升至 350 V,当松开充磁按钮,电压又恢复至原来的 15 V 电压,是什么原因? 如何排除?
6. 交流发电机自动调压系统检修后,空载电压很低,大约 340 V,如何解决?
7. 有一船进港时单台发电机运行,负载电流稍小于发电机额定电流,为了进港安全使两台发电机并联运行,这时电机员发现两台发电机的电流都大大超过了额定电源。靠码头后,改为一台发电机运行,其电流又恢复到原来值,问这是什么原因? 如何解决?
8. 一台三绕组相复励自动励磁发电机经检修后试车,在空载时发电机电压正常,在加负载时发现发电机电压下降了 25%,问是什么原因?
9. 船舶电网主要故障有哪些? 有主要有哪些内容?
10. 船舶电网对失电事故是如何处理的?
11. 如何发电机不能起压应如何检查?
12. 框架式自动空气断路器是什么样的电器? 它有什么功能?
13. 万能主开关主要故障有哪些? 如何处理?
14. 主开关不能合闸应检查什么?
15. 轴带发电机的起动要点是什么?
16. 轴发装置的故障主要有哪些?

第12章 船舶安全用电和安全管理

船舶电气设备的种类和数量越来越多,以及高压在船舶上应用,电力系统的安全管理与安全用电具有重要意义和迫切要求。电气工作人员必须加以熟悉和预防。

12.1 船舶安全用电基本知识

电能的产生、转换、传输和使用都很方便,但若使用不当将造成许多不安全的事故发生,甚至直接致人死亡。为了安全用电避免被电所伤,就必须了解安全用电的基本知识。这些知识主要包括:触电伤害的种类、安全电压、触电预防与急救及安全用电规则等。

12.1.1 触电伤害的种类与触电方式

1. 触电伤害的种类

当人体触及带电体、带电体对人体放电等情况下,由于人体承受的电压较高,有较大电流通过人体,并造成人体局部受伤、致残或死亡的现象称为触电。根据电流对人体造成的伤害程度的不同,触电可分为电伤和电击两种。

1)电伤

电伤是指电路放电时,电弧或飞溅物使人体外部被灼伤。它是由电流的热效应使人体烧伤,烙上电的烙印。电伤属于对人体表面的伤害,即外伤。一般来说,电伤对人体的伤害程度相对较轻,短期内可以恢复。常见的电伤有电灼伤、电烙伤和皮肤金属化等伤害。

(1)电灼伤一般有接触灼伤和电弧灼伤两种。接触灼伤多发生在高压触电事故时通过人体皮肤的进出口处,电灼伤灼伤处呈黄色或褐黑色并又累及皮下组织、肌腱、肌肉、神经和血管,甚至使骨骼显碳化状态。电弧灼伤多是操作不当产生的强烈电弧引起的,其情况与火焰烧伤相似,会使皮肤发红、起泡烧焦组织,并使其坏死。

(2)电烙伤又称为电烙印,它发生在人体与带电体有良好的接触,有电流通过人体,但人体不被电击的情况下,在皮肤表面留下和接触带电体形状相似的肿块痕迹,一般不发炎或化脓,但往往造成局部麻木和失去知觉。

(3)皮肤金属化是由于高温电弧使周围金属熔化、蒸发并飞溅渗透到皮肤表层所形成。皮肤金属化后,表面粗糙、坚硬。根据熔化的金属不同,呈现特殊颜色,一般铅呈现灰黄色,紫铜呈现绿色,黄铜呈现蓝绿色。

2)电击

电击又称为电击伤,是指人体触电后由于电流通过人体的各部位而造成的内部器官在生理上的变化,如呼吸中枢麻痹、肌肉痉挛、心室颤动、呼吸停止等。电击伤属于对内部脏器造成的伤害,即内伤。因此其危害程度比电伤严重得多。

2. 触电的方式

人体触电一般分为与带电体直接接触触电、跨步电压触电、接触电压触电等几种形式。其中,跨步电压触电、接触电压触电两种情况主要发生在高压电力系统。在船上,除了第7章第9节介绍的船舶高压电力系统外,一般很少发生跨步电压、接触电压触电。根据电力系统和触电的部位不同,人体与带电体直接接触有:单相触电、两相触电和单线触电等三种触电方式。

1) 单相触电方式

单相触电是指人体直接接触带电设备其中一相时,电流通过人体的触电现象,如图12-1(a)和(b)所示。

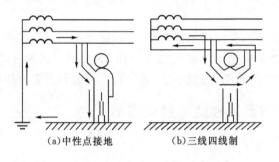

图 12-1 单相触电

图12-1(a)为中性点接地的三相交流电力系统单相触电方式,电流从一条相线进入人体,然后经过大地、接地线回到三相交流电的中性点。由于船上都为三相对地绝缘电力系统,因此这种方式在船上较少见。比较常见单相触电为如图12-1(b)所示方式。人体两个部分分别接触一条相线和零线,单相交流电从相线进入人体,从零线回到中性点。这种触电方式常发生在船舶照明电网。单相触电时人体承受的是单相交流电压,虽然电压为相电压,比线电压低。但相电压对人体而言,已经是相当高的电压等级,触电对人体的危险性仍然很大。

2) 两相触电方式

人体同时接触带电设备或线路中两相导体,或在电力系统系统中,人体同时接近不同相的两相带电导体,电流从一相通过人体流入另一相导体,构成一个闭合回路,这种触电方式称为两相触电,如图12-2所示。

两相触电时人体承受的是线电压,为单相触电时承受的相电压的$\sqrt{3}$倍,因而在常见的几种触电方式中,是危险性最大的一种,尤其中性点对地绝缘系统,比中性点接地系统的危险性更大。

3) 单线触电方式

人体接触中性点对地绝缘的三相三线制系统中的带电部分,即构成单线触电,如图12-3所示。图中,用虚线进行连接的三个电阻R,是船舶电网三相对地绝缘电阻的等效。绝缘

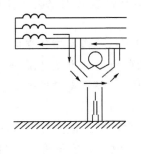
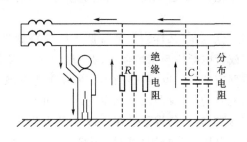

图 12-2 两相触电　　图 12-3 单线触电

良好的电网,绝缘电阻很大;电网的绝缘降低,绝缘电阻减小。图中,用虚线进行连接的还有三个电容 C,是船舶电网三相对地的等效电容(也称为寄生电容)。根据本书第 3 章关于电容的定义和式(3-26)可知,两个相互绝缘的导体之间存在电容,而且电容的电容量正比于导体的面积。船舶输电电缆虽然很细,但电网的总长度较长,整条船电网总导线构成的面积不小,对船体(地)的电容量较大,容抗较小。因此,单线触电时电流将从电网的一条相线进入人体,通过船体、绝缘电阻和分布电容回到电网的另外两条相线。也就是说,由绝缘电阻与分布电容构成的阻抗和人体串联,形成回路,承受着线电压。触电的危险性取决于绝缘电阻与分布电容的大小。

12.1.2 人体触电电流及安全电压

触电对人体伤害的程度与通过人体电流的大小、种类、路径和持续时间有关。通过人体电流的大小决定于人体两点的接触电压和人体电阻。

1. 人体电阻与危险电流

人体总电阻主要由两部分组成:皮肤角质层电阻和人体体内电阻。成年男性干燥清洁的皮肤角质层电阻较大,可达 40~100 kΩ,甚至更高;一般人体内电阻约为 600~800 Ω 左右,与人的性别、情绪、健康状态等因素有关。人体总电阻就是这两部分电阻的总和,是一个变化的参数。尤其是皮肤潮湿、不洁净或出现伤口,皮肤角质层的电阻将大大下降,一般人的皮肤都因或多或少地出汗,角质层电阻通常都为 1 kΩ 以下。考虑触电危险性时,一般人体电阻以 800~1000 Ω 进行估计,女性、儿童的人体电阻甚至更低。

流经人体的电流是影响触电伤害程度的主要因素。危险的触电电流通过人体时,首先使肌肉突然收缩,使触电者无法摆脱带电体,进而导致中枢神经麻痹,最终出现呼吸和心脏跳动骤然停止。通过实验分析表明,当流经人体的电流达到 0.6~1.5 mA 的工频电流时,人开始有所感觉;达到 8~10 mA 时,已经较难摆脱带电体;几十毫安电流通过呼吸中枢或几十微安电流直接通过心脏,都可致人死亡。因此电流通过人体的大小和路径不同,对人体的伤害程度也不一样。手和脚之间或双手之间的触电最为危险。

2. 安全电压

通过上述分析可知,流经人体电流的危险程度与电流流经人体的路径有关,而根据欧姆定律,影响流经人体电流大小则由人体所接触的电压大小和人体的实际电阻决定。人体的电阻发生变化,为了避免流经人体的电流对人生命构成威胁,就必须限制人体可能的接触电压。

所谓安全电压,又称为安全特低电压或特低电压(ELV),是指保持独立回路的,其带电导体之间或带电导体与接地体之间不超过某一安全限值的电压。也就是说,是指对人体不产生严重反应的接触电压,是指为了防止触电事故而采用的由特定电源供电的电压系列。

应该说明的是,有关安全电压的定义和规定,不仅不同的国家存在很大的差异,就是同一个国家,随着时间的推移也在不断地发生变化。例如,我国根据危险性的大小、环境条件通常将安全电压分为特别危险的环境、高度危险的环境和没有高度危险的环境三个等级。特别危险(潮湿、有腐蚀性蒸气或游离物等)环境的安全电压限值为 12 V;高度危险(潮湿、有导电粉末、炎热高温、金属品较多)环境的安全电压限值为 36 V;没有高度危险(干燥、无导电粉末、非导电地板、金属品不多)环境的安全电压限值为 65 V。

1983 年我国颁布的《安全电压标准》(GB 38012—83)规定,所谓安全电压是指为防止触电事故而采用的由特定电源供电的电压系列。这个电压系列的上限值,在正常和故障情况下,任何两导体间或任意导体与地之间均不得超过交流(50~500 Hz)有效值 50 V。一般情况下,人体允许电流可按摆脱电流考虑。在装有防止触电速断保护装置的场合,人体允许电流可按 30 mA 考虑。在容易发生严重二次事故的场合,应按不引起强烈反应的 5 mA 考虑。安全电压 50 V 的限制是根据人体允许电流 30 mA、人体电阻 1700 Ω 的条件确定的。国际电工委员会规定安全电压(即接触电压限定值)为 50 V,并规定 25 V 以下者不需考虑防止直接电击的安全措施。2008 年我国又颁布《特低电压(ELV)限值》(GB 38012—2008),规定皮肤阻抗和对地电阻降低(例如潮湿条件)特低电压限值为:交流 16 V,直流 35 V;皮肤阻抗和对地电阻不降低(例如干燥条件)特低电压限值为:交流 33 V,直流 70 V。本书不拟更深入地探讨,有兴趣者可参考有关文献进一步了解和学习。

目前我国电力行业普遍认为,我国安全电压额定值的等级为 42 V,36 V,24 V,12 V 和 6 V。国际上通用的可允许接触的安全电压分为以下三种情况:

①人体大部分浸于水中的状态:安全电压小于 2.5 V;

②人体显著淋湿或人体一部分经常接触到电气设备的金属外壳或构造物的状态:安全电压小于 25 V;

③除以上两种以外的其它情况,对人体加有接触电压后,危险性高的接触状态:其安全电压小于 50 V。

12.1.3　触电预防与急救

1. 触电原因与预防措施

缺乏安全用电常识和对电气设备的使用管理不当,是发生触电事故的主要原因。电气设备的绝缘损坏使原本不带电的物体带电,是发生触电事故的客观原因,也是最大的隐患,而环境条件对造成触电有着重要的影响。因此,触电主要原因可归纳为如下几点:

①缺乏安全用电意识,糊涂触电;

②违反操作标准或操作规程或进行误操作,违规触电;

③遇到紧急情况,紧张过度,举措失当,意外触及带电体,紧张触电;

④电气设备绝缘老化或年久失修绝缘破坏,且未妥善接地,人体接触到此类设备的金属外壳,故障触电。

针对上述造成触电的主要原因,预防触电的主要措施是:
①加强安全用电意识,学习掌握有关安全用电的基本常识;
②严格遵守安全操作规程和安全用电的有关规定;
③强化应急应变能力的训练,培养胆大心细、遇事不慌的良好习惯;
④按照设备维护保养周期的规定和计划,做好电气设备维护保养工作,平时注意观察设备的工作情况,发现问题及时处理和解决。

2. 触电的急救

发现有人遭受触电伤害时,应设法迅速切断电源。如果人在高处触电,切断电源时,还应采取安全措施,防止触电者松手后从高处坠落,造成摔伤。如触电者伤害较轻,神志清醒,只有心慌、乏力、肢体发麻等感觉时,可让其在通风处静卧休息,一般在2~3小时后即可恢复。如触电者伤害较严重,出现失去知觉、停止呼吸、心脏停止跳动等现象,则应及时采取人工呼吸和人工心脏按摩进行抢救。

12.1.4 安全用电规则

(1)工作时应穿电工鞋,进入工作场所后应将工作服应扣好,必要时扎紧裤脚,不应把手表、钥匙等金属带在身边。

(2)必须使用电工专用工具对电气设备进行检修,工作前应检查所使用的电工工具是否完备良好,发现缺陷应及时更换。

(3)可携式电气器具的电缆电线、插头必须完好,插头应与插座吻合,无插头的移动电器不准使用,36 V以上的电器外壳必须安全接地。

(4)移动电器应先接好电源再开启开关,禁止用湿手或在潮湿的地方使用电器或开启电器。

(5)在任何线路上进行维修检查时,应从电源进线端断开控制开关或将熔断器取下,并挂上"禁止合闸"等警告牌。检修完毕,应先检查确认相关线路上没有其他人员在工作方可送电。

(6)更换熔断器时必须先断电,检查确认线路没有存在短路故障后,再按相同型号和规格的熔断器进行更换。禁止使用铜丝或其他金属丝代替熔断器的熔丝。

(7)检查电路是否带电只能使用万用表、验电笔和校验灯,在未确定无电之前不能进行工作,带电作业必须经过电气负责人批准,作业时必须有两人一同进行。带电作业时应尽可能一只手触及带电设备或进行操作。

(8)在带电设备上严禁使用钢卷尺等金属类尺子进行测量工作。

(9)高空作业时,离地1 m以上应系安全带,以防失足或触电坠落,同时应注意所带的工具、器材,防止失手落下伤人或损坏设备。

(10)维修检查带大电容的电气设备时,应将电容器充分放电,必要时可采用便携式接地线进行短接放电。

(11)机舱等工作场所工作时,应有适当的照明,所用灯具电压应符合安全标准。

(12)检修工作完毕后送电之前,应检查清点工具,不要遗留。尤其是在配电板、发电机等重要设备附近工作时,更应注意。所有工作全部完成后应及时熄灭不必要的灯或未燃尽的火。

(13)严禁使用四氯化碳作为清洁剂,避免设备的绝缘受损。

12.2 船舶电气火灾的预防

要预防船舶电气火灾,首先应该了解船舶电气引发火灾的原因,知道船舶电气设备防火的要求,然后才能真正掌握船舶电气灭火的方法。

12.2.1 船舶电气设备引发电气火灾的原因

引发船舶发生火灾有多种原因,电气设备的短路、过载、绝缘老化以及某些故障都是火灾的隐患。这些隐患主要是作为火灾的热源或火源。电气设备的热源或火源包括正常的和非正常的。电气设备正常的热源或火源有:各种触点正常开断火花,正常高温元件(电灯、电热器等);有可燃物质出现在不该出现的地方和空间,这就为正常工作的电器火源或热源提供了可燃物质,从而成为火灾的隐患;违禁使用四氯化碳作清洗剂;或用汽油清洗机器部件时未采取有效的防火措施,未注意良好通风,以至有油气积聚等。

电气设备非正常的热源或火源有:电气设备(特别是插座)进水形成短路或接地,在短路点或接地点局部发热;导体的联接点松动、氧化、腐蚀等引起接触电阻过大,造成局部发热;电气设备或电缆长期超负荷工作,或由于短路故障、非正常电压等引起电流过大,使温度过高而可能引发火灾;由于乱接、乱拉电线,或在插座上接用超过线路允许载流量的电热器或其他用电设备而造成线路过热;其它原因造成的绝缘强度下降或绝缘破坏,发生短路、接地故障,引起局部过热。

除了上面所介绍的普通船舶电气设备引发的电气火灾原因外,对于油轮、滚装船等船舶,存在大量可燃气体的场所可能较多。这类船舶引发火灾或爆炸的原因还包括静电。据有关资料统计,造成油轮爆炸或引发火灾的主要原因是静电。

综上所述,船舶电气设备引发电气火灾的主要原因可归纳为:

①电气设备的绝缘下降或损坏,电气线路发生短路、接地等故障引起的火花;
②电气设备长期过载、超负荷工作,温升超过允许值,甚至燃烧;
③继电器、接触器通断情况不良,灭弧不好;
④直流电机换向不好,换向火花过大;
⑤导体或电缆连接点松动,接触不好,引起局部发热甚至燃烧;
⑥油轮等船舶,静电是造成火灾与爆炸的主要原因。

12.2.2 电气设备防火要求与电气灭火

船舶电气防火,就是根据电气引发火灾的原因,采取有针对性的措施,避免火灾的发生。对于可能产生易燃易爆气体的场合,还应注意预防静电的产生及消除静电可能造成的危害。

所谓静电,在字面上理解,就是静止不动的电荷,两种相互绝缘的物质,由于各种原因产生正负电荷分离的现象就是形成静电。静电积累到一定程度就会在突出部位产生放电,成为火灾和爆炸的隐患。特别是油船,存在可燃气体的空间较大,容易引起爆炸。任何两种不同物质的摩擦、紧密接触——分离、受压、受热或感应都能产生静电,有关静电产生的具体原因和预防措施,参见本章第7节油船电气设备的安全管理的有关介绍。

船舶电气防火就是根据有关电气防火要求,针对电气可能产生火灾的原因制定电气防火措施,并严格遵守和执行。船舶电气防火要求主要有:

①经常检查各种电气线路及设备的绝缘电阻,发现接地、短路等故障时要及时排除;

②电气线路和设备的载流量必须控制在额定范围内;

③严格遵守电气设备维护保养规定,按各种设备的保养周期进行维护保养,尤其是对有触点的电器,应经常注意触头状态和灭弧装置,注意它们的各种参数正常(如接触电阻,触头弹簧压力与触头行程)是否符合要求,确保各种电气设备处于良好的工作状态;

④注意直流电机的维护保养,注意检查直流电机的运行状态,尤其注意其换向火花的情况,发现换向火花过大时,应查找原因及时消除,使直流电机保持在良好的状态下运行;

⑤按环境条件选择使用电气设备,易燃易爆场所要使用防爆电器;

⑥电缆及导线连接处要牢靠,防止松动脱落;

⑦严格按施工要求,保证电气设备的安装质量;

⑧参照有关静电预防措施,避免静电火花造成的各种危害。

船舶电气灭火与普通消防灭火的最大不同就是在灭火时要考虑电气设备可能带电,要考虑避免救火时造成触电事故。同时还应考虑各种灭火剂对电气设备绝缘的影响,在救火的同时,应考虑保护各种电气设备,尽量降低因火灾造成的各种损失。基于这样的考虑,船舶电气灭火的主要方法步骤可归纳为如下几点:

①一旦发现电气设备着火,不应立即用水龙头灭火,以防通过水柱触电;

②正确的做法是首先迅速切断着火电源,然后采用二氧化碳或卤化烃(1211)灭火器等进行灭火;

③停电灭火时,应注意尽量缩小停电范围;

④电气灭火时,可以采用二氧化碳气体灭火器和1211灭火器。未切断电源时,不能使用水或含水的灭火器(如,二氧化碳泡末灭火器)灭火。

12.3　船舶电气设备接地的意义和要求

船舶电气设备的接地,就是把船舶电气设备的金属外壳、支架或电缆的护套等与船体所作的永久性良好联接。它是防止触电和保证电气设备正常工作的重要的安全保护措施。根据不同的接地功能,船舶电气设备的接地类型主要有:保护接地、工作接地和防干扰接地(屏蔽接地)等。这些接地措施,对保护人体不受触电伤害和保证电力系统和电气设备的正常运行等都具有重要意义,下面分别进行介绍。

12.3.1　保护接地

保护接地是指工作电压在50 V以上的电气设备金属壳罩、构架和电缆金属护套等与金属船体钢结构件作良好的电气连接,如图 12-5 所示 E 点。一旦发生这些部件带电时,应使站在地上的人体接触电压和人体电流近于零。因此,是为防止电气设备因绝缘破坏,使人遭受触电危险而进行的接地。

保护接地是用于三相三线绝缘系统,其作用在于确保人身安全。如电气设备未接地,当外壳带电时,由于线路与船体间存在电容和绝缘电阻,在人体触及设备时,较大的电流 $I_b = I$ 就会经人体而形成通路,引起触电事故。进行保护接地后,当人体电阻 R_b 远比接地电阻 R_e 大很多时,流经人体的电流 I_b 就比流过接地体的电流 I_e 小得多,当接地非常良好时,$I_e \approx I$,流经人体的电流 $I_b \approx 0$。这样就可有效防止人体接触外壳带电时的触电。

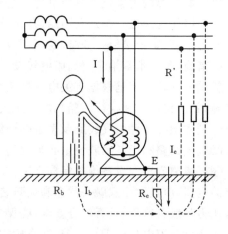

图 12-5 保护接地

根据上述分析,要使保护接地防止人体触电,其接地电阻应该很小,为此我国《规范》对保护接地有如下规定:

①电气设备的金属外壳均需要进行保护接地。但下列情况除外:工作电压不超过 50 V 的设备;具有双重绝缘设备的金属外壳和为防止轴电流的绝缘轴承座;

②当电气设备直接紧固在船体的金属结构上或紧固在船体金属结构有可靠电气连接的底座(或支架)上时,可不另设置专用导体接地;

③无论是专用导体接地还是靠设备底座接地,接触面必须光洁平贴,接触电阻不大于 0.02 Ω,并有防松和防锈措施;

④电缆的所有金属护套或金属覆层须作连续的电气连接,并可靠接地;

⑤接地导体应用铜或耐腐蚀的良导体制成,接地导体的截面积须符合规定的要求。

12.3.2 工作接地

为保证电气设备在正常工作情况下可靠运行所进行的接地称为工作接地。工作接地一般应用于中性点接地的三相四线制电力系统,如图 12-6(a)所示,电焊机和绝缘指示灯的接地线等也属于工作接地,如图 12-6(b)所示,它们都是通过接地线构成回路而工作的,没有

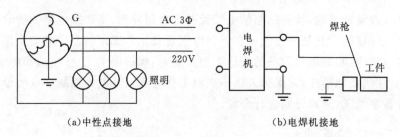

图 12-6 工作接地

工作接地这些系统或设备将不能正常工作。

我国《规范》对工作接地的规定如下:

①工作接地与保护接地不能共用接地装置;

②工作接地应接到船体永久结构或船体永久连接的基座或支架上;

③接地点位置应选择在便于检修、维护、不易受到机械损伤和油水浸渍的地方,且不应固定在船壳板上;

④利用船体做回路的工作接地线的型号和截面积,应与绝缘敷设的那一级(或相)的导线相同,不能使用裸线,工作接地线应尽量短,并妥为固定,接地电阻不大于 $0.01\ \Omega$;

⑤平时不载流的工作接地线,其截面积应为载流导线截面积的一半,但不应小于 $1.5\ mm^2$,其性能与载流导线相同;⑥工作接地的专用螺钉直径不应小于 $6\ mm$。

应该说明的是,现在船舶电力系统已经不采用中性点接地的三相四线制。船舶照明电网虽然

采用的三相四线制,但其中性点也不接地,而是对地绝缘的。

12.3.3 屏蔽接地

屏蔽接地属于防干扰接地,是指为了防止无线电干扰,将设备的屏蔽层、外壳等进行的接地,如图 12-7 所示。

无线电通信设备一般都装在封闭的金属机壳内,以防止外来的干扰。屏蔽是抑制无线电干扰的有效措施。任何外来干扰所产生的电场,其电力线将垂直终止与封闭机壳的外表面上,而不能穿进机壳内部。这种屏蔽将使屏蔽体内的无线电通信设备或导体不受干扰源的影响。另外,同样也可以防止无线电干扰源影响屏蔽体外的无线电通信设备或带电体。

我国《规范》对屏蔽接地的主要要求有:

①露天甲板和非金属上层建筑内的电缆,应敷设在金属管内或采用屏蔽电缆。

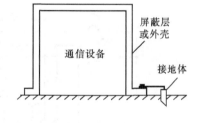

图 12-7 屏蔽接地

②凡航行设备的电缆和进入无线电室的所有电缆均应连续屏蔽。与无线电室无关的电缆不应经过无线电室。若必须经过时,应将电缆敷设在金属管道内,该管道进、出无线电室均应可靠接地。

③无线电室内的电气设备应有屏蔽措施。无线电分电箱的电源电缆,应在进入无线电室处,设置防干扰的滤波器。无线电分电箱无线电助航仪器以及分电箱的汇流排上,应设置抑制无线电干扰的电容器;

④内燃机(包括安装在救生艇上的内燃机)的点火系统和起动装置应连续屏蔽。点火系统电缆可采用高阻尼点火线;

⑤所有电气设备、滤波器的金属外壳、电缆的金属屏蔽护套及敷设电缆的金属管道,均应可靠接地。

12.3.4　其他接地

除了上面介绍的三种接地外,常见的接地形式还有:保护接零、重复接地和避雷接地等。

1. 保护接零

对于中性点接地的低压电力系统,为防触电,将电气设备的金属外壳、电缆金属护套等与系统的零线作可靠的电气联接,即为保护接零,如图 12-8 所示。当电气设备某相绝缘损坏碰壳时,通过零线构成单相短路。因这种单相短路电流较大,可使电气设备的继电保护开关或熔断器断开。从而既避免了人身触电,又迅速切除了故障设备,保证了其它电气设备的正常运行。即使在保护电器断开之前触及外壳时,也由于人体电阻远大于零线回路电阻而使人体电流极小。

应该说明的是,在同一系统中,不可把一部分电气设备保护接地,另一部分则保护接零。因为当出现保护接地的设备碰壳漏电故障时,系统将出现三相严重不平衡。于是零线将出现较大电流,零线电阻压降将使零线具有较高的对地电压,那些保护接零的电气设备的外壳将具有较高电位,从而构成对人身安全的威胁,甚至造成触电事故。

2. 重复接地

重复接地是指在中性点接地的三相四线制系统中,为确保接零可靠,防止因接零线断裂而造成触电事故,可将零线多处接地,如图 12-9 所示。

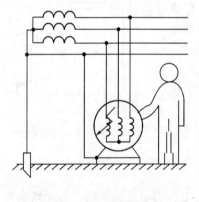
图 12-8　保护接零

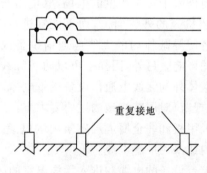
图 12-9　重复接地

3. 避雷接地

为防止雷击而进行的接地,称为避雷接地,又称为防雷接地,船舶的避雷接地主要是从船舶桅杆的顶部通过专用的接地线与接地装置连接到船底的船体上,由于船舶主要是金属构件,本身具有很好的传导雷电流的能力,相对岸上的防雷接地,船舶的避雷接地相对较为简单。

保护接零、重复接地在岸上电力系统应用较多,在船上,目前要求采用中性点对地绝缘系统,因此保护接零和重复接地等较为少见。

12.4　船舶电气设备绝缘

正如本章第3节所说的，船舶环境要比一般陆用条件恶劣得多，船舶恶劣的环境影响最大的是电气设备的绝缘，船舶高温影响的是绝缘材料的性能，潮湿、盐雾、油雾和霉菌影响的还是绝缘材料的性能。而且船舶又处于连续运动状态，电气设备的绝缘性能受到影响，将直接造成设备工作的不正常，最终影响船舶的连续运行。因此，电气设备绝缘比陆用要求要高。本节主要介绍船舶电气设备绝缘的意义和要求以及常用电工绝缘材料的类型和等级。

12.4.1　船舶电气设备工作条件

1. 船舶电气设备绝缘的意义

电气设备的绝缘不仅直接影响其正常运行和使用寿命，而且影响着用电的安全。只有绝缘良好才能隔离电气设备中有不同电位的部件，才能使电流沿着一定的导体路径流通，才能保证电气设备正常工作；只有绝缘良好才能使人免遭触电，才能使人对其进行安全操作。总而言之，保证电气设备的绝缘，就是保证线路中的电流按所要求的路径通过，其主要意义是：

① 保证设备正常运行；
② 保障操作人员的安全。

电气设备的绝缘是靠各种（包括气体的、液体的、固体的）绝缘材料来实现的，而这些绝缘材料在恶劣环境条件下工作，很容易老化或降低绝缘性能。因此，在湿热、霉菌、盐雾、油雾等恶劣的环境条件下，要求船用电气设备能保持良好的绝缘状态。对船用电气设备提出的所谓三防（防湿热、防霉菌和防盐雾油雾）要求，基本上是针对绝缘材料而言的。应该指出的是，构成电气设备的材料中，绝缘材料是最薄弱环节，电气设备的使用寿命很大程度是取决于绝缘材料的寿命。

影响电气设备绝缘材料性能及其使用寿命的最主要因素是其耐热性（或热稳定性）。许多电气设备的损坏也往往是由于绝缘材料的热击穿而引起的。因为每一种绝缘材料都有一个耐热的极限温度（或称为最高允许工作温度），超过这个极限温度将加快绝缘材料的老化，过早地失去绝缘性能；严重时会使绝缘材料迅速发焦而引起短路或火灾。所以在使用中，电气设备中的最热点温度不能超过其绝缘材料的最高允许温度。

2. 船舶电气设备的定额

船舶电气设备的定额，又称为船舶电气设备的工作制，是指船舶电气设备在规定的条件下允许的工作时间的差异。电气设备的工作制可分为连续工作制、短时工作制和断续工作制三种。其中，断续工作制又称为重复短时工作制或周期工作制等。

1. 连续工作制

船舶电气设备之所以有不同的定额，是因为在不同工作制的条件下，设备产生热量引起的温升不同（所谓温升，是指设备的温度与环境温度之间的温度差）。电气设备在相同的参数下工作，一般而言，设备产生的热量将随工作时间的增加而增多。但设备的温度升高后，本身也存在散热,当设备的发热与散热平衡后,设备将在一个稳定的温升下长期运行,只要设备的发热和散热条件都保持不变,设备的稳定温升也不变。连续工作制的设备,允许设备在规定的额定参数下长期运行,因此具有稳定温升。应该说明的是,实际上设备设计就已考虑长期运行时,发热与散热等诸多因素,计算出设备运行后本身可能达到的温度,然后以此为依据规定设备所允许的额定电压、额定电流等额定参数,只要在工作时不超过额定参数规定的数值,设备即可长期稳定运行。

2. 短时工作制

短时工作制的设备,工作时间短,设备还未达到稳定温升就停止工作,而且停止工作的时间长,下次重新工作时设备的温度已经降到环境温度。也就是说,短时工作制的设备,工作时达不到稳定温升就停止工作,下次工作时是从温升为零开始的。根据工作时间的不同,我国规定的标准短时工作制有四种不同的工作时间:15 min、30 min、60 min 和 90 min。应该说明的是,同样一台设备,以不同的负载或不同的电流工作,要达到相同温升的时间是不一样的。换句话说,同一台设备,在保证不超过设备允许的温升的条件下,若负载大或电流大,则短时工作制设备允许的工作时间短;负载减小或电流减小,短时工作制设备允许的工作时间就增加。

断续工作制的设备,按一定的周期工作,设备工作时未达到稳定温升就停止工作,停止工作后温升未降为零又开始工作。工作期间断续工作制设备的温升总是在一个高限与一个低限之间的范围内波动。断续工作制设备标准工作周期为 10 min,其工作能力用负载持续率进行衡量,所谓负载持续率,是指一个周期内设备通电工作时间与周期之比的百分数,用 FC% 表示:

$$FC\% = \frac{通电时间}{一个周期总时间} \times 100\% = \frac{通电时间}{通电时间 + 停电时间} \times 100\% \quad (12-1)$$

我国规定的标准断续工作制的负载持续率也有四种不同的系列:15%、25%、40% 和 60%。

综上所述,电气设备的定额有连续、短时和断续三种工作制。不同定额的设备,可根据其工作时的温升进行定义。定额与额定参数的确定,都应满足工作时不超过最高允许温度(也称为极限温度),或不超过允许温升。电气设备按额定值工作时应注意的事项归纳如下:

(1)电气设备运行时,将产生铜损耗、铁损耗、机械损耗等。这些损耗都将转化成热量使设备的温度提高。但只要电气设备运行时的最高温度不超过其绝缘材料的最高允许温度,就不会减少它的使用寿命。

(2)电气设备在规定的条件下不超过额定值运行,不会超过其绝缘材料的最高允许温度,因此不会影响它的使用寿命。

(3)电气设备的温升是指设备温度与环境温度之差。但由于环境温度是一个变化的量,不能用来表示设备负载能力,因此电气设备常给出额定温升。所谓额定温升是指在额定运行状态下稳定运行时,设备的最高允许温度与标准环境温度(45 ℃)之差。

(4)绝大多数电气设备发生短暂的过载是允许的,因为额定温升与其绝缘材料的允许温度之间都有适当的裕量,而且温度升高需要一定的时间。

(5)若实际的环境温度超过规定的标准环境温度(45 ℃),应考虑适当减载或加强冷却措施。注意清除任何妨碍散热的因素和障碍,如表面的污垢、覆盖、遮挡、通风道的阻塞等。

(6)不同工作制的电气设备不能互换代替(主要指没有经过发热核算的直接代替)。例如短时工作制的设备,其运行时间短,在运行期间达不到稳定温度,为充分利用绝缘材料的耐热能力,其使用的额定电流(或功率)要大于连续工作制的,运行到温度接近于绝缘材料的允许温度时即应停止运行。所以不能以短时额定值连续运行,重复短时工作制的情况也与此相似。

12.4.2 常用电工绝缘材料的类型和等级

1. 绝缘材料的类型

绝缘材料是指电阻率大于 $10^9 \Omega \cdot cm$ 的电介质,绝缘材料的类型很多,从形态上分为气体、液体和固体三类。固体绝缘材料又分为无机、有机和有机无机混合绝缘材料,以及耐高温(180~250 ℃)的硅有机绝缘材料。

无机绝缘材料如云母、陶瓷、石棉、玻璃、大理石等,其耐热性高,不燃烧,不分解。有机绝缘材料,如橡胶、树脂、虫胶、棉纱、纸、麻、丝、人造丝等,耐热性差,易老化,高温下可分解、燃烧或炭化。有机无机混合绝缘材料,其性能取决于组成材料的性质。人工合成的有机绝缘材料可塑性高、密度小、强度高、耐油、耐磨、易加工成型,如粉压塑料、聚氯乙烯塑料和有机玻璃等。耐热硅绝缘材料介于有机和无机物之间的合成物质,如有机硅绝缘漆、有机硅橡胶、有机硅粘合云母板和有机硅塑料等。

在船舶电气设备维修中,常用的固体绝缘材料有各种绝缘带(如白布带、黑胶布带、黄腊绸带、玻璃漆布带、聚脂膜带等)、各种绝缘纸(如青壳纸、钢板纸、酚醛层压纸(布)板、玻璃布板等)和各种绝缘套管等;常用的绝缘漆有两类,即浸漆用的各种牌号的青漆和覆盖用的各种牌号的瓷漆。各种绝缘材料一般都有统一的代号,这些代号通常由大类代号、小类代号等组成,限于篇幅,本书不予介绍,有兴趣者可参考有关电工手册或相关产品说明书了解。

2. 绝缘材料的耐热等级

按最高允许温度的不同,将各种绝缘材料划分为七个不同的耐热等级,如表 12-8 所示。早期规定船舶电机大都为 E 级和 B 级绝缘,目前船舶各种电机包括变压器都为 B 级绝缘。

表 12-8 绝缘材料的耐热等级

耐热等级	Y	A	E	B	F	H	C
极限温度/℃	90	105	120	130	155	180	>180
额定温升/℃	45	60	75	85	110	135	>135
材料举例	未浸漆的棉纱、丝、纸及其组合物	Y型材料经绝缘漆处理	高强绝缘漆、环氧树脂、有机薄膜	云母、石棉、玻璃丝用有机胶和或浸	B级材料用合成胶粘合或浸	B级材料用硅有机树脂粘合或浸	B级材料用优良硅有机树脂粘合或浸以及云母、玻璃、石英等

在表 12-8 中,第一行列出绝缘材料的 7 个耐热等级:Y、A、E、B、F、H 和 C;第二行列出的是对应等级的绝缘材料,设备工作时温度最高点所允许的极限温度;第三行列出的则是对

应设备的额定温升;第四行列出对应等级使用的绝缘材料类型。由第二行和第三行看,两行的数据相差 45 ℃。即,设备的极限温度等于设备的额定温升与标准环境温度值(45 ℃)之和。

12.5 高压系统的电气安全

12.5.1 高压电力系统的安全措施

和低压电力系统不同,在高压电力系统中,即使在发电机的断路器分闸断电后,线路和设备上残存的电荷仍有可能形成高压。定子绕组或励磁绕组残余电场释放出来的电荷能量足以击倒一头牛,安全隐患极大。此外,操作人员即使没有直接接触带电部分,如果相距带电部分近、小于规定的安全操作距离(对于带电体,在空气中,6.6 kV 有效安全距离为 90 mm),也可能受到严重的触电伤害。因此,如何保障安全被视为高压系统最重要的问题。

高压电力系统主要采取了以下安全措施:

(1)各控制屏内断路器室、高压电缆室(包括电流互感器、电压互感器、接地开关等)和高压汇流排室等相互隔离。控制屏的顶部装有气体减压活门,用以释放电弧爆炸时产生的有害气体和金属离子。

(2)各控制屏均装有机械和电气联锁装置,以确保维修保养人员接触的线路无电。进行维修时,首先要将 VCB 分闸,接着用专用工具将 VCB 从"SERVICE"位置拉出到"TEST"位置(可对 VCB 的低压控制电路进行测试),此时 VCB 的触头与汇流排完全脱开,然后再用专用工具合上接地开关。

仅在 VCB 断开并合上接地开关的情况下,才能打开控制屏上部的前面板,进而拿到钥匙以开启控制屏的后门。

(3)主发电机与断路器之间、日用变压器和冷藏变压器的原方与断路器之间、侧推器电动机与断路器之间、高压汇流排两个接地屏均安装有接地开关,接地开关(三相)的一端与接地点可靠连接。在停电维修高压线路或设备时,合上相应的接地开关,能保证被维修线路和设备的可靠接地、防止电荷积累。在断路器意外合闸时,由于线路三相接地,短路电流会使断路器立即跳闸。

12.5.2 严格的接地放电程序

停机维护保养定子绕组或励磁绕组前,必须严格执行接地放电程序,确认接地可靠、充分放电后,才能开始检修。不严格执行接地放电程序,危害极大,酿成重大事故的案例相当多。

高压电系统的日常管理中最重要的是:检修前必须严格执行接地放电程序。

检修完毕,也必须严格执行恢复程序。检修完毕恢复程序出错也有险些酿成重大事故的案例。

12.5.3 高压设备安全检修规定

高压电力设备在检修时要采取可靠的安全措施,主要包括:

(1)确定设备已经停电。
(2)验电。
(3)连接接地线和接地开关。
(4)安排监护人。高压配电板的整个操作、检查过程,必须有两个具有一定资质和经验的专业人员在场。一个人实施具体操作,一个人作为监护人,监督操作的正确性和完整性,发现问题及时提出并有效制止。前一代 JRCS 高压配电板接地放电前没有抽出主开关的步骤,容易造成在没有打开接地开关的情况下误将主开关合闸,结果是汇流排 6600 V 电压直接接地,后果不堪设想。曾发生过监护人员及时制止操作人员的误操作,有效避免了一场特大操作事故的案例。
(5)悬挂警示牌。
(6)征得轮机长同意。
(7)值班轮机员知道。
(8)检查安全用具;。
(9)填写 CHECK LIST。
(10)准备适当的医护设备。
(11)工作时头脑要冷静。
(12)准备好方案和图纸。
(13)材料自己准备好。
(14)设备如有延伸,应安排好专人在场,指导工作完毕。
(15)检修设备附近,应拉起黄/黑色塑料带,防止他人误进。

12.5.4　装设临时接地线方法

(1)确认设备无电;
(2)轮机长同意;
(3)通知值班轮机员;
(4)挂好警示牌;
(5)三相接地,接地电缆截面积＞25°;
(6)要有监护人;
(7)完成工作后,要拆除接地线并测量绝缘合格后再送电。

12.5.5　工作监护

(1)电机员需与监护人沟通,让监护人明白自己要干什么活;
(2)当监护人离开时,电机员应停止工作;
(3)监护人应有通信设备与值班轮机员或驾驶台保持联系;
(4)监护人应熟知一些救护常识;
(5)监护人至少一人。

12.5.6　运行设备时的注意点

不要同时 on/off 设备,防止电压冲击,没有轮机长同意,不要擅自打开或检修设备,高压设备送电时，要确认没人，不要擅自送电。

12.5.7　绝缘安全用具

(1)高压绝缘棒；

(2)高压绝缘表(13000 V)；

(3)电压感应仪(70～20000 V)，当附近有电时，会发出声光；

(4)高压手套。

12.5.8　安全用电

(1)触电常与环境、安全装备、个人安全意识和技术有关。

(2)触电分几种：低压触电，感应触电，误触带电设备，与带电设备安全距离不够，带电作业失误，误送电，外壳未接地(国家规定＞24 V须有接地线)，电网绝缘低等。

(3)触电救护要点。

切断电源；选择合适的绝缘工具；快速判断呼吸心跳，进行胸压和人工呼吸，迅速联系医院。

为此，管理高压电力系统时除了严格遵守一般安全用电要求和严格按照操作规程进行操作外，还应该特别注意如下几点：

①检修高压设备时一定要注意与检修设备有关的隔离开关是否断开；

②检修高压设备的同时，必须确保相应的接地开关是否确实闭合接地，并检查接地电阻是否满足要求；

③注意随意不要触摸电气设备的外壳，尤其是正在运行的高压电气设备禁止用手摸法感知设备外壳的温度，防止因接触电压造成触电；

④注意与运行中的高压电气设备保持安全距离，避免因可能的跨步电压造成的触电危险。万一感觉跨步电压威胁时，应立即停止前进，并迅速双脚并拢或抬起一只脚，然后朝远离高压设备的方向跳跃前进。

虽然与低压电力系统比较高压电力系统的额定电压等级提高了，触电的危险增大，但只要严格遵守一般安全用电要求，严格按照操作规程进行管理与操作，时刻保持安全意识，及时排除各种隐患，对高压电力系统的运行管理和操作还是非常安全的。

12.6　油船电气设备的安全管理

油船的主要特点是存在产生大量易燃易爆气体的场所和可能，因此油船电气设备安全管理首先应认清不同区域的特点，然后明确静电产生火灾的原因和如何预防的方法，同时还应该掌握有关油船舶电气设备的管理要求。

12.6.1　油船的舱室区域划分与电气装置要求

油船按危险程度将舱室区域划分为三类，第一类为直接产生易燃易爆气体的舱室或区域；第二类为紧邻第一类舱室区域的、经常存在大量易燃易爆气体的舱室或区域；第三类为除了第一、二类以外的其他舱室或区域。

第一类舱室区域是危险程度最高的区域,主要包括货油舱和垂直隔离舱。第二类舱室区域的危险程度也非常高,虽然相对第一类区域其危险程度略有下降,但与第一类区域同样属于油船危险区。第二类区域主要包括:①货油泵舱;②水平隔离空舱;③货油舱和垂直隔离空舱上面直接邻近的舱室;④贮藏输油软管的舱室;⑤货油舱向首尾各延伸3 m及离甲板高度为2.4 m以内的露天区域;⑥离爆炸性气体出口3 m以内的露天区域。第三类舱室区域仍然存在较高的危险程度,属于油船的扩大危险区。由油船舱室区域的划分可知,油船舱室区域没有安全的区域,除了危险区外就是扩大危险区,到处都可能存在易燃易爆气体,都可能引发火灾与爆炸。正是这样的特殊情况,因此对油船电气装置有特殊的要求,具体如下:

(1)第一类舱室区域内严禁敷设电缆与安装电气设备。在不可避免的情况下,垂直隔离舱内才允许安装测深仪振荡器,但该振荡器必须安装在坚固油密的罩壳内,电缆应敷设在气密坚固的管子中。在进入隔离空舱处的电缆管道内需以填料封隔。

(2)在第二类舱室区域内虽然不禁止敷设电缆与安装电气设备,但安装的电气设备必须满足如下要求:
①所装电气设备必须是防爆式的,不得安装插座;
②电缆应选用护套电缆或穿气密管子敷设,出入该类舱室的电缆孔应以填料分隔,防止可燃性气体进入其他舱室;
③所装照明灯具应符合我国《钢质海船入级与建造规范》的条件;
④货油泵舱的照明由两路电源供电,灯点需交错布置;
⑤非防爆电气设备与货油舱透气管出口端的距离应不小于1 m;
⑥若在油泵舱内安装测深仪振荡器,则要求与第一类舱室相同。

(3)第三类舱室区域和空间内安装的电气独立回路允许工作接地,露天空间安装的插头、插座应具有联锁功能,即在开关接通电源的位置时,既不能插入也不能拔出,只有在断开位置时插头才可以插入或拔出,以避免操作时产生火花。沿步桥敷设的电缆应选用足够强度的护套电缆,或设有牢固的金属罩壳,电缆和电缆管道还应远离蒸汽管道敷设,并有防止船体变形所引起的应力损伤电缆的补偿措施。

12.6.2 油船静电起火的预防

对油船安全构成最大威胁的因素之一是静电。产生静电的根本原因是相互绝缘的任何两种不同物体之间存在摩擦、紧密接触——分离、受压、受热或感应。在船上产生静电的原因主要有:

(1)当货油沿着输油管路流动和流入货舱时,由于油与管壁、油舱的摩擦和冲击,因而产生和积聚静电荷;
(2)船体在风浪影响下的摇摆振动,会使油品与油舱壁产生摩擦而生成和积聚静电荷;
(3)油品通过多孔或网状过滤器、隔离装置时也会有静电的产生和积聚;
(4)油品微滴的飞溅与空气摩擦及油中结晶水滴的沉降过程,也会产生静电;
(5)油舱内的油品与油面漂浮物的相互撞击,可以产生静电;

(6)在对油舱采样测量时,测杆和采样器具在施放和提升过程中,油舱内会产生静电;

(7)洗舱机和喷嘴软管在洗舱工作过程中会产生静电。洗舱水柱,水雾,水珠等形成的水滴降落在油品中发生冲击时,也能产生静电;

(8)油舱内的铁锈,石油渣滓等沉淀物在下沉时,会产生静电;

(9)油舱上索具和吊杆的摩擦,会产生静电;

(10)落到油舱的物品及工具等,在坠落和发生碰撞时,会产生静电;

(11)人是静电的良导体,当人体穿脱毛料和合成纤维衣服时,会产生极高的静电电压,足以引燃周围的爆炸性气体。

总之,液体的流动、过滤、搅拌、喷雾、飞溅、冲刷、灌注、剧烈晃动等过程,都可能产生危险的静电;人体和衣着也会产生危险的静电。穿脱毛料与合成纤维衣物时,由于摩擦和接触分离所产生的静电电压可高达数千伏至数万伏,足以引燃周围爆炸性气体;人体是静电的良导体,人体处于带电的静电空间因感应而成为一个独立的带电等位体,人体与地或与周围物体之间达到一定的电位差时就会产生放电;船舶在航行中,带电低云层的静电感应,也还使船舶金属体感应带电。船舶航行与空气的摩擦也能使金属体带电。

燃烧和爆炸必须同时具备三个基本条件:①有可燃性气体;②有空气或氧气;③有火源或危险温度。油轮上存在着大量易燃易爆的混合气体和可燃性物质,对油轮的安全极为不利。而静电是引起油轮火灾和爆炸事故的重要原因,必须设法预防。预防的出发点首先是避免或减少静电的产生,如尽量减少各种摩擦、感应及极化起电现象;其次是采取接地措施消散静电,避免静电的大量积聚而产生火花放电。具体措施有:

(1)货油舱在卸油,排压载水或洗舱前,都要向舱内充入惰性气体;航行期间,也要向舱内补充惰性气体,以使其含氧量极低。该惰性气体可由锅炉或主机的排烟经洗涤、净化、干燥等处理后产生,亦可由专用的惰性气体产生设备提供。

(2)由于静电与货油的流速成正比,因此在装卸油时应控制货油的流速,以不超过 4 m/s 为宜。为防止油管内或舱底残留积水而发生油水冲击从而大量产生静电,开始装油时,货流速度应控制在 1 m/s 以下;待油装至高出舱底肋骨后,才逐渐加速到 4 m/s。

(3)油管要用接地电缆连接,具体接线要求是:接油管时,应先接接地电缆,后接油管;在拆油管时,应先拆油管,后拆接地电缆,两者切勿颠倒。接地电缆的直径为 16 mm²,导线与船体的接触面积应大于 75%。

(4)装油后测量、取样时,应考虑油的半衰时间,宜在装完后 30 min 进行,所用的量尺及取样装置应采用非金属材料制成。

(5)洗舱时,应尽可能避免由于水雾带电而产生静电电压,洗舱机台数不宜过多,在吊入舱内之前应可靠接好接地电缆,工作人员必须防止金属工具落入舱内。

(6)油船工作人员应穿导电好的衣服和鞋袜,不宜配带与人体绝缘的金属器件。有条件时,可在油轮入口处装设消静电装置,消除人体静电。

12.6.3 油船电气设备的管理要求

由于油船存在极大的火灾和爆炸危险,因此油船电气设备必须具有防爆能力。根据防爆能力不同,电气设备防爆类型可分为四种:本质安全型、隔离型、增安型和正压型。

(1)本质安全型电气设备用代号"i"表示,本质安全型的电气设备在正常运行或发生故障情况下产生的火花或热效应,均不能点燃爆炸性混合物。

(2)隔离型电气设备用代号"d"表示,隔离型电气设备内部发生爆炸时,不会导致或引起外部爆炸性混合物爆炸。

(3)增安型电气设备用代号"e"表示,增安型电气设备是指在正常运行时不产生火花、电弧或高温的设备上再采取措施,以提高其安全性。

(4)正压型电气设备用代号"p"表示,正压型电气设备的内外壳之间充入具有一定正压力的清洁空气、惰性气体或连续通入清洁空气,以阻止爆炸性混合气体或物质进入电气设备的内壳引起爆炸危险。为了保证油船电气设备使用的安全,在电气设备的选用和管理方面应注意:

(1)油船配电系统只允许采用对地绝缘系统,即发电机和供配电系统均不应接地,更不能将船体作为回路。

(2)危险区域必需使用的电气设备应为防爆型结构,或采用本质安全型电路或设备。本质安全型电路或设备是用以进行测量、监视、控制、通信信号等的弱电电路,没有高压和大电流,电路与其电源间有短路隔离保护措施,多为无触点的半导体器件,在正常或故障情况下,所产生的火花能量不足以点燃可燃性气体。

(3)定期检测电缆、电气设备的绝缘电阻,保持绝缘良好。

(4)检测电气设备时,要防止工具碰击短路产生电火花。

(5)不允许任意架设临时供电线路和装设临时灯具,或随意加大电气设备功率。在调换灯管、灯泡时应先关断电源,在防爆灯及灯泡上不得涂刷油漆和包裹易燃纸品等物。

(6)在室外禁止使用非防爆式灯具,手电筒也应是防爆的。

(7)主电站和应急电站应定期清洁,防止油污造成短路。

(8)严格控制使用电炉,尤其是明火电炉,应绝对禁止使用。

(9)要防止电缆、电气设备与高温管道接触,保证绝缘不损坏。

(10)油船严禁悬挂彩灯。

除了上面对电气设备的选用与管理方面的要求外,油船在装卸油品、洗舱、打压载水等工况时,由于存在大量液体流动,容易产生静电并引发爆炸,因此在这些工况下还应注意如下9点:

①不允许动用电焊、风焊、喷灯以及易于发生火灾的电动工具;

②停止蓄电池充电;

③无线电通信只许收报,不能发报;

④断开货油舱口附近及货油舱进气口的电动机电源。关好各种起动箱控制室、插座的门盖,以防油气等的侵入;

⑤禁止在室外和气密场所使用万用表和兆欧表;

⑥关闭变流机组、通风机、加温器等设备的电源。

⑦断开雷达电源,天线转至背向油舱的方向;

⑧使用防爆式报话机时,应站在货油舱口的下风,如需换电池,要在室内进行,使用固定式超短波电话时,应将输出功率调到1W以下;

⑨修理雷达、发报机和各种助航仪器时,应先经测爆,在确认无可燃气体威胁时,方可进行修理。

 复习与思考

1. 什么是电伤？什么是电击？它们的区别是什么？
2. 人体触电有几种形式？哪一种形式危害最大？为什么？
3. 试分析说明触电方式及人体的危害。
4. 影响触电危险性有哪些因素？
5. 预防触电的主要措施有哪些？
6. 什么是安全电压？使用安全电压是否就可以避免触电？为什么？
7. 国际上通用的可允许接触的安全电压是如何划分的？
8. 发生触电事故的主要原因、客观原因和具体原因各是什么？
9. 发现有人触电应采取哪些措施进行急救？
10. 船舶电气防火要求有哪些？
11. 船舶电气设备引发电气火灾的主要原因有哪些？
12. 引起船上电气火灾的原因有哪些？
13. 如何预防电气设备引起的火灾？
14. 扑灭电气设备起火的器材有哪些？各有何特点？
15. 什么是绝缘材料的耐热等级？各级极限温度和额定温升各为多少？
16. 绝缘材料的耐热等级有哪几级？每级绝缘材料各由什么材料构成？
17. 什么是电气设备的定额？什么是工作制？电气设备有几种工作制？
18. 各种工作制的电气设备有什么特点？我国规定短时工作制有几个具体的规格？
19. 什么是重复短时工作制？什么是负载持续率？我国电气设备的负载持续率有几种？
20. 何谓保护接地？简述其原理。
21. 何谓保护接零？简述其原理。
22. 高压电力系统主要采取哪些安全措施？
23. 高压设备安全检修规定有哪些？
24. 船的舱室区域是如何划分的？各类区域主要包括哪些处所？有何特点？
25. 么是静电？船舶产生静电的原因主要有哪些？
26. 为什么说静电是对油船安全构成最大威胁的因素之一？如何预防静电？
27. 油轮区域如何划分？每个区域对电气设备有何要求？
28. 如何预防油轮因电气设备引起的火灾？
29. 货油装卸时,应如何防止静电引起的火灾？
30. 本质安全型、隔离型、增安型和正压型分别指什么电气设备？

附录

附录一 国家标准部分常见电气图形符号

名 称 及 说 明	图 形 符 号	名 称 及 说 明	图 形 符 号
直流	⎓	交流（工频或亚音频）	∼
中频（音频）	≋	接地，一般符号 地，一般符号	⏚
抗干扰接地 无噪声接地		保护接地	
接机壳 接底面		等电位	
故障 （指明假定 故障的位置）		闪络 击穿	
屏蔽导体		绞合导线，示出两根	
电缆中的导线， 示出三根		同轴对	
T型连接 （形式1、形式2）		中性点	n

名 称 及 说 明	图 形 符 号	名 称 及 说 明	图 形 符 号
导体的换位相序变更极性反向		阴接触件（连接器的）插座	
		阳接触件（连接器的）插头	
插头和插座		接通的连接片（形式1、形式2）	
断开的连接片		电阻器，一般符号	
可调电阻器		电容器，一般符号	
极性电容器，例如电解电容		可调电容器	
预调电容器		电感器，线圈，绕组，扼流圈 示例：带磁芯的电感器	
磁芯有间隙的电感器		带磁芯连续可变电感器	
带固定抽头的电感器示出二个抽头		半导体二极管一般符号	
发光二极管（LED）一般符号		热敏二极管	
单向击穿二极管电压调整二极管齐纳二极管		双向二极管	
反向阻断二极晶体闸流管		反向阻断三极晶体闸流管，N型控制极（阳极侧受控）	
反向阻断三极晶体闸流管，P型控制极（阴极侧受控）		双向三极晶体闸流管三端双向晶体闸流管	

名 称 及 说 明	图 形 符 号	名 称 及 说 明	图 形 符 号
PNP 半导体管		集电极接管壳的 NPN 半导体管	
具有 P 型双基极的单结半导体管		具有 N 型双基极的单结半导体管	
光敏电阻 光电导管		光电二极管具有非对称导电性的光电器件	
光电池		电机的一般符号符号内的星号用文字符号代替	
旋转变流机	C	发电机	G
直线电动机 一般符号	M	步进电动机 一般符号	M
直流串励电动机	M	直流并励电动机	M
三相鼠笼式感应电动机	M 3~	单相鼠笼式有分相绕组引出端的感应电动机	M 3~

名 称 及 说 明	图 形 符 号	名 称 及 说 明	图 形 符 号
三相绕线式转子感应电动机		双绕组变压器（形式1）	
自耦变压器		形式2(瞬时电压的极性可以在形式2中表示)	
扼流圈电抗器（形式2与电感器，线圈，绕组相同）		形式3(示例：示出瞬时电压极性的双绕组变压器，流入绕组标记端的瞬时电流产生助磁通)	
电流互感器脉冲变压器(形式1、形式2)		电压互感器（形式1、形式2）	
动合(常开)触点本符号可用作开关的一般符号(形式1、形式2)		动断(常用)触点	
先断后合的转换触点		中间断开的双向转换触点	
先合后断的转换触点（形式1、形式2）		双动合触点	
双动断触点		(多触点组中)比其它触点提前吸合的动合触点	

名称及说明	图形符号	名称及说明	图形符号
（多触点组中）比其它触点滞后吸合的动合触点		（多触点组中）比其它触点滞后释放的动断触点	
（多触点组中）比其它触点提前释放的动断触点		当操作器件被吸合时延时闭合的动合触点	
当操作器件被释放时延时断开的动合触点		当操作器件被吸合时延时断开的动断触点	
当操作器件被释放时延时闭合的动断触点		当操作器件吸合时延时闭合。释放时延时断开的动合触点	
手动操作开关一般符号		具有动合触点且自动复位的按钮开关	
具有动合触点且自动复位的拉拔开关		具有动合触点但无自动复位的旋转开关	
位置开关,动合触点		位置开关,动断触点	
接触器接触器的主动合触点（在非动作位置触点断开）		具有由内装的测量继电器或脱扣器触发的自动释放功能的接触器	
断路器		隔离开关	
负荷开关（负荷隔离开关）		具有由内装的测量继电器或脱扣器触发的自动释放功能的负荷开关	

名 称 及 说 明	图 形 符 号	名 称 及 说 明	图 形 符 号
电动机起动器一般符号 特殊类型的起动器可在一般符号内加限定符号		步进起动器	
调节－起动器		带可控硅整流器的调节－起动器	
可逆式电动机直接在线接触器式起动器		星－三角起动器	
自耦变压器式起动器		操作件—一般符号继电器线圈一般符号(形式1、形式2)	
缓慢释放继电器的线圈		缓慢吸合继电器的线圈	
缓吸缓放继电器的线圈		快速继电器(快吸和快放)的线圈	
热继电器的驱动器件		电子继电器的驱动器件	
熔断器一般符号		熔断器烧断后仍可使用，一端用粗线表示的熔断器	
熔断器式开关		熔断器式隔离开关	
熔断器式负荷开关		避雷器	

名 称 及 说 明	图 形 符 号	名 称 及 说 明	图 形 符 号
热电偶,示出极性符号 带直接指示极性的热电偶,负极用组线表示		信号变换器, 一般符号	
灯,一般符号 信号灯,一般符号		闪光型信号灯	
电喇叭		电铃	
报警器		蜂鸣器	
电动气笛		由内置变压器供电的指示灯	

附录二　国家标准常见基本文字符号和辅助文字符号

设备和装置类别	名称	英文名称	单字母符号	双字母符号
组件部件	天线放大器	Antenna amplifier	A	AA
	控制屏	Control pan		AC
	高压开关柜	High voltage switch gear		AH
	仪表柜,模拟信号板,稳压器,信号箱	Instrument cubicle, Mopboard, Stabilizer, Signal box		AS
从非电量到电量或相反	扬声器、送话器、测速发电机	Loudspeaker, Microphone, Tech generator	B	BR
电容器	电容器、电力电容器	Capacitor, Power capacitor	C	CP
其它元件	发热器件	Heating device	E	EH
	空气调节器	Ventilator		EV
	其他未规定的器件			
保护器件	避雷器	Arrester	F	FA
	熔断器	Fuse		FU
	限压保护器件	Voltage threshold protective device		FV
	报警熔断器	Warning fuse		FW
发电机及电源	蓄电池	Storage battery	G	GB
	柴油发电机	Diesel generator		GD
	稳压装置	Constant voltages equipment		GV
	不间断电源设备	Uninterrupted power source		GU
信号器件	声响指示器	Acoustic indicator	H	HA
	电铃	Electrical bell		HB
	蜂鸣器	Buzzer		HZ
接触器、继电器	瞬时通断继电器	relay	K	KA
	电流继电器	Current relay		KC
	热继电器	Thermo relay		KH
	接触器	Contactor		KM
	时间继电器	Time relay		KT
电感器、电抗器	励磁线圈	Excitation coil	L	LE
	消弧线圈	Petersen coil		LP
电动机	直流电动机	D.C. motor	M	MD
	同步电动机	Synchronous motor		MS
测量设备、实验设备	电流表	Ammeter	P	PA
	功率因素表	Power factor meter		PF
	温度计	Thermometer		PH
	电压表	Voltmeter		PV
	功率表	Watt meter		PW

续表

设备和装置类别	名称	英文名称	单字母符号	双字母符号
电力电路的开关	断路器	Circuit breaker	Q	QF
	刀开关	Knife switch		QK
	负荷开关	Load switch		QL
	隔离开关	Disconnect or		QS
电阻器	电位器	Potentiometer	R	RP
	分流器	Shunt		RS
	热敏电阻	Thermostat sensitive resistance		RT
	压敏电阻	Voltage sensitive resistance		RV
控制电路的开关选择器	控制开关	Control switch	S	SA
	开关按钮	Switch button		SB
	主令开关	Master switch		SM
	压力传感器	Pressure sensor		SP
	温度传感器	Temperature sensor		ST
	温感探测器	Temperature detector		ST
变压器	变压器	Transformer	T	
	电流互感器	Current transformer		TA
	控制电路电源用变压器	Transformer for control circuit supply		TC
	电力变压器	Power transformer		TM
调制器、变换器	整流器	Rectifier	U	
	解调器	Demodulator		UD
	调制器	Modulator		UM
	逆变器	Inverter		UV
电真空器件、半导体器件	二极管	Diode	V	VD
	控制电路用电源整流器	Rectifier for control circuit supply		VC
	晶闸管	Thyristor		VR
	晶体管	Transistor		VT
传输通道波导、天线	导线,电缆	Conductor,Cable	W	
	控制母线	Control bus		WC
	抛物天线	Parabolic aerial		WP
	滑触线	Trolley wire		WT
端子、插头、插座	输出口	Quilt	X	XA
	分支器	Tee—unit		XC
	插座	Socket		XS
	串接单元	Series unit		XU
电器操作的机械装置	气阀	Pneumatic valve	Y	
	电磁铁	Electromagnet		YA
	电动阀	motor operated valve		YM
	电动执行器	Solenoid actuator		YS
	电磁阀	Electromagnetically operated valve		YV

续表

设备和装置类别	名称	英文名称	单字母符号	双字母符号
终端设备、混合变压器、滤波器、均衡器	网络	Network	Z	
	定向耦合器	Directional coupler		ZD
	均衡器	Equalizer		ZQ
	分配器	Splitter		ZS

【说明】：电气设备、装置和电器元件的种类名称用基本文字符号表示，而辅助文字符号是用以表示电气设备、装置和元器件显示的功能、状态和特征，通常由英文单词的前1、2位字母构成，也可以采用缩略语和约定俗成的习惯用法构成，一般不超过3位字母。例如，表示"起动"采用"START"的前两位字母"ST"作为辅助文字符号；而表示停止"STOP"的辅助文字符号必须再用一个字母"P"称"STP"。

辅助文字符号也可以放在种类的单字母符号后边组成双字母符号，此时，辅助文字符号一般采用表示功能、状态和特征的英文单词的第一个字母，如"GS"表示同步发电机，"YB"表示制动电磁铁。

某些辅助文字符号本身具有独立、确切的意义，也可单独使用，如"N"表示交流电源中性线，"DC"表示直流电，"AC"表示交流电，"AUT"为自动，"ON"为开启，"OFF"为关闭等。

附录三 部分电气设备外壳防护等级的最低要求

安装位置举例	安装位置的状况	按防护等级的设计	配电板控制装置、电动机起动器	电动机	灯具	电热器	附具（如开关、接线盒）
干燥的居住处所或干燥的控制室	仅有接触带电部件的危险	IP20					
控制室（驾驶台）	有滴液和（或）中等机械损伤危险	IP20					
滑铁板以上的机炉舱							IP44
舵机舱							IP44
制冷机室							IP44
应急发电机室							IP44
一般储藏室							
配餐室							IP44
供应室							
盆浴室和淋浴室	增加了滴液和（或）机械损伤危险	IP34				IP44	IP55
滑铁板以下的机炉舱				IP44		IP44	IP55
闭式燃油分离室			IP44	IP44		IP44	IP55
闭式滑油分离室			IP44	IP44		IP44	IP55
压载泵室			IP44		IP34		IP55
冷藏室			IP44		IP34		IP55
厨房和洗衣机室			IP44		IP34		
双层底中的轴隧或管道	有液体喷射危险,有粉尘,有严重的机械损伤,有腐蚀性烟雾	IP55					IP56
一般货舱		IP55					
露天甲板	有大量液体的危险	IP56			IP55		

附录四　船舶常用电缆

型号	电缆名称	工作电压/V	线芯截面/mm²
CQ	船用橡皮绝缘裸铅包电缆	交流:500 及以下 直流:1000 及以下	单芯:0.8~400 两芯:0.8~120 两芯:0.8~240 CHFR,CHYR 为 0.8~70 CV 为 0.8~120 4~48 芯:0.8 4~37 芯:1.0~2.5
CHF	船用橡皮绝缘非燃性橡套电缆		
CHF31	船用橡皮绝缘非燃性橡套镀锌钢丝编织电缆		
CHF32	船用橡皮绝缘非燃性橡套镀锡铜丝编织电缆		
CHFR	船用橡皮绝缘非燃性橡套软电缆		
CHY	船用橡皮绝缘耐油橡套电缆		
CHY31	船用橡皮绝缘耐油橡套镀锌钢丝编织电缆		
CHY32	船用橡皮绝缘耐油橡套镀锡铜丝编织电缆		
CHYR	船用橡皮绝缘耐油橡套软电缆		
CV	船用橡皮绝缘塑料护套电缆		
CHHYP	船用橡皮绝缘屏蔽耐油橡套电信电缆	交流:250 及以下 直流:500 及以下	2~48 芯:0.8
CHHYP31	船用橡皮绝缘屏蔽耐油橡套镀锌钢丝编织电信电缆		
CHHYP32	船用橡皮绝缘屏蔽耐油橡套镀锡铜丝编织电信电缆		

【说明】：在上表中,船舶电缆型号由五个部分组成:分类代号、绝缘代号、护套代号、派生代号和外护套代号。除了外护套代号外,其他各代号都由一至二个字母组成。

①船舶电缆主要有两种类型,分类代号就是用来表示船舶电缆类型的代号。船用电力电缆的分类代号为 C,船用电信电缆的分类代号为 CH。

②绝缘代号:船用电缆采用的绝缘材料主要有三种:丁苯-天然橡皮绝缘代号为 X,丁基橡皮绝缘代号为 XD,聚氯乙烯绝缘代号为 V。

③护套代号:船用电缆采用的护套种类较多,普通橡皮护套的代号为 H,非燃性橡皮护套的代号为 HF,耐油橡皮护套的代号为 HY,耐寒橡皮护套的代号为 HD,聚氯乙烯护套的代号为 V,铅包护套的代号为 Q。

④派生代号:船用电缆主要有两种派生类型,船用软性电缆的派生代号为 R,船用屏蔽电缆的派生代号为 P。

⑤外护套代号:船用电缆的外护套主要有两种:镀锌钢丝编织网外护套代号为 31,镀锡铜丝编织网外护套代号为 32。

各种电缆的用途:船用电力电缆主要用于电源供电线路,电信电缆主要用于电话台联合或转播线路、信号传输线路等。非燃性橡皮护套电缆主要用于固定敷设、避免接触油类的场合,耐油橡皮护套电缆主要用于固定敷设、可接触油类、避免日光直接照射的场合,聚氯乙烯护套电缆主要用于固定敷设场合,铅包电缆早期主要用于无机械外力作用的固定敷设场合,目前船上已经基本不采用铅包电缆。软性电缆主要用于移动设备,屏蔽电缆主要为电信电缆,用于各种信号传输。带外护套的电缆主要用于容易受机械损伤的场合,其中采用钢丝编织的电缆用于无屏蔽要求的场合,铜丝编织的电缆则用于有屏蔽要求的场合。

参考文献

[1] 吴志良.船舶电站及其自动化系统[M].大连:大连海事大学出版社,2010.
[2] 孟宪尧,孟松,韩新洁.船舶电站设计原理和规范[M].大连:大连海事大学出版社,2009.
[3] 王文义.船舶电站[M].哈尔滨:哈尔滨工程大学出版社,2006.
[4] 姜锦范.船舶电站及自动化[M].大连:大连海事大学出版社,2005.
[5] 吴志良.船舶电站[M].大连:大连海事大学出版社,2012.
[6] 黄伦坤,朱正鹏,刘宗德.船舶电站及其自动化装置[M].北京:人民交通出版社,1994.
[7] 王焕文.船舶电力系统及自动装置[M].北京:科学出版社,2004.
[8] 杨国豪.船舶电站控制装置及动态模拟系统[M].大连:大连海事大学出版社,1999.
[9] 中国船级社.钢质海船入级规范2009(第四分册)[M].北京:人民交通出版社,2009.
[10] 党坤,陈坚,等.轮机英语[M].大连:大连海事大学出版社,2011.
[11] 林洪贵,徐轶群,等.基于PLC的船舶电站物理仿真综合模拟器的应用研究[J].船电技术,29(3):310-43,2009.
[12] 林洪贵,蒋德松.自动同步离合器阻尼—时间特性研究[J].中国航海,32(4):37-38,2009.
[13] 中国船舶检验局.法定检验技术规范[M].北京:人民交通出版社,1992.
[14] 封晓黎.船舶电气[M].大连:大连海事大学出版社,2006.
[15] 中国船级社.钢质海船入级与建造规范[M].北京:人民交通出版社,1998.
[16] 许顺隆,段朝辉,田庆元.轻松学电子元器件与电子电路[M].北京:中国电力出版社,2008.
[17] 许顺隆,许朝阳.轻松学电机[M].北京:中国电力出版社,2008.
[18] 阮礽忠.船舶电气设备维修指南[M].北京:人民交通出版社,2000.
[19] 史际昌.船舶电气设备及系统[M].大连:大连海事大学出版社,1999.
[20] 郑华耀.船舶电气设备及系统[M].上海:上海海事大学出版社,2005.
[21] 文元全,刘彦星,苏博宇.船舶电气[M].北京:人民交通出版社,2002.
[22] 中国海事服务中心组织.船舶电气[M].大连:大连海事大学出版社,2008.
[23] 陆让之.船舶电机学[M].北京:人民交通出版社,1986.
[24] 贾舜华,王汉生,何焕章.船舶电气管理工艺学[M].北京:人民交通出版社,1991.
[25] 陆详润,刘风梧.船舶电气实用指南[M].大连:大连海事大学出版社,1993.

[26] 刘宗德,陈定先.船舶电力系统及自动装置[M].北京:科学技术文献出版社,1992.
[27] 陈坚,吴智义.值班机工英语听力与会话[M].大连:大连海事大学出版社,2012.
[28] 施亿生,谢绍惠.船舶电站[M].北京:国防工业出版社,1981.
[29] 吴忠林.船舶交流电力系统的短路电流[M].北京:国防工业出版社,1983.